GENES

FOR

VIGOROUS GROWTH

Takeaways From CNOOC's Case Study

成长的"弹跳力"

中海油高速成长的核心竞争力

刘斌 刘军/著

经济管理出版社

ECONOMY & MANAGEMENT PUBLISHING HOUSE

图书在版编目（CIP）数据

成长的"弹跳力" / 刘斌，刘军著. —北京：经济管理出版社，2015.4
ISBN 978-7-5096-3690-9

Ⅰ.①成… Ⅱ.①刘… ②刘… Ⅲ.①石油工业—工业企业—企业发展—中国 Ⅳ.①F276

中国版本图书馆 CIP 数据核字（2015）第 058761 号

组稿编辑：张永美
责任编辑：张永美　高　娅
责任印制：黄章平
责任校对：超　凡　王纪慧

出版发行：经济管理出版社
　　　　　（北京市海淀区北蜂窝 8 号中雅大厦 A 座 11 层　100038）
网　　址：www. E-mp. com. cn
电　　话：（010）51915602
印　　刷：三河市延风印装厂
经　　销：新华书店
开　　本：720mm×1000mm/16
印　　张：16.5
字　　数：278 千字
版　　次：2015 年 5 月第 1 版　　2015 年 5 月第 1 次印刷
书　　号：ISBN 978-7-5096-3690-9
定　　价：49.00 元

序

作为刘斌先生的博士指导教师，看到学生又有成果发表，很是高兴。

企业是经济的细胞，中国宏观经济发展的轨迹是由几百万家微观企业的行为构成的，不细致分析中国企业，只看几个统计数据是不行的。不了解企业个体行为，只通过宏观经济数据，就难以真正和深刻了解中国经济，从而难以做出合适的现状判断和未来决策。

人们一说到中国的经济增长如何，总是忘不了讨论"三驾马车"；一说到行业发展有问题，就离不开房地产要"崩盘"；一说到中国企业要改革，就指向大国企或央企的所谓垄断。人们倾向于把复杂的事情简单化、情绪化，而认认真真描述中国某家企业的成长历程，通过其中发生的人和事来研究其成长规律的著作还是太少！为什么？因为这很难！至少需要付出长时间的努力！在急于成功的浮躁社会氛围中，做花时间的事情不容易。

我认为，这是一本花费不少时间写出来的书，是一本很不错的企业成长案例研究著作。

这是一本"六有"著作！

一是有人物。

中海油公司的成长，在本书就像一部有血有肉、有情有义的人物志。本书调研采访了70多位干部职工。从组织的角度来看，企业是由人构成的，人的言行以及互动构成了企业的言行。这些活生生的人物的言行，使人们看到了中海油公司的企业文化和价值观，也使人们看到了他们的快乐和苦恼。

二是有故事。

有人说，有能力的讲故事，没能力的讲道理。"298"、"溢油事件"、"40cm"、"落江井"、"兄弟连"等，看完这些活生生的海油人的故事，你一定会感动。故事是一种现象描述，但它比讲道理能更有效、更形象直观地传递中海油基地公司发展的深层内涵，使读者犹如身临其境，在脑海里产生一个影像，而不仅是思考。联想到以前他所写的《变革之舞》一书，刘斌的著作总能使人感受到他在讲故事方面的优秀能力。

三是有历史。

今天是活在昨天的。按照时间顺序对企业成长做纵向的描述，是让我们认识复杂现实的有效手段之一。

从1999~2000年的走出死亡区，2000~2004年的再创业四论，2004~2005年的聚合式做大规模，到2005~2011年的成长加速度和2011年至今的突破成长瓶颈，这种编年史的写作方式，为我们提供了脉络清晰、条理分明的历史资料，这很不容易，只有长期跟踪观察和分析才能做到。任何人物和故事都有它的来龙去脉，有它的时代背景，也有它的局限性，不用历史的视角，就可能以偏概全，静止僵化地看待企业及其管理，很难把握活生生的企业体的变化，很难得出PART3的成长基因组分析。

四是有思想。

"树人未必用百年"，"上厕所也要让甲方先"，"别牛，做牛"的二十二条军规等观点，丰富了企业管理的思想宝库。经过30多年的改革开放，中国企业已经开始在创造物质价值的同时，创造理论价值。这种理论价值的创造，可以是企业家或管理者自己的提纲式感悟，也可以是一本专著，但他们要在繁忙工作之余来做，写专著要有相当的时间和精力投入。本书由刘斌这样的长期深入企业实践，一边咨询，一边思考的专家学者来操刀执笔，更容易形成容易传播的具有系统思想性的著作。

五是有创新。

本书至少有三个观点是创新的。

（1）让思考成为竞争力。我们中国人比较强调行动，更推崇"摸着石头过河"的探索式行动，但本书特别分析了中海油"让思考成为竞争力"的理念。正如原总经理卫留成所言："纵观中国海油的发展历程，正是因为拥有了学习和思考的习惯，才使公司驱动了一次又一次体制与机制的变革，施展了一个又一个卓有成效的发展策略，使企业能够既把握现在又着眼未来，既重视现象又关注本质，这种习惯最终形成了企业与众不同的气质与智慧。"这和中海油成立初期就有较高的国际化水平有关，也和它做海油的业务有关吧？摸着石头过河可以，摸着石头过海可不行！

（2）成长四基因论。本书提出的活力基因、组织基因、领导基因和变革基因，作为企业可持续成长的基本要素，拓展了不同的研究视角。

（3）企业进化论。本书提出"活着就是进化"，提出学习、顺应和改变企业进化曲线，是个有意思的提法。学习就是访名门、学榜样、对标杆；顺应就是看趋势、明格局、找规律；改变就是常反思、重优化、微调整。

六是有启发。

一本书既然要发表出来，就不仅是写给自己看的，必须对读者有启发。有启发的著作才是有价值的。中海油的发展历程和故事，有经验、有教训，比如国企创业四论，模式比技术更重要，业务是机制的孩子，"三做，三对"等提法和观点，对相关企业的未来成长战略和道路，对企业培养干部，都有很不错的借鉴作用。经验可以借鉴，教训也可以让读者们"吃别人一堑，长自己一智"，避免犯类似的错误。

记得有一次，我和中海油公司前任总经理、现任中石化公司董事长的傅成玉先生站在中海油总部楼上窗边交谈，看到东二环路上的滚滚车流，傅总感叹地说，20年前在美国看到如此景象时，只感受到了美国社会的繁荣和发达，想不到20年后中国也成了如此景象。在感受到中国进步的同时，又多了堵车的烦恼。解决了一个旧问题，还会产生另一个新问题，然后再去解决。企业和社会的发展规律就是如此吧！

谨以此序，表示对刘斌大作出版的祝贺！也祝愿中海油公司保持良好的成长"弹跳力"和思维"弹跳力"，不断感悟出企业成长的规律和常识，以可持续的成长业绩，成就中国世界级大公司的辉煌。

杨 杜

中国人民大学商学院教授

2015年1月18日

目　录

引 子
最像外企的国企

北京，朝阳门。

从 10 年前开始，我的人生就开始紧紧与这个地方捆绑。

中国海洋石油大厦，每天都静静地站在朝阳门立交桥的西北角，注视着路上匆匆来往的人流，体味着城市地铁建设带来的新变化，同时，也无声地和大家交流自己的存在和力量。

作为管理顾问，也作为一名学者，从 2002 年开始，我就开始与这座大厦的主人——中国海洋石油总公司（以下简称"中海油"）保持着紧密的接触。我喜欢把自己比作中海油的"编外员工"，因为 10 年多来作为顾问，亲身体验和参与了这家石油公司的成长与变化，同时又能保持一个独立的视角，静静地思考中海油正在发生的故事，并且把它的逻辑、它的内涵，辐射给更多寻求持续成长的中国公司。

作为"编外员工"，我一直以来的凤愿，就是将这许多年来在中海油的所见、所思整理出来，贡献给我尊敬的这家领军企业，也提交给中国社会的企业家和管理者，作为思考企业发展道路和模式的参考。这样的情结，推动我必须完成这个使命。

但是，这样的念头，除了带来一丝精神的振奋，剩下的全都是压力。

中海油的业绩、中海油的产业地位、中海油的影响力，这些看似理所应当的事实，还会时不时传来"这是国家政策保护的结果"这样的声音。

确实如此，中海油是个性的，也是特别的。海洋石油行业，作为自然垄断性的产业，在国际上也仅有石油寡头才能涉足，在国内只有这一家从业者，看似垄断性的业务成长能够让其他行业的管理者找到借鉴吗？

同时，在一个图书成为快餐的时代，从来不缺少企业断代史、大事记式样的著作，对于中海油企业的描述，我可能还不能和百度搜索的功能进行竞争。我能够给读者提供哪些价值呢？

这样的问题，始终萦绕在我的脑海。求解从理论上是不可能的，在这本著作没有得到市场和读者的反馈之前，所有的解答都只能是一种尝试，或者说，是一次冒险。

面对中海油这样一家世界级公司，我不能轻易试错，但又必须有所突破。

爬升、繁荣和长青

2003 年春天，一本即将出版的《成长的故事》，放在中海油时任总经理卫留成的案头，这本他亲自关心安排的著作，需要他写个序言。

这时，卫留成却有颇多感慨。因为，刚刚得到通知，他将要离开工作了半生的中海油，到海南省担任省长。

卫留成用了很短的篇幅，完成了他这篇序言："当收到为这本书作序的邀请时，我刚刚接到一个通知，国家要调我去海南省做行政官员。这意味着我要离开这个工作了 20 年的公司，离开这份我一直深爱的事业了。"

"一个企业要赢得人们发自内心的尊重并不容易，尤其是一家中国的石油公司，它随时可能被人们用'垄断'这个概念否定一切努力。但中海油赢得了尊重。"

"赢得这种尊重主要不是因为这个公司有快速增长的盈利，而是因为它有一种更深层的能力，我想这是学习和思考的能力。"

"我好像格外在意这本书的编写。最初，把一个年中工作会开成案例分析会是我的主意，把会上的案例汇编成册也是我的主意……"

"我这么做的真正用意是让企业形成学习和思考的习惯。让高管层习惯于从日常的繁忙中跳出来、冷下来，站到一个高点上去思考。一个管理者可以找到一千条沉浸于忙碌之中的理由，但区分一个优秀管理者和一个平庸管理者最重要的一条标准就是：他能不能从忙碌中跳出来思考。我深深感到我们这个企业非常需要在思维上的这种'弹跳力'。"

"纵观中海油的发展历程，正是因为拥有了学习和思考的习惯，才使公司驱动了一次又一次体制与机制的变革，施展了一个又一个卓有成效的发展策略，使企业能够既把握现在又着眼未来，既重视现象又关注本质，这种习惯最终形成了中海油与众不同的气质与智慧。"

《成长的故事》记述了2003年之前中海油发生的一些改革案例，不仅有管理事实的本身，还有卫留成先生所期待的冷静思考。

一转眼，10年过去了。中海油的成长故事仍在进行中。2003年，这家公司只有300亿元的销售收入，还把进入世界500强作为一个重要的奋斗目标。10年以后，中海油的销售收入已经达到了7000亿元，进入了世界500强的前100位。2013年，伴随对加拿大尼克森石油公司的收购，中海油成为一家完全国际化运营的石油公司。

是什么样的成长能力推动了这样的发展？

对企业成长的关注，总是超越对企业战略、业务、人才、技术等因素的关注，成为企业家的持续追求，有时也成为那些遭遇"成长天花板"企业的心结。《基业长青》《追求卓越》之所以能畅销不衰，可能就是这种因素的作用。

"幸福的家庭，总有共同的基因。"中海油的成长，造就了一流的绩效，我希望对这种成长结果的基础逻辑进行分析，从企业成长的角度，来折射一家公司如何在起步、爬升、滑行、停滞、跳跃或者衰亡的成长路径中，选择正确的成长方向，积蓄足够的成长能力，保持健康的成长速度，防范潜在的成长危机。

"我不认为我们有多大的创新，我们也没感觉自己了不起，我们只是按照企业基本规律做了些适宜的决定，是这些规律和常识帮了我们。"

《成长的故事》编写组成员，10年后成为海油发展股份公司总经理的霍健，这样总结他对企业成长的感受。

那么，这些规律、常识，到底是什么呢？

中海油"基地"的故事

"王侯将相，宁有种乎？"这种对于社会阶层、出身高低的质疑，除了反映现实中存在的不公，也恰恰说明，我们不可能脱离外部资源的给予而存在，每个组织也都会因为出身条件、先天资源的不同，而处在不同的起跑线上。

对于企业成长绩效的评价，经常也被赋予这样的原因。草根英雄、白手起家，往往是企业能力所致，而国有企业，特别是石油企业，无论发展绩效如何，都会被人理解为是行业特点和国家政策所致。

然而，就像卫留成先生所言，中海油在世界范围内赢得的尊重，更多的是来自于它深层的思考能力。如何让读者感受到这样的独特基因？

对中海油发展的分析，如果我们只停留在对它核心业务发展的分析描述，可能不会完全体现。我想将焦点聚集于中海油组织中一群特别的人，在中海油内部，曾经把他们所在的组织称为"基地"。

基地企业的由来，与中国经济改革相生相伴。计划经济时期的国有企业，都曾经是自成体系的一个综合性系统。产供销业务自不必说，还有规模庞大的支持性组织、辅助业务、第三产业、宾馆物业、教育医疗、社区保障等。存在历史越久的企业，企业组织规模和人员越庞大。

长期支持国有经济建立根基的这种综合组织模式，在改革开放时期、在建立现代企业体系的历史大潮中，越来越显现出不适应。企业负担沉重、人员富余、管理复杂之类的问题，严重拖累了企业竞争力的提高。

因而，1993年《中华人民共和国公司法》实施不久，从20世纪90年代中期开始，推动国有企业改革改制为现代公司并建立股份公司和上市公司的努力中，剥离这些不能带来经营利润，同时又背负着大量非经营资产和富余人员的附属性组织的工作，就伴随着几乎所有国有企业的发展历程。

这些遭到剥离的组织、资产和人员，有个统一的学术名词，叫"存续企业"。准确地说，称为待处置组织更为确切。这些企业的生存、发展，成为很多企业家神经最为紧绷的问题，不仅因为这里最为单薄，而且也最为脆弱。

单薄，是因为存续企业是典型的所谓"不良资产"，大部分业务不能盈利，或者本质就是包袱。脆弱，是因为存续企业问题极其复杂，人员安置、企业稳定、资产处置，稍有不慎，就会酿成重大的社会问题。

所以，在很多国企中，上市公司是强势群体，存续企业是弱势群体。

中海油同样经历了这样的改革历程，也同样存在如此的存续企业，面临同样的成长挑战。

我们先简单认识一下中海油基地系统。

中国境内的海上石油开采始于 20 世纪 70 年代，伴随这个过程，中海油分别在天津塘沽、广东湛江、广州（包括深圳蛇口）、上海等地建立了四个庞大的海上石油后勤支持服务基地，也叫地区公司。

1993 年，中海油做出"油公司集中统一、专业公司相对独立、基地公司逐步分离"的决策。实行"油公司"体制，集中油气勘探开发的投资决策权、油气销售权，实现了资金的统一使用。然后，将各专业公司从地区公司中分离出来，让其走上自主经营的道路。以地区公司为基础的基地系统具备了雏形。

1999 年，中海油正式启动核心主业重组并在海外上市的工作。

这次重组，油气勘探开发主业完全独立出来，并实现了在中国香港和纽约上市。与此同时，未进入上市公司的资产和人员，形成了横跨南海、东海、渤海的中国海油存续企业。

中海油海外上市公司，将长期经营积累的核心业务和资产全部独立出去，带走了 80% 以上的核心资产，但是按照国际石油公司的高效率标准，仅有 1000 多员工。

此时形成的基地系统，总资产仅占中海油总资产的 8%，职工有 1.6 万人，却占中海油职工当时总数的 60%。

基地系统不仅承担着企业办社会的重担，也是中海油历次重组改革中分流人员的"蓄水池"，无条件承担优质资产主业上市的改革成本，改革前年亏损 2.4 亿元。

这样的企业组织如何生存？能够利用少得可怜的经营性资产，养活 1.6 万人？

这样的企业组织如何成长？如何找到成长必需的新业务来源，并且把这样的幼小秧苗呵护长大？

这样的企业组织如何转型？能够从一个不良资产蓄水池，转型成为一家令人尊敬的中国级和世界级公司？

这样的企业组织如何持续？如何发现潜藏在这个可能面临消亡的组织内部的激情和能量，并将这样的能量转化为持续升级的动力？

中海油前任总经理、现任中石化董事长傅成玉说："我们不但要把优良资产做优，还要把相对不优资产做优，这才是真本事。"傅成玉于2003年接替卫留成，成为中海油的领导人。

1999年正式形成的中海油基地系统，用了15年时间来回答企业生存、成长、转型、持续的问题，用了15年时间来验证海油基因的效用。

答案如何呢？简单的事实是：

15年过去了，这个现在叫海油发展的基地系统，已经成为一家年收入规模300亿元以上、利润20亿元以上的集团性股份公司。

已经退休的中海油前副总经理曹兴和，作为指挥者推动了基地系统实现生存、转型、发展。他从渤海基地基层干起，见证了基地系统改革的所有重要阶段，他对这家公司的感觉是最切身的。

当我们问他对于这段历史的评价，曹兴和脸上微微露出笑容，目光慈祥，操起他浓重的山东口音，缓缓地说："任何事物都有它必然的规律，企业的发展也是一样。中海油这些年的改革策略，10年来回头看，当时都走在了社会的前面，现在都得到了历史的验证。这说明我们正确地把握了这个规律，能够冷静思考，没有人云亦云。"

"企业的领导人，就是看到这样的规律，用长远的眼光，用百年老店的思路，来把制度和文化搞好。"

"海油发展实践了一些规律，有了发展的基础，但要实现高水平、可持续、国际化的新目标，还需要更多地发现这些规律，才会实现。"

中海油基地系统，从外形上观察，发生了彻底的变化。但从内涵上理解，冷静思考的习惯并没有任何改变。

有时候，我觉得可以做出这样的推论，那就是一种良好的习惯可以从一个组织的领导人不断传递给其他组织的管理者，进而不断向下传递给后来的领导人，这样形成的组织习惯，可能是一个组织文化基因的组成部分。

好习惯能够传染，坏习惯也同样。看来，一个持续优秀的企业和一个走向衰落的企业差别的背后，可能就是这样一种组织习惯的不同。

15年过去了，发生在中海油基地系统的思考和变革，推动着这家企业寻求自己的道路。这样的变革，有时是疾风骤雨式的，就像 2003 年中海油用工与薪酬制度改革，《人民日报》专题文章的题目《阳光下的风暴》。这样的变革，有时是春风化雨式的，就像 2004 年开始的基地体系重组，是"静悄悄的不动声色的改革"。不同的模式，来自于决策者对环境的不同思考。

我亲身经历了中海油这些成长思考、成长过程。中海油存续业务的生存、爬升和繁荣，可能是个性的，但是，我希望将其中的人物、故事尽可能按历史客观地还原，真实地记录这个成长的历程，体会其中的形变和质变。

对中海油基地系统成长变化的历史进行思考，不可能解释所有企业的困惑。企业成长是如此色彩斑斓，这个来自石油行业领军企业的案例，只是这个多彩世界的某个片段，企业的成功不会都沿袭一种模式。不过，对于那些处于低谷、前途不明的企业，对于那些发展停滞或者受制瓶颈的企业，对于那些立言转型的企业，海油发展这 15 年的成长历程，确实可能引发大家的共鸣和思考。

如何塑造？

如何升级？

如何长青？

为了更好地让本书读者理解我们想要表达的思想，本书将写作结构划分为四个部分。第一部分用历史的方法来解读中国国企"存续"业务变革的难题，以及中海油基地系统的改革历程；第二部分分析大型企业成长过程中的"瓶颈"问题；第三部分结合中海油经验来总结企业可持续成长的基因；第四部分选取了来自于海油发展组织一线的人和事，编辑了这段历程中发生在他们身上的故事，以使读者对这家企业有更立体的了解。

2014 年，有一首歌《时间都去哪了》，在国内迅速流行。海油基地系统的成长一转眼已经 15 年，2014 年，也是海油基地集团成立 10 周年。时间的印记，对于曾经在这里思考、实践、奋斗的决策者、参与者和经历者来说，印刻在他们额头不断增加的皱纹里。时间的印记，对于海油基地系统这个大型组织来说，也反映在它持续的发展和巨大的变化里。

时间是无情的，它总是站在发展的肩膀上，并很快就会把过去甩进角落。每个历史阶段，都有一批人推动企业的发展，但到了下个阶段，责任就自然转移给后来人。前任离去，后人接替，组织和人之间的交互演绎，就是"进化"。

作为 10 年前重组创建海油基地集团的人员之一、办公室主任邵刚调任其他公司任职，他对这个过程颇有感叹："我调离后，海油发展第一批的中层经理，就全部换了。"

"门前老树长新芽，院里枯木又开花。半生存了好多话，藏进了满头白发。"

成长，对于过去，是可以纪念的历史。

成长，对于未来，是能够期待的目标。

我相信，中海油发展将展现给我们的成长故事，就如同他们追求的目标——淡而持久，源远流长。

|第一部分‖

"存续"业务的生死命题

"存续"就是历史：中国企业发展"三段论"

如果要用一句话来概括改革开放 30 多年来中国经济发展的主题，我想"改革开放，建立市场经济"这样的总结最为恰当。

同样，如果要用一句话来概括改革开放 30 多年来中国企业发展的主题，可能"建立现代企业制度"最简练。

每个国家的发展历程不同，企业的成长模式存在很大差异。在现代资本主义诞生的西方，从最早的公司"东印度公司"成立，到现在仍作为世界 500 强主体的西方跨国公司，以产权制度为基础的公司制、股份制已经根植了 200 年，对于它们而言，面临的问题不再是如何建立起公司制度，而是如何根据不同国家和民族的情况，在公司体系内选择适应自己做大做强并赶超其他国际竞争者的方式。

而对于实行了几百年农耕经济模式，又采用多年计划经济管理的中国，对于企业的成长，却面临独有的转型难题。这种难题伴随着建立现代企业制度的过程而产生，在不同的阶段，都成为中国企业面临的共性问题。也许，这些问题都是阶段性的，但对于这些问题的审视，能够对中国经济和中国企业的独有成长道路有启示性的帮助。

那么,中国企业过去 30 年的历程,是如何走过来的呢?我们用图 A-1 简单做个说明。

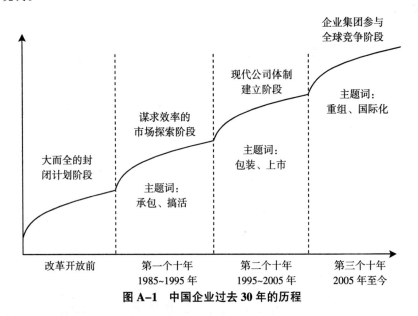

图 A-1 中国企业过去 30 年的历程

如果我们将中国企业发展轨迹进行一个概括性总结,不难发现,大家都在一个相对统一的时间窗口内发生演变。

我将过去的 30 年进行切分,用三个 10 年的时间,来总结不同阶段中国企业发展的主题。

改革开放后的第一个十年,刚刚从计划经济过渡的中国企业,都在探索在一个新的环境下,如何提高企业运营的效率,因而,当时的承包制改革,就成为一种搞活经济的法宝。如果用一个主题词来概括这十年的中国企业改革,"承包、搞活"比较恰当。

第二个十年,接近于 1995~2005 年。伴随着《公司法》的颁布,所有的中国企业都进入到建立现代公司体制的发展阶段。这其中最为关键的部分,就是从国有企业开始的公司制和股份制改革,很多是以上市发行股票为目标的。在这样的历史背景里,政府、企业主要的关注点,就是如何通过重组式改革,让自己的公司满足上市公司的条件,尽快推向资本市场筹集资本。所以,"包装、上市"可以作为这个时期中国企业改革的主题词。

中国企业改革发展第三个十年，大致可以从 21 世纪中期开始描绘。通过 10 多年现代公司体系建设和资本市场的发展，中国企业体制、机制获得了长足的发展，很多中国企业已经成长为大中型企业集团，它们不仅成为中国相关行业的领导性企业，也开始逐步进入世界范围的竞争。伴随着这个过程，中国企业在世界 500 强企业中的数量，也在不断增加。2002 年时只有 10 多家，目前已经发展到 100 家左右。这些中国大企业，它们的发展关注点已经转移到如何进行全球竞争上，而国际化和跨国重组收购成为新的课题。"重组、国际化"成为目前大量企业发展改革的主题词。

在一个企业整体的成长背景下，每个企业必须面对跨过这个历史关口的问题，这就像一道考题，是企业持续生存的试金石。

中国企业成长三大历史难题

在过去 30 年的三个成长阶段中，中国企业面临三个接续的考验和难题。我们可以分别把它们归纳为"制度建设规范难题"、"存续企业生存难题"和"国际竞争能力难题"。如图 A-2 所示。

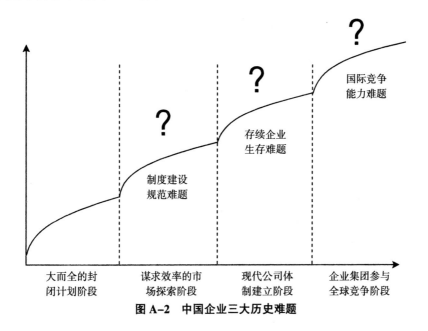

图 A-2　中国企业三大历史难题

在中国计划经济刚刚转型的第一个十年中，中国的企业很多并不完全是所谓的市场主体，而是有了更加明确的经济责任目标和自主动力的综合经济组织，虽然计划性体系仍在发挥着重要的作用，但是市场性功能的放开却极大程度地激发了来自组织内部人员的积极性。很多企业、工厂开始走向了独立经营、自负盈亏的市场（尽管这个市场还很不成熟），然而，这时的企业组织大多沿用计划体系环境下的制度，在这样的转变过程中迫切需要根据新的条件来完成制度基础层面的调整。在国家层面上，财务会计制度、企业税务制度、利润分配体系发生重大变化，需要各家企业进行落实和调整。在产业层面上，伴随中国改革开放进程，在很多地区产生和扩大的"三资企业"都对传统企业格局产生了直接的冲击。在企业微观层面上，为了放开、搞活，国内流行的"承包制"企业经营管理方式，以及很多企业开展的"多种经营"、"三产"对企业人、财、物的管理模式更新提出了各种新的要求。

这个时期的中国企业，都在各个环节上体会和适应着新环境，企业的经营指导思想、组织管理方式、制度政策制定不同程度上发生了重大变化。所谓"制度建设规范"，主要是解决从过去计划体制下的工厂变成一个独立经营的主体后，企业如何经营运作的基础性制度安排。

以《中华人民共和国公司法》颁布和建设现代企业制度目标确定为标志，中国企业在现代公司模式建立的过程中，系统地经历了第二个难题——"存续企业生存"问题。

国有企业在通过改制方式完成上市的过程中，为了能够顺利地从资本市场获取资金和进行分立改制，通常的做法是将原国有企业的核心主业及相关的核心资产剥离、重组、改制后上市，而剩余的未上市的部分资产和辅业形成的企业被称作是存续企业。存续企业主要在我国 20 世纪 90 年代产生，是我国在经济转型过程中出现的时代的特殊产物。

国有存续企业是时代孕育的产物，有着较为复杂的背景。

从历史的角度来看，由于计划经济体制和众多其他历史原因，我国大型国有企业本体普遍存在"大而全"的现象，企业中不仅有经营性实体，更有社会单位，例如学校、幼儿园、医院等，还有众多非经营性实体及三产业务。使得国有大型企业普遍存在人员机构冗余、能力效率低下、缺乏市场竞争力等突出问题。

20 世纪 90 年代，国有企业在进行公司制改革并且努力争取上市的过程中，存在产权不明晰、资产分布领域广、构成复杂、盈利水平低、自有资本率低、资产负债率高等多种问题，难以达到上市标准。国家为了推动和加快国有企业的改革，解决国企发展亟待解决的资金问题，国有企业普遍采用了存续分立改制的模式。一个原先完整的公司，需要被切割为两个部分：

那些业务特点突出、经营效益高的资产经过各种重组和"包装"被独立出来，成为股份公司进而走向资本市场，而剩余的那些不具备盈利能力的各类资产，包括社会负担则被保留下来，成为了国有存续企业。

通过这样的分拆式重组而改制的国有企业，发展的结果是"两级化"倾向严重。业务基础好、人员少而精的股份制企业，由于通过资本市场融得了大量发展资金，注入了新的公司制管理体系，一般都获得了加速增长，在财务绩效上成为这家企业的"中心"和"主流"。与此同时，那些辅业资产、社会职能等被分离出来的存续企业，由于完全失去原先的经营发展动力，又负担了企业发展历史中形成的大部分员工和低效率资产，成为发展的新问题。

这些问题，首先表现在存续企业的持续生存危机。失去发展的经济来源，存续企业难以找到发展方向。其次表现在存续企业的社会稳定难题。由于大量的人员和社会职能的存在，存续企业的发展问题可能反射扩大为影响社会安定的政治问题。

所以，在这段时间内，存续企业如何发展、如何持续、如何健康成长这些问题，成为中国大多数国有企业共同面对的时代性课题。对策不同，结局不同，伴随中国企业改革而产生的存续企业，出现了四种不同的结果（我们下面进行专题分析）。

当时间进入 2005 年后，中国企业的成长进入了一个新的阶段。企业规模扩大、集团化公司的成长都将中国企业推到了进行全球竞争的新阶段。截止到 2013 年底，中国已经有近 100 家企业集团从收入规模上进入了世界 500 强。在新的条件下，如何进行全球资源配置和如何在全球市场竞争中提高能力，成为中国大企业面临的新课题，这个课题正在解答的进程中。

中国企业成长的 30 年，"制度建设规范难题"属于过去时，"存续企业生存难题"已经成为完成时，"国际竞争能力难题"是现在时和将来时。虽然每个时代的主题不同，过去的历史并不能完全解释和解决未来的新问题，但对这些历史难题的关注，可以让我们客观、深入、直接地思考不同的企业在历史决策的十字路口，都做出了哪些不同的选择，得到了何种不同的结局。从这些抉择过程中体现的企业成长能力差异，我们或许能够对未来企业持续成长的基因打造有新的认识。

本书的主题，就是对于"存续企业生存难题"的关注。尽管从今天的环境来观察，这个问题已经成为完成时态，但存续企业对于当今国有大企业持续发展的影响仍广为存在，对于它的研究，可以对历史上的这类公司成长有一个概括性评价，有利于今后的管理决策。同时，对于这类企业中那些优秀个体的研究，对于那些天生条件不良、发展陷入瓶颈的众多企业来说，有着更为广泛的借鉴价值。

"存续"企业的四种结局

如果我们用一个历史的观点来对中国企业中的存续一族进行整体观察，就不难发现，这类企业发展到今天，大多面对"四种结局"。

第一种，"复归"思路：历史矛盾无法调和，被主业上市公司再次合并。

对很多历史悠久、体系健全的中国传统大企业来说，配套完整、体系健全的系统内"大而全"的结构，曾经是它们得天独厚的资源优势。但是，在重组改制分离模式下，这类大企业产生存续企业所承载的历史矛盾就更为突出。这是因为配套越完整会使涉及分离的产业依附性越强，系统越健全会使分离产生的人员和社会成本越大。这样的企业，如果在分离上市过程中方案设计欠妥当，分离后存续企业发展措施不到位，会导致存续企业生存难题加大，员工不满提升，严重者造成局部的社会稳定难题。同时，也严重影响已经上市的主业资产的可持续性。多年前发生在包括中国石油大庆油田的分离企业发展和稳定问题，就是一个比较典型的案例。

所以，以中石油为代表的这类大型企业，对于这样产生的历史性矛盾，基本选择是所谓"复归"思路。也就是说逐步将原先分离出主业的存续企业分步合并，重新进入主业上市公司的组织内部，形成一个完整的企业经营链条。从正面来说，这样的选择化解了存续企业的生存和员工稳定的难题，从负面来说，使原来清晰的主业上市公司结构又开始向"大而全"的传统国企回归。

第二种，"冷冻"思维：自生自灭，边缘化，成为集团的第三世界。

很多存续企业从被分离的那一天起，在决策者的思想里，就将其视为可有可无的部分，是一种"冷冻"思维。企业的资源向上市主业集中，企业的注意力全部集中在主业的发展。对于存续企业，企业领导人的基本指导思想是保持稳定，"别出事"。从表面上来看，国家给予存续企业很多放开搞活的政策，但由于资源条件的限制，存续企业在自生自灭的自由漂流过程中，多数走到了"边缘化"的状态。如果说上市公司是一家企业集团的"发达国家"，这些存续企业就是"第三世界"。

第三种，"抛弃"模式：作为包袱和不良资产，被分块处置。

人数众多且年龄偏大的人员结构、庞杂但多数不盈利的业务和资产、数量巨大但单体都不大的业务组织，是存续企业的三个典型特点。对于这样的存续型业务，有些公司选择了"抛弃"模式：通过多种方式将原先存续的组织整体再次切分，有的交给职工，有的以各种变相的方式出售或转出，有的交回给政府和社会，有的直接结束或者清算。

对于一些原本业务线复杂，地域广阔，同时市场竞争较为激烈的国有大型企业，通过"抛弃"模式处置存续业务的思路比较盛行，由于企业要用最快的时间让本不强壮的主业部分发展壮大，对于辅业部分，采用"壮士断腕"式处理至少从逻辑上是优选项。

第四种，"圈养"生物：成为一种负担，被集团一直背着或养着。

顾名思义，在一些经济效益稍好些的大企业系统里，被分离的存续企业由于对企业的发展贡献了历史价值，所以，对于这样的组织机体，维护它的正常运转、保障它的平稳安定，是企业领导层考虑的主要问题。集团层面为了达到这个目标，通过各种方式向存续组织输血，保证其运转。不能独立造血的这些存续公司在长时间内成为集团的一个社会责任。

无论是抛弃、是冷冻、是圈养，或是复归，存续企业都没能得到成长。可能从这个名字开始，存续企业就注定是一种牺牲的结局。

这是历史发展的必然吗？是不是可能存在"第五条道路"，让存续企业也可以发展、繁荣、长青？

中海油对于这个问题的解答，可能给我们提供了一种参考答案。

中海油的"存续"再生之道

本书的研究对象,就是中海油的存续组织,过去是分散在各个海域的企业,后来称为基地集团,现在叫海油发展,是中海油目前主要的二级企业之一。我们的观察时间,是从这家企业在国家大的改革浪潮中成为存续企业,到目前为止的接近15年时间,正好贯穿了国企存续业务改革的全过程。

如果从一个远距离观察,我们可以将这家公司的重生、发展划分为两段:第一段是从1999年存续型企业产生到2004年末海油正式重组全部存续企业成立基地集团,可以称为"重生期";第二段从2005年开始,到现在的十年,我们可以称其为"发展期"。本部分主要介绍重生期的一些故事和这家公司的经历。

在这个过程中,中海油集团和海油发展这家存续企业都做出了哪些决策,实施了哪些策略,又获得了怎样的收获?

当我们在15年后,重新审视中海油集团的存续业务改革过程,评价其效果时,虽有不同的见解,不过,所有的改革成败、模式优劣,都只有一个最终的鉴定标准,那就是绩效的结果。

中海油存续业务的发展,它的绩效如何呢?我们可以简单浏览图A-3:

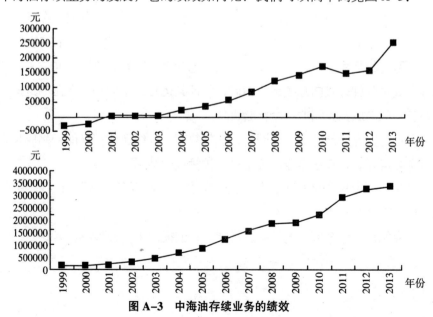

图A-3 中海油存续业务的绩效

图 A-3 告诉我们，如果用收入或者利润指标，用 15 年的周期来衡量中海油的存续业务，我们看到了一个令人振奋的结果。借用一句海油发展领导层的总结，15 年的发展，让这个存续公司"不再成为旁观者"。

2008 年，中国企业联合会将代表中国企业管理最高荣誉的"中国企业管理创新成果一等奖"授予中海油，用来肯定中海油存续业务改革对中国特有的存续企业发展的借鉴价值。这是来自政府和社会的肯定。

在众多企业的存续业务都惨淡维持甚至消亡的过程中，中海油存续业务是如何达到这样的结果，如何成为一家充满生机的企业组织？我们将在下文中进行详细展现。

中海油存续业务走出了一条新的道路。这条道路，对于存续企业的生存发展，可能不是人人都能参照的模式，但其中的格局、布局、理念和机制，值得中国的公司深思。

第一章
走出"死亡区"（1999~2000 年）

生存还是死亡?

1999 年夏秋之交，气温虽然有所下降，但在中海油渤海公司所在的天津塘沽基地区域，所有人都感到无法摆脱的闷热难耐。

这些日子，曹兴和吸烟的次数明显增加了。

中海油从 1982 年开始就推进国际合作，也在管理上向西方公司学习，而不允许在办公室吸烟，就成为一条基本的管理规定。对于曹兴和这样的"烟民"而言，虽然感到很不方便，但是带头执行确实是不能马虎的。

因而，一些在渤海公司办公楼工作的中高层干部，就形成了一种新习惯，在每天中午前后或工间休息时，到楼下抽支烟过过瘾。

曹兴和照例走到办公楼前空旷的地方，呼吸些新鲜空气，也等待着其他一些经常一起吸烟开玩笑的同事。他是一个十分幽默的人，虽然不大会普通话，但是总用标准的山东话给大家讲笑话。在吸烟的这段时间里，他不是领导，只是一个兄长。所以，很多公司同仁都愿意经常聚到这个地方，听听他"说书"。

不过，最近参与的"烟民"明显少了。

不少人把自己关在办公室，一天都不愿出门。每天只有不多的几个人，还会聚到这个地方。曹兴和热情地招呼他们，"烟酒不分家"，分享一支烟是每天说笑的开始。大家虽然表面仍插科打诨、有说有笑，但曹兴和明显地感觉到有困惑、失落和不满的情绪包围着面前的这些同事和下属，让他们的眼神透露出犹疑。

一个年轻干部没忍住，试探地问他："曹总，你说，我们还有未来吗？"

曹兴和还是展现出他自信的笑容，拍拍年轻人的肩膀，反问了一句："你相信总公司的未来吗？你相信用自己的能力创造未来吗？"年轻人将信将疑地点点头。对这个渤海油田的创业元老，公司现任一把手，大家是充满尊敬的。

渤海公司的办公楼紧临岸边，虽然只有十几层，却是海河入海口和天津港区当时最高的建筑，这座大楼是 2004 年在中海油渤海基地建成的。从某种程度上说，它也是中国海上石油事业的结晶。

从 1966 年石油工业部海洋石油勘探局成立，到 1983 年更名为中海油渤海公司，再到 1999 年，中国的海洋石油行业从无到有，已经形成了一个完整的产业体系。中国的石油创业者，从四面八方赶来，汇集到渤海石油基地这个仍是盐碱滩的小渔村周围，用"石油会战"的模式，建立了海上石油勘探开发生产的体系，之后，又用对外合作石油开发，将生产作业水平提升到一个新的高度。

同时，由于渤海石油基地远离城市，周边没有社会服务系统，渤海石油公司只得在内部办"小社会"，逐步建立起了幼儿园、学校、医院、公安以及街道办事机构，并建立起生活区，专门成立了水电服务公司、生活服务公司、商业公司、运输公司、农副业公司、建筑公司等来支持石油基地的运行，并投资了一系列专业化生产单位，以支持油气田开发建设。

30 多年以来，渤海公司的 1 万多名员工，已经充分适应和融入了这样一个相对独立的生产和生活体系。很多人从石油会战时期就把自己的事业和家人的幸福与渤海油田捆绑在了一起，30 多年过去，这个曾经寸草不生的地方，已经在这些海洋石油人的努力下，成为年产 300 万吨原油的大型综合企业。

这个组织，对渤海石油人来说，就是他们的命运。

曹兴和是地道的渤海石油人，从 1966 年成立这个组织开始，他就把全部的心血洒在渤海湾的这个小地方，亲身经历这里每一次的变化。眼前的这片石油基地区域，伴随他从一个刚从学校毕业的小伙子，变成一个历练丰富的中年人。

"这里就是家。"他说。

然而,这段日子,曹兴和对这个家的感觉却尤其复杂。

一个多月前,他刚由副总经理接任调到总公司就任的林邵东,成为渤海公司新的总经理,开始参与讨论中海油重组上市的后续方案。从某种程度上来说,中海油总公司让他在这个时候接任总经理,是要他落实好这一重组方案。

这个方案是渤海公司几十年来从未遇到过的一次重大的艰难选择。

第三条线

中海油总公司从 1982 年成立,就沾上了"洋"气。中国政府决定通过"国际合作"来推动中国海洋石油的发展,借助于国外成熟的经验和先进的技术装备,缩短海洋石油开发的学习周期。中海油的海上油田,从这开始,很多都是与国际石油公司一同开发和运营的。对于中海油而言,与国际同行耳濡目染,不仅带来了生产经营成果,也了解到国际石油公司是如何利用资金、技术和整合资源的能力,来提高全世界范围的作业效率的。

中海油的管理者,不断思考一个问题:

"同样人员规模的国际石油公司,为何在全球勘探、开发和经营油气资源方面,可以实现产量、销售额和盈利能力达到中海油的十几倍,乃至几十倍?为何在品牌、管理、科技这些软实力方面,领先如此巨大?"

看来,建设一个国际现代石油公司,应该是中海油赶上并超越这些国际合作伙伴的必由之路。

市场经济政策的春风在 20 世纪 90 年代初期吹进中国广袤的大地,也极大激发了中海油管理层把长期以来建立国际现代石油公司的夙愿快速推进落实。

中海油领导层十分清楚他们所面临的最大挑战,那就是国际石油公司专业化分工的组织体制和中海油在计划经济中执行的由各个海域综合性地区公司为主导的组织模式,存在重大的矛盾。要成为一家资金实力强的现代石油企业,就必须对中海油的组织方式进行全面改革。

因而,从 1993 年初,中海油即开始按照"以油公司为主体,技术服务公司相对独立,社会服务系统彻底分离"的改革思路,持续地推进了所谓"三条线"的管理改革。

"三条线",用当今的眼光和观点来看,就是一个突出和集中核心业务,用市场化专业分工方式建立生产服务性市场,并剥离非经营性职能的集团化组织方案。20 年过去了，我们也看到很多中国大企业都在不同的时间和程度上实践了这样的思路。不过，回想 20 年前，在一个并不确切市场经济为何物的时代里，可以想象提出并实践这样的方案，并且对于长期执行的组织体制进行深刻调整，将会遇到怎样的挑战。

"三条线"的管理改革，直接对包括渤海在内的地区公司造成了重大的影响。原先统一在渤海公司管理的地球物理勘探、技术服务等专业性公司，先后独立出来，在内部称为承包商。油公司主业开始具备雏形，虽然和地区公司仍然在一个组织内，但是纵向建立的统一销售管理、集中资金管理和投资决策管理等机制，加强了中海油总公司的资源调配能力，为进一步的重组奠定了基础。基地公司背靠油公司这棵大树好乘凉，并没有生存危机。

渤海公司遭受的组织体制变革第一波冲击，曹兴和身处其中，但他并没有特别不同的感受。这时，他已经先后领导了渤海公司下属商业公司和运输公司，在塘沽当地有声有色。1996 年升任渤海公司副总经理后，由于油公司仍是渤海公司的一个部分，也没有对他的工作造成重大的影响。他也没能预想到，三年后他会被推到中海油基地系统改革的浪尖上。

1999 年元旦刚过，"三条线"改革的新阶段就和新春同时而至。

卫留成刚刚成为中海油新一任总经理，这个在对外合作中成长起来的中国企业领导人，迫切地想将中海油推到一个国际石油公司的新高度。之前，他作为副手参与和设计了"三条线"改革的路线，现在，他感觉必须借助天时、地利来迅速推动中海油走向国际资本市场，建立真正的国际油公司体制。

中国的企业改革，到了 20 世纪 90 年代的后期，已经从承包制为代表的放开搞活机制，向建立现代企业制度，特别是重组为股份公司在境内外融资上市全面转变。1997 年国庆刚过，中国移动就作为第一家央企，在中国香港和纽约实现上市。上上下下的国有企业，都受此信息振奋，筹备自己的上市计划。

中国石油行业的改革也给卫留成带来了紧迫感。1998 年，中石油和中石化两大集团正式重组成立，同时，也正在推进股份制改造。作为最早学习国际油公司体制的中海油，如有懈怠，将错过这样的历史性机遇，并被其他两家石油公司甩开。卫留成必须尽快推进中海油的进一步改革。

重组方案

1999 年 3 月，北京，香山饭店。

中海油喜欢选择在这里开会，历史上多次重要的决策都在这里形成。

来自中海油总公司的领导层，以及总部机构和二级公司的一把手集中在这里，讨论中海油的重组上市方案。

所有人都清楚，按照上市规则的要求，上市业务、资产和人员只能是那些优质高效的部分，所以对上市方案的讨论，实际就集中在谁去上市，多少人去上市这些焦点问题上。

剥离重组上市的设计，当时已经有社会的案例可以参考。

率先上市的中国移动采用了先以局部资产海外上市，再通过收购的方法分步实现全部业务上市的方法。作为一个崭新的行业，开通并没有多久的移动通信业务也没有过多的非经营性资产和历史包袱。

与此同时，中石油和中石化的重组方案也在紧锣密鼓的制订当中。中石油采用了所谓"整体分离重组"的方案，通过分开、分立、分流、分立模式，在资产、机构、人员上彻底分开，通过下岗分流、买断工龄等方式实现非经营性人员的减少。通过这样的设计，中石油将 150 万职工当中的近 50 万人留在了上市股份公司，而另外 100 万人放置在存续企业。

中石化也推出了类似的分离式上市方案。

中海油初步制订的重组方案，包括油气主业、研究系统及部分生产服务人员共 6000 名员工进入上市公司，其余的人员则留在基地系统。这个方案一经讨论，就产生了极大的争议。

"如果 6000 人的规模可以使未来的油公司相对独立运行，那么中海油基地系统其他人员如何处理？"

"让谁进入 6000 人的上市公司体系？凭什么不让别人进入？"

最后有人提议，既然大家对这个问题有争议，那就把上市公司定位成纯粹的勘探开发管理公司，生产服务人员一律留在基地系统。

这个建议一经提出，包括卫留成在内的与会人员都觉得是个办法。搞一个只有 1000 人规模的精干上市公司，既能够回避让谁进上市公司这个没法回答的问题，又在某种程度上，可以为分离出的基地系统创造一定的业务服务机会，可以

"协调发展"。

中海油1000人上市的方案，就这样被明确下来。中海油领导人当时可能并没有意识到，这样一种上市分离设计，让中海油走上了一条不同于中石油和中石化的存续企业发展道路。

十几年的时间过去了，我请霍健评价这个上市方案，他说："仅拿存续企业生存和发展的结果来看，中海油这样的改革方案帮助了海油基地企业的后续发展。"

"当时，并没有人想到其他石油企业推行的分离和分流计划，在几年后会造成上市公司和存续企业的一些员工对立严重、矛盾尖锐。"

"而1000人的上市方案，协调发展的政策，保证了中海油基地的平稳改革。"

协调发展观

当做出要让一个十分精干的油公司脱离基地系统、独立上市的决策时，所有人的焦点都集中在如何让中海油的主业迅速登陆资本市场，对基地系统的未来并没有过多的思考。

不过，油公司独立后会对基地系统产生的根本冲击，中海油的管理层确实是预料之中的。在某种程度上，这样的改变，是卫留成这些长期思考中海油未来的领导人有意为之、乐见其成的。

从中海油整体的角度，只有将一个国际化的现代油公司组建起来，才能迅速提高自己的规模和实力，在与国际石油巨头的合作中、在国内三大石油公司的竞争中，保持自己的位置。

在卫留成心中，基地系统这种计划经济历史的产物，与国际石油公司专业化分工的结构明显不同，从"三条线"改革开始，就是要通过分工，突出核心主业，最终向标准的国际石油公司过渡。

"历史的问题，只能用时间解决。"

而对于这样一个被层层剥离，最后只剩下非经营性资产和大量"富余老兵"的庞大基地，中海油要采用什么样的整体策略呢？

1999年前后，中国的国有企业改革进入了一个比较困难的阶段。由于长期积累的产业结构矛盾、企业体制问题，让大量国有企业整体出现亏损。经济结构的调整，现代企业制度的建立，直接的结果是产生了5000万的下岗职工。"下岗"、"分流"、"买断",这些管理词汇都是在当时的历史环境中产生的。

后期出版的《朱镕基答记者问》,记录了 20 世纪 90 年代一直负责中国经济,并于 1998 年担任国务院总理的这位改革派人士,对于当时国有企业的评价:"人浮于事是国有企业面临的一个重大问题。大体上讲,要保证国有企业正常运转,只留现有人数的 1/3 就够了,剩下那 2/3 是富余的。"

中国政府清醒地认识到国企改革必须穿越组织模式过于臃肿的问题,也必须承担这种改革带来的阵痛,所以通过中央和地方的各种政策,来保障这些曾经奋斗青春但不得不被历史淘汰的"下岗职工"的基本生活。

在这样的社会氛围中,显然,学习很多国企做法,利用国家的下岗分流政策,将基地系统做小,或者直接肢解,对中海油而言,是最为简单的方法。

但卫留成却有自己的观点:"渤海公司改革不是个孤立的问题,它关系着整个海洋石油能否有一个稳定的、有利于发展的小环境,关系着油公司、专业公司这两步改革能否巩固和发展。这一块改革成功与否,最终将成为衡量海洋石油总体改革成败得失的重要标准。"

基地系统需要有自己的生存模式,那就是要成为一个有效率、有效益的基地性质服务的市场主体,为核心主业公司提供服务,成为一个真正的"乙方"。所以,在分析了基地系统的形势后,卫留成提出了基地公司的定位:"养好人,服好务,贴近主业发展支柱产业。"

简而言之,中海油要帮助基地公司实现自我发展这一政策思路,后来成为中海油核心战略思想的一个组成部分,叫"协调发展"。

帮助基地系统实现协调发展,是不是就意味中海油总公司长期背负起一个养人的包袱?卫留成并不这么认为。

他能给予基地的,只有两样东西,一是一些支持性政策,主要目的是为基地谋求生存,创造更好的微观管理环境,给他们更多的自由发挥空间。二是实实在在的财力支持,但是 1999 年的石油价格,已经跌到历史底部,每桶只有 10 美元,这样的市场环境,让筹备上市的中海油感到"秋风瑟瑟",为了实现降低成本的目标,从中海油总公司领导层开始,主动给自己降低了 10%的工资。在这样的时刻,对于基地系统的财力支持,只能点到为止。

所以,在 1999 年底召开的中海油首次基地公司工作会议上,渤海公司得到了三项支持政策,14 项放开搞活措施,除此之外,中海油会以定额补贴的方法,给渤海公司三年的少量财务支持，用以支撑渤海基地巨额的社会公益支出。

以三年为限，之后，渤海公司必须实现自负盈亏、自我发展。

卫留成把这个任务交给了曹兴和。这时，他的最大期待，就是希望看到一个能把中海油后方稳住，让主业可以迅速发展的基地。至于这个系统能够走多远，甚至未来成为一个现代企业，他却没有奢望。这样一个小型社会的组织，一群被"淘汰"的人，可以做出什么样的事业，他还看不清楚。但他并不急于下结论，他给了曹兴和三年时间，让他去试验。

"被分离"的基地

从参加总公司讨论油公司海外上市开始，渤海公司领导人心情就很沉重。因为，大家都明白，这种新体制的核心是，中海油要将海上勘探开发生产的主业从渤海公司彻底分离出来，进行独立运营。即使是只有1000人进入上市公司，也只是给基地提供了业务服务的机会，只是一种可能性而已。

中海油的执行力向来非比寻常，上市重组方案在确定后迅速得到执行。作为成立的上市油公司（有限公司）重要组成部分，其天津分公司轻装上阵，336名员工带着162亿元经营性资产从渤海公司剥离。渤海公司突然从油气资源勘探开发的主体转变为服务型的基地公司。分离后，渤海公司下属14个经营性单位和15个非经营性单位，近10000名职工，还要承担离退休和退养职工近5000人。

渤海公司员工，包括一些管理层，在这样迅疾的改变中被突然打懵了。长期以来逐渐积累的所谓"渤海主人"的自信心，猛然间消失得无影无踪。与之相伴随的是或明或暗的议论、抱怨，甚至指责。

"是谁发现了海上油气田?"

"谁是油田的主人?"

"谁管我们?"

"日子过得好好的，为什么要改? 这不是瞎折腾吗!"

无助、惶恐、疑惑，这样的情绪就像病毒一样迅速传染。失去了油公司这棵大树，很多员工、很多管理者感觉自己成了无根的浮萍，没了方向。

曹兴和意识到自己遇到的挑战。从近期与下属的交流中，他看到了低落的士气，这些和自己一同奋战20年的同仁，即使不用说话，他也能从眼神中感受到迷茫。

他反感夸夸其谈，要干就多干实事，少说空话。在没有认真思考清楚所有问题、所有对策和可能产生的结果前，他不会把一些没有成熟的理念抛给大家。因而，在渤海公司重组开始的一段日子里，大家除了看到他更多的消耗香烟，并一如既往地用自信的微笑面对员工外，没有听到他对渤海公司未来的回答。

曹兴和的思考方式有时显得特别。就像围棋对弈的职业选手，需要先将尽可能多的招数预想一遍，并且不断比较它们的优劣。虽然还没有落子，但是对结局已经有了七成的把握。

"渤海公司这盘棋能不能下赢?"

他还没有把握，但是这盘棋一定不能输，他确是有底的。因为卫留成已经清晰地把中海油总公司对渤海公司的定位，传递给了他。

"分离后的渤海公司有两大使命：一是为油公司提供强有力的支持和高效服务；二是独立经营，自负盈亏，逐步走上自我发展道路，用三年的时间扭亏为盈。"

三年时间，支持主业，自我发展。这是卫留成交给曹兴和的基本任务。

如何完成这个使命？显然，他并不想只下一盘和棋。

这些日子，他一直在盘算自己即将面对的问题和困难，只有对难题有足够的估计，才能做出正确的第一个部署。

他说，"我们面对四座大山。"

"一是社会负担沉重，在这样一个 29 平方公里的基地区域，担负着几乎所有的社会服务职能。此外，必须承担养好人的责任，维持新老员工 13000 人的生活。"

"专业公司重组，分离出去很多优秀人才。这次油公司上市，把最优秀的 1000 人也像拔韭菜一样挑走了。余下的在岗人员 60%以上都是 40 岁以上的老同志。"

"这个系统当时的人员情况，就像我们市场买菜的一样，第一轮由上市公司挑，挑完了以后，第二轮又由专业公司在这个筐里再挑，最后就没几个挑的了，剩下的人就只能在这待着，基地当时就是这种人员状况。"

"二是渤海公司在分离后基本失去了经营性资产。留在渤海公司账面的资产仅有 18 亿元，其中大部分是土地和非经营性资产。算上能够经营的所有资产，只有 2 亿多元。"

"三是产业结构不合理。市场占有低，服务水平差，缺乏执行力。这些以后勤服务为基础的几十家单位，长期靠补贴生存，仅有的几个经营性单位盈利能力也不强。"

"四是渤海公司的财务支出负担。就 1999 年，社会服务及公益性支出就有近 2 亿元。在这样的情况下，公司每年的亏损大致 1.8 亿元。"

但是，这些只是硬伤，他并不担心。依靠这些年领导业务的经验，依靠中海油可能有的帮助政策，能够解决。曹兴和对渤海公司的软伤更为担忧。长期以来，渤海公司很多员工已经适应了"以主业为核心、向主业倾斜、执行计划命令、内部无偿服务、年终由公司统筹分配"的模式，经营管理体制落后，缺少市场观念，自我发展能力严重退化。

观念通，则全局通。信心增，则胜局定。

看来，必须正确引导员工提振士气，稳定队伍，重树信心。"没有稳定和信心，就做不成事，而稳定和信心还要从做事中得到。"

"提升士气，只能用发展的方法，发展是第一位的问题，员工看到发展了，稳定的问题也就迎刃而解了。"

曹兴和越来越清晰地看到了这一点，他接下来要完成的工作，就是为渤海公司推动发展，推动改革，提升士气，选择一个有效的方案。

死活题答案

"看不见的手"，通常是用来说明市场调节经济运行的能力。曹兴和说："在企业改革和发展过程中，机制和观念就像一双'看不见的手'，在引导和制约着企业。"

渤海公司并没有有意设计自己的发展，这家公司只是在历史的过程中，再次体会了环境变动对自己的冲击。在计划体系下形成的习惯、体制，要从底部彻底击碎，才能推动公司获得新生。

企业成长总是面临这样的突变阶段，长期稳定的环境使组织适应一定温度的同时，也开始对其他温度排斥。而当真正的严酷出现时，谁能率先表现出适应性，改变自己，谁就能存活下去。

中海油渤海公司，在进入新世纪之交的时候，猛然遭遇到这个生死课题。它们没有总结出高深的理论来引导自己，只是凭借管理的直觉和习惯，交出一份答案。

这个答案很简单，就是"机制"和"观念"。

"十六字"改革

曹兴和想多听听一些下属单位的意见，也意在观察大家真实的感受，就请时任经营发展部经理罗翔，组织改革座谈会。

罗翔是四川人，虽然从 1978 年开始就被调到渤海石油工作，但是标准的四川口音，仍能轻易地感受出一个血性汉子的基因。从进入渤海石油不久，他就一直在机关部门工作，到现在已经 32 年。

在 1999 年基地改革那段时间，罗翔所在的经营发展部，就一直负责设计渤海公司改革政策。总公司的改革方案出来后，渤海公司充斥着很浓厚的悲观情绪，很多人抱着失落，甚至放弃的观点："我们就这样，你（总公司）给我留什么我就吃什么，亏损就亏损，看你管不管我。我们就这样，坐着等着吃皇粮。"

根据曹兴和的要求，罗翔组织了两次渤海公司下属单位的座谈会，讨论可能的出路，但会议的结果令人失望，中基层员工的悲观情绪，看来不是能够自下而上解决的，必须要在企业领导的顶层统一认识，才能从根本上改变这种局面。

但罗翔知道曹兴和在改革发展问题上从来没有原地踏步的想法，更不要说坐等总公司救济。他是需要一个系统的改革方针，然后再进行系统推动，所以罗翔用了两天时间，把自己关在办公室，把这些日子憋在脑海的话写了出来。经过和曹兴和的深入讨论，这份叫作《坚定信心，面对挑战，迈入新世纪》的文件，成为后来引导渤海公司改革发展的基本纲领。

文件不短，但是核心的意思，就是四四一十六个字：

企业定位，

产业规划，

资产重组，

机制创新。

"企业定位，就是将基地系统作为企业而非事业来经营，要去除计划经济体制下带有行政色彩、偏重计划指令的管理观念和模式，要建立符合市场经营机制的现代企业制度，从上到下要树立强烈的效益观念，实现效益最大化。"

"产业规划，就是要着眼于长远，以市场为导向，制定各产业的发展规划和战略，重点是调整产业结构和发展支柱产业。调整产业结构要坚持有进有退的原则，一方面，针对摊子过大、战线过长，要收缩战线、压缩规模，强化成本管理，另一方面，对贴近主业的产业，通过扶持、重组和改造，得到快速发展，最大限度占领市场；发展支柱产业，一方面把有前途的产业做强做大，另一方面试图瞄准市场空白点，建立新产业，培育经济增长点。"

"资产重组，就是针对经营性资产不足的情况，进一步调整资产结构，善于盘活沉没资产，善于把非经营性资产变成经营性资产，善于提高资产运营效率，提高资产收益率。"

"机制创新，就是建立一系列的调控和激励机制，激发员工热情，调动各单位的经营积极性，充分解放生产力。"

"这十六个字，和灵丹妙药没多大关系，只是符合渤海公司当时的客观需要。我也没有太多新概念，把这十六字扎扎实实做好了，渤海公司也就走出来了。"

1999年9月19~21日，由罗翔负责召集，全体渤海公司中高层干部参加的工作会议，在公司会议室召开。没人迟到、早退，没人出去吸烟，所有的人、所有的神经，都牢牢定格在"十六字"方针上。

大家看到了"十六字"方针背后成功的可能性，但迷茫并没有立刻消失。渤海公司即将进行的这一次生存改革，未来都还看不清楚。但最重要的是，曹兴和除了一如既往地微笑，还带给大家一整套已经深思熟虑的答案。

这样的会议，讨论改革的思路，只是目的之一。曹兴和最为关注的，是借助这样的环境，真正振奋大家的精神。

他说："我们怎样走出一条道路来，为渤海职工负责任？这些人都是过去做出过历史贡献的，而且是在当时艰苦的环境下，在出生入死的条件下去搞勘探开发，但待遇都算是比较少的。这种情况下如何把他们推出去，推向市场？他们没有什么生存能力，也没这么多的网络业务关系，在这干不下去，就没法推向市场，没法推向社会，怎么推？"

"人就是最宝贵的资源，你若把他看成一个包袱，那他真就是包袱了，你把他看成是动力，他一定会有无限的潜力。"

"渤海公司还有1万多名职工，上市油公司只有几百人，他们需要我们，这就是我们最大的优势。我们就是要把队伍搞大，把事业搞强，这就是我们共产党的本事,就是把穷苦的老百姓组织起来搞一番大的事业。"

"就是大家都不要怕,组织起来,.没这么多活干,那就两个人的活三个人干,我们不会要下岗分流、再就业走向市场,我们不走那条路,我们就发挥自己的优势,我们这个本事还是有的,有组织优势。一定带领大家走出困境。"

持续的宣传进行了半年时间,渤海公司上上下下的激情整体释放出来,"大家都憋着一股劲,一定要干出个样来"。

曹兴和的调动起到了直接的作用,会议讨论十分热烈。开会的同时,罗翔又起草了几个配套方案,会后马上组织了工作组,明确责任,分工落实。中海油高效、务实的作风再次展现了在关键时刻推动企业成长的力量。

砖头和桃子

"每个经理头上都顶着一块砖,每个员工眼睛都盯着桃子。"

这是渤海公司的压力哲学。

从制定"十六字"改革方针开始,渤海公司利用各种场合向员工传递自己的困难处境,借以激发员工背水一战的激情。效果十分明显,各级管理层都憋足了一口气,准备展现给那些可能看不起自己的人,基地系统的人绝不低人一等。

曹兴和觉得这还差很多,激情只是动力,没有实实在在的经营压力,渤海公司的经营指标难以保障,每家下属企业也没有努力的方向。

长期以来,他分管的各项工作,有一个他比较熟悉的办法,就是经济责任制。

经济责任制在计划经济时期就存在,可以算是一种中国传统的经营考核模式,虽然没有美国流行的所谓绩效管理体系那么多系统概念,但却能在一定程度上发挥其作用。

不过,曹兴和对于经济责任制的理解,却是不太相同的。

"第一,我们通过经济责任制的形式施加了一种压力,并层层传递到每个员工。这样做的结果是,压力和忙碌代替了担忧和不安。"

"第二,要把经济责任制与员工收入挂钩,大家都能看到完成目标给自己带来的好处。"

"我们就是要制定高一些的目标,让员工'跳起来摘桃子'。"

如何让这些二级公司经理们都顶着一块砖,又积极地去找市场、做业务、带队伍?

曹兴和觉得，必须要把经济责任制和充分的授权结合起来。他上任改革总指挥的第一把火，就是将好几百人的渤海机关大大压缩，让大量的机关人员都变成经营者，到实业公司跟着方长传干。他认为，现在是要大家想尽一切方法找市场、找客户，在市场上真枪真刀地接触，因此对下属单位政策倾斜与放权经营，创造宽松的经营环境，鼓励各单位开拓市场，多创效益。

机关不能总是站在一边，简单地说"这个产业怎样怎样，需要什么技术，给它什么资源，这个是不符合规律的，那个是不符合政策的"。曹兴和不需要这样的机关。

"没关系，只要在渤海，符合我们发展需要就行。只要他自己愿意尝试，就给他干。"

曹兴和说，我们需要"大企业，小机关。"

在这样一种思想下，渤海公司实行了一种叫"一级所有，授权经营"的管理体制。充分授权给那些"想干事、会干事、能干成事"的干部，"让他们去闯，扩充他的队伍，扩充他的地盘"。

"让下属公司充满活力，各显其能。"

经济责任制，能够充分结合渤海公司当时初步转型为市场主体的直接需求，直接刺激着一批干部带领自己的队伍，像蜂群一样，扑进了甲方市场。

"这种'跳起来摘桃子'的做法，迅速强化了员工的市场意识、乙方意识、服务意识和成本意识，促进了企业管理水平的大幅度提高。"

你是第几把交椅？

创业是压力的传导。

渤海公司办公楼的二层，有一间会议室，是每次召开公司中层干部会议的地方。有一个十分普通的长形会议桌，环绕着两排20多把椅子。这间会议室从一开始使用，就成为渤海公司下属公司负责人最熟悉的地方，正是因为熟悉，所以有不少人都自觉不自觉地坐在自己最常坐的位置上，久而久之，就形成了习惯。

直到2000年初的某一天，参会的经理们走进会议室，发现会议桌上多了一些"桌签"，按照某种顺序重新把各家公司的负责人位置进行了分配。明眼的经理们很快就大致理解了排序的逻辑：1999年末，按照经济责任制目标，完成收入和利润比较高的单位负责人，都排在了前面靠近渤海公司领导的位置上，而那些利润目标没完成，或者暂时经营亏损的单位，都被排在比较靠后的位置。

曹兴和直截了当地说明了这个规则："渤海公司需要大家都能冲入市场，做英雄，衡量大家的工作效果，就是收入和利润。为了反映大家的贡献，从现在开始，就按照收入和利润来就座。"

"我们不是水泊梁山，不论资排辈。只要你的公司经营效果好，你的位置就靠前。但是你的公司如果收入和利润不行，那你的座位就只能向后挪。"

从这一天开始，渤海公司的经理们进入这个熟悉的会议室，就多了一件事要做。首先要看看自己的名签还在不在原先的位置上，然后再观察一下别人的位置有没有变动，看看谁向前排了，谁又被挤到后面去了。

等到大家都就座了，相互环顾对视一下，都能感受到彼此有些复杂的眼神。坐在靠前位置的或者位子向前移动的，眼里有些放光；而那些位置靠后的，往往经常低着头，不愿意和别人交流目光。

姚茂荣在2000年从渤海公司的供应公司被调到新重组成立的科技开发公司当经理。他对这样的座位变化感受很深，十几年后，当时的场景仍然如同昨日："我们当时的供应公司，那是渤海公司创收的大户，我有时来这里开会，总是坐在第二的位置上，感觉还是不错的！"

"曹总后来找我，说，'新成立的科技开发公司，你去搞搞吧'。我就来了，当时这个科技开发公司刚刚从渤海公司的一个技能培训中心转过来，啥都没有，跟科技更是没有任何关系。"

"我本来想能给我点时间，一步一步来。可是曹总没给我这个机会，就把科技开发公司和其他公司一起来排序了。我们当时哪能比过他们啊！所以，第一年，我们科技开发公司就被排在'倒数第二'的位置上。我后面，就是渤海医院的院长。我基本就是要垫底了。"

姚茂荣从正数第二把交椅一下成了倒数第二，这个精神刺激确实让他非常难受。"当时，我就时不时和渤海医院院长嘀咕几句，'这会以后咱们看来要从后门进出，低头往返了'。"

"大家都是要面子的"，"我就想必须得快点把科技开发公司搞起来，让我能挺着腰来参加这样的会。哪怕不能回到第二，我也不想再坐在这个倒数第二的位子上。"

为了这个"位子"，姚茂荣憋了一口气，迅速加快了科技开发公司的业务工作。而为了位置而努力的却不只他一个人，每个参会的经理们都为了自己的相对位置而暗地较着劲。

十几年后，当我们和曹兴和讨论为什么要采用这种开会排座次的方法时，他说："我们就是要形成一个明确的导向，创业的效果要让每个人都能看见。"

确实如此，排定座次的激励方法产生了神奇的效果。渤海公司通过"十六字"原则先后重组建立的下属公司，都在零基础的位置上开始了各自的创业活动。

结构手术

渤海的创业需要包括中海油领导层的支持环境，也需要员工树立创业观念，但渤海公司的创业，不同于一个新单位、小单位。率领一万多职工，在三年内实现再生，必须对现在和未来的业务进行全盘的考虑。

在"十六字"方针中，这个部分叫"产业规划，资产重组"。

曹兴和说，这叫四个一："发展一批，萎缩一批，新建一批，改造一批。"

渤海公司当年一共有30多个处级单位，如何进行规划和重组？曹兴和的观点很简单，那就是一定是有所为、有所不为。

在曹兴和的领导下，渤海公司为了达到目标，开始系统性调整当时的下属单位和业务结构。首先要完成的是将近30个处级单位按照靠近规划的要求，遵循统一性和相关性原则，合并同类项，然后撤销一些机构，做到精简、集中。

之所以这样系统性地进行合并，是因为渤海公司也从现有的业务状态中看到了可能的潜力。

曹兴和分析说："基地虽然有很多劣势，但劣势背后也隐含着优势：经营性资产少，这就为改造资产结构比例提供了较大的空间，特别是如果一些福利性非经营性资产转变为经营性资产，那会大有文章可做；人多、负担重的另一面是人力资源丰富；市场、土地、社区和周边社会经济资源等，开发利用潜力还很大。"

按照这个思路，渤海公司改革的工作组迅速推动对现有业务和下属公司的重组工作。

通过专业化整合，将原来综合性的采油公司一分为三，旗下以一家采油工艺研究所为基础成立了采油技术服务公司，将原先分散于各家的配餐业务整合成立了配餐公司。如图1-1所示。

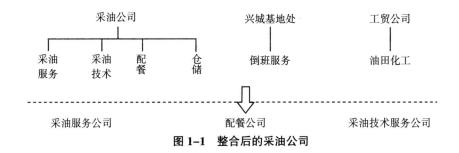

图 1-1　整合后的采油公司

对属于维持或萎缩的基地服务，比如建筑业务，采用的方法就是撤并整合、收缩战线、减少管理界面和降低成本。三家原本分散的建筑企业合并成为一家，并且大幅度压缩干部数量，100 多人的科级干部，最终只保留了 12 人。如图 1-2 所示。

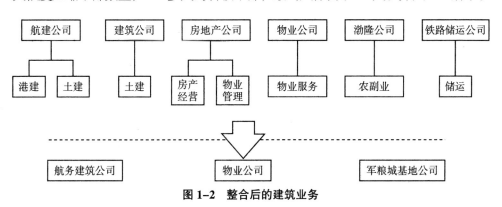

图 1-2　整合后的建筑业务

同时，通过对于上下游相关业务的合并，把油田化工厂和油田化学研究所合并，统一由采油技术服务公司管理。把原先从事海上设备维修的公司整合成装备技术服务公司，进而又和油田建设工程公司合并整合为石油工程公司，形成设计、建造、监测、维护、项目管理产业链。如图 1-3 所示。

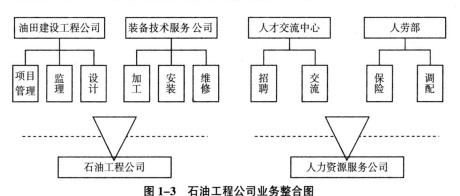

图 1-3　石油工程公司业务整合图

把非经营性资产转变为经营性资产。重组了培训中心,并将其中可经营的资产划分到其他企业中,成为经营性培训业务。精简所有的社区服务业务,将分散的社区行政管理和服务职能集中在一起。如图1-4所示。

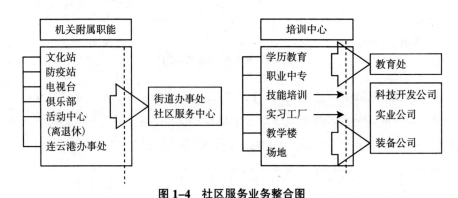

图1-4 社区服务业务整合图

贴近主业,开展了钻完井技术服务及监督服务业务,管道涂敷业务,人力资源业务和FPSO业务。

同时,果断退出了集装箱、散货运输业务,退出商业,压缩办学规模,清理三产公司。

组织结构调整前后的比较如图1-5所示。

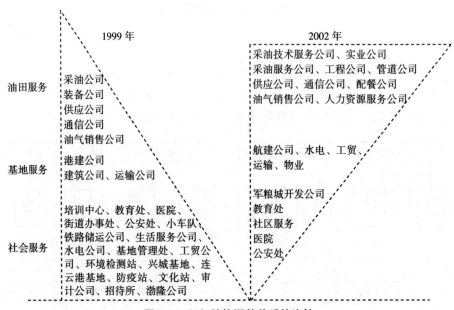

图1-5 组织结构调整前后的比较

重组与整合，实现了收缩战线、优化组织结构的目标。渤海公司下属单位由29个减至22个，其中经营性单位由14个增至18个，非经营性单位由15个减为4个。这样一个产业结构的彻底变化，为渤海公司从一个传统的基地存续体系发展成为一个经营性业务板块奠定了牢固的组织基础。

第二章
国企创业"四论"（2000~2004 年）

  "创业"这个词，对每个人来说都不陌生。但对于国企，创业问题好像是另外一个世界的词语。国企有很好的资源基础，国企有严格的组织制度，国企有全方位的政策保护，这些似有似无的条件一层层包裹在国企组织的内部和环境中，很多情况下，让组织内部的人失去了创业的能力和意愿，也让组织外部的人失去了对国企创业的信任和兴趣。

  不过，一旦国企那些看似重要的保护条件失去，面临发展挑战的时候，没有创业和求生能力的组织自然将被淘汰，就像那些号称要进行"二次创业"、"再创业"的大型国企，最后都成为市场竞争和产业发展中新的看客。

  那么，作为国企，如何在这些特定的环境变化中，给自己新的发展动力，如何给自己建立一个创业型的习惯呢？

  我们试图通过中海油渤海公司的发展做一解读。

  在曹兴和的字典里，对于创业有别样的理解。曹兴和把白天和大家聊天交流当成了解和沟通的机会。他将最艰苦的工作都留给自己独自在晚上完成。他知道自己最大的角色是做决策，必须对问题深思熟虑。这个习惯从担任两家渤海下属公司经理时就逐渐养成，现在又要面对基地历史上最艰难的生存决策，所以"晚上是通宵的熬夜思考，前思后量，做分析，不同的做法会带来什么问题"。

  "渤海公司的问题，根本上不在于业务、资产、人员这些硬件，而是保守的

观念和不适宜的机制，如果不解决这些软件问题，渤海公司就没有前途。"经过深思的曹兴和，决定用"创业"来启动渤海公司的再生历程。

一论：勇气胜于黄金

创业是一种勇气的激发。

国企好像总是有比其他企业更多的退路，这种感受不由自主地在组织内部传染和蔓延，因而很多国企组织发展到一定阶段，好像会得一种"环境麻痹症"，对周边的挑战视而不见。

不过，当挑战真正成为一种威胁和现实时，这种麻痹行为往往会被新的"恐惧畏缩症"所替代，有时像受到惊吓的鸵鸟，宁可把头埋进地下，也不愿意迅速寻找生存的其他途径。

所以，对于国企来说，创业所缺乏的，首先不是物质条件，而是一种创业的勇气，一股劲，一股置之死地而后生的冲劲。

2000 年的曹兴和，深刻感受到了这一点。他通过各种形式，在各个层面上激发大家的斗志和勇气。

渤海公司领导会议后，曹兴和就会同其他领导，向所有的中层干部和员工传递对基地系统员工价值的理解。他们希望所有的基地员工知道，自己不是一无是处的存续人员，只要团结、努力，这个组织能够干出一番大事业。

"人就是最宝贵的资源！"

"你要是把他看成一个包袱，那他就真是包袱了，你把他看做动力，他一定会有无限的潜力！"

渤海公司召集所有的人力资源部门负责人开会，让他们传递公司对于发展的想法。

"把我们的队伍搞大，把我们的事业搞强。"

"这就是我们共产党的本事，就是把穷苦的老百姓组织起来搞一番大的事业。新中国的成立不是光靠一个人的装备，一部分的精英，还必须依靠穷苦老百姓。这就是我们的成功经验。"

"大家都不要怕，组织起来。"

"当下没这么多活可以给我们干，那我们就两个人的活三个人干，我们绝不说下岗分流，也不会搞再就业，也不会把大家推到门外。"

"我们不等（照顾），就发挥我们的优势，大家组织在一起干。"

"大家憋着一口气，基地员工也一定能干出个样来！"

渤海公司员工从这样的激发中看到了方向和希望。"创业"勇气所激发出的能量也令曹兴和十分振奋。

"是那个精神，当时队伍的核心保持了一股奋发向上的精神，一个中心是大家一定一心把工作放心上，一心搞生产，一心创效益，一心奋斗，所以说这就是人的产业，整个上下一片红火，上下同心，到处都充满生机。"

从失业到实业

曹兴和善于把握事物的基本规律，脑子里最清楚优先的工作内容。渤海公司改革的重点，在他看来，就是要真正把基地的干部，从机关的主体变成市场的主体。所以，他要先对渤海公司机关管理部门动刀。

当时，渤海公司的机关规模很大，虽然是600人的编制，但实际机关管的是1000人，油公司上市就挑走100多人，局机关剩下的人，就摆在这个地方，"怎样去理顺它，让机关的人成为能经营的人，我就开始想办法。"曹兴和说。

渤海公司之前有一个曾注册成立，但基本没人用的公司牌照，叫"渤海实业公司"。一些员工，戏称为"失业公司"。曹兴和认为这个公司牌子与其闲着，不如通过这次机关压缩利用起来，把原勘探部、钻井部等部门的技术、管理和监督人员集中起来，也许能建立一个产业，至少它可以解决机关臃肿的问题。

曹兴和对准备从很多机关部门进入这家公司的员工说，"你们不是失业了，而是去干实业了。"

但是，谁来带领这个几百个机关人员组成的"实业公司"，才能让它活下去？曹兴和脑中，立刻出现了一个名字：方长传。

方长传是安徽人，直到今天，说话都带有特别重的口音。他总戴着厚厚的、大大的眼镜框，走路虎虎生风，虽然说话别人有些听不太懂，但嗓门却很大。很难把他和一个文质彬彬的技术人员联系在一起，但他确实是一个钻井技术专家，获得过多项国家技术成果奖，他当时是钻井部总工程师。

曹兴和看中方长传，说他头脑比较灵活，而且动手能力很强，思路很清楚，

就是干事业的。

方长传所在的油公司钻井部，大约是八九十人。上市分离方案出来后，公司负责人准备安排他进入上市公司。

但方长传比较讲义气，说他抱着一个朴素的思想，"当初我在钻井部时主管海上生产，过去那帮人跟着我一块混，现在我自己跑了，不管这一班人了。过去我跟别人吆五喝六的，现在一拍屁股就走啦，我就想算了，我不上去了，我说我跟着他们一块混。"

曹兴和听到这个消息，兴奋万分，转告方长传："那算了吧，你既然不去油公司了，那机关剩下的人，油公司先挑，挑完了就让渤海公司机关再挑一遍。其他的人，就都归你啦，你把这些人管起来吧。"

方长传就这样成了机关剩余人员的带头人，1999年8月，按照曹兴和的计划，全部进入了实业公司，方长传也就自然成为渤海实业公司的第一任总经理。

曹兴和给方长传的"待遇"，他还算满意。那就是，从1999年8月到年底，实业公司转来的机关人员，工资还由上面承担，不过从2000年开始，就只能靠自己挣钱养活自己了。

在1999年之前，方长传从来也没有想过自己能从一个技术干部，迅速转变成为必须在市场上挣钱的公司经理。但曹兴和没看错，方长传确实有搞经营的头脑。没有挣钱的手段，方长传首先采用的方法是向上市油公司的钻井部"贩卖人口"，靠劳务输出来养活自己。"一个人一个人地送，然后每个月有个两万、三万元的收入，除了发发工资，公司还能剩下一点点。"

渤海实业公司，就是这样走过它生命中的第一个年份。一群机关管理和技术干部，从此被送上了经营和建立新产业的道路。

二论：否定自己，拥抱客户

国企创业的第二个难题，不是找不到创业的方向，也不是没有一个客户，而是不能改变自己，用新的市场认可的方式来达到客户的满意。

如果创业公司在一张白纸上建立自己的事业，虽然方向不明，但是可以随意设计。国企创业的限制条件是，人、模式、思想都在之前的很多年被固化下来，与市场的距离感也成为一种习惯，在这种情况下建立市场所需要的新业务，最大的难题是能不能突破过去的自己，真正走进市场竞争的规则，成为真正的"乙方"。

创业是观念的重塑。

曹兴和说，"等、靠、要"的思想是渤海公司创业必须跨过的第一道门槛。过去渤海公司好像是主人，但现在必须成为一个地地道道的"服务商"。所以，必须从心灵深处树立"乙方"观念。

"以前的市场是我们的，以后未必是我们的。"

"即使我们守住了已有市场，仍然不能解决扭亏为盈的问题，不能解决生存发展的问题。"

"唯一的办法，就是不断开拓市场，市场是第一道'工序'。"

如何开拓市场？那就是像游击队一样，像蜂群一样，全部扑到客户那里去。以前你可能是她（他）的上级，以前你可能还年长于她（他），但是现在环境变了。我们就是要做好"乙方"，全方位提供服务，发现每一个服务的机会。

"'乙方'的意识，就是要主动把自己放低半格，要俯下身来听'甲方'的要求，有时候也必须'受点委屈'。"

下面就截取三个小故事，来看看渤海公司是如何在"否定自己，拥抱客户"方面获得改变的。

只有挑货的，才是买货的

为了让渤海公司的创业观念得到更加深入的落实，曹兴和决定成立渤海公司的市场部，专门来推动和帮助各个下属公司开发市场。做出这个决定，是因为他早就看好了一个市场部负责人选——江克忠。

江克忠也是较早一批被分配到渤海的石油专业大学生，一直在渤海基地的一家专业工程公司（重组后成为海油工程）工作，由于勤学苦练，很早就代表中海油走向了海外，作为负责人在印度尼西亚项目上开发市场多年。曹兴和看中他的能力，让他担任渤海公司市场部的第一任经理。

江克忠在渤海公司上班的第一天，就赶上了考验渤海公司创业市场观念的事件。

渤海公司下属有个历史长、具有核心地位的公司，叫供应公司。在计划经济

时期，所有的生产、生活物资都由这家公司提供，就是一个"无忧无虑"的物资大王。1999 年基地分离后，这家公司也开始尝试走进市场，但是长期形成的"老大"思维仍然制约着其发展。

在渤海湾内有些中外合资合作油田，其中有一家外方合作伙伴是菲利普斯石油公司。供应公司有整个渤海湾的供应系统，理所当然地希望为菲利普斯项目提供服务。不过，作为国际作业者，菲利普斯提出必须先对供应公司的相关设施、设备和服务条件进行系统的评估。

供应公司成立 20 年来，这是第一次必须按照国际标准接受"甲方"检查。公司上下也是高度紧张，积极准备了好多天。评估这天，曹兴和就派江克忠全程陪同外方的评估。

一天下来，经过认真准备的供应公司还是被打击得颜面扫地。外方评估小组手里有一大套评估表格和指标，详细到每个细节的查证，在很多公司日常感觉十分正常的环节，找到了漏洞。一天下来，外方小组甩下了几十个服务问题和不合格项，也留下了一句"如果按规定时间整改不合格，菲利普斯将选择其他供应商"的结论。

供应公司主管不仅头上冒了汗，脸上也显出了不满。"我们这么多年来都是这么管的，凭什么说有问题"，"这个项目也是我们中海油合资的，不能都是你说了算"。

江克忠第一天就遇到了棘手的问题。他安慰好供应公司，回到渤海公司办公楼，直接来找曹兴和。

说完供应公司评估出现的问题后，曹兴和问："你有什么看法?"

"只有挑货的，才是买货的!"江克忠直截了当地说。

"现在外方提出的要求，从我在国外做市场的经验来看，没有过多的挑剔，他们只是按一个国际标准来执行。这对于供应公司来说，是一个很好的提高机会。"

曹兴和展现出了固有的微笑："对。提供'甲方'不满意的服务，就如同向市场投放了不合格的产品，既损害客户的利益，又威胁自身的生存和发展。轻者影响销售量，严重了就得关门。"

"供应公司必须对照那些不合格项尽快逐项落实整改，然后再请外方来评估检查。"

曹兴和觉得这次评估正好可以转换成渤海公司全面提高服务水平的大行动。此后，他要求各个单位都找差距、找不足，与"甲方"沟通，去外面学习，提高工作标准。

为了进一步转变供应公司的服务观念，曹兴和从渤海实业公司把副经理王爱国调到供应公司做经理。2001年9月，王爱国上任不久，就制定了新的规定，每个月，请供应公司所有提供服务的客户到公司来，主要是提意见。

然后王爱国把供应公司所有部门的负责人都叫过来，大家围坐在一个大桌子前。

"我们就正面听他们提意见。"王爱国对客户说，"这个月我们的服务有什么问题，请随便提，没事，我们这样的会议就是听取客户意见并改进工作的"。

王爱国这时根本不给自己下属任何发言权，他要求所有供应公司的人，"不能说话，你就坐着听"！

王爱国说，"在一年左右时间里，这种客户提意见例会，基本上一个月一次"，"给人服务就是挣人钱，让人满意、让人高兴，你得让人给钱给得痛快，给完钱还得谢谢你，这才是挣钱。慢慢地，公司的人也就明白了"。

观念的转变，终于帮助渤海公司保住了这个重要的市场。原先的投诉信少了，"人家高兴了还会写个表扬信，慢慢就主动地给人提供满意的服务了"。

努力，遍地是黄金

对于改革，体制的、制度的完善或者修正都不困难，困难的是人心的改变和对新制度新思想的适应，让人们在转变思想时接受新的事物，不产生排斥的心理，能够更积极地去认识新事物、接受新理论。

对于这个问题的理解，孙晓改有最深的体会，因为他不仅仅是没有加入上市油公司而是留在渤海基地的员工，更是由于曹兴和让这个曾经的产业发展部和办公室的负责人，转变角色成为精简重组后的基地物业公司的总经理，真正成为基地的基地。

说起这个一直都存在的后勤单位，孙晓改对当时接手时面临的复杂情况头疼不已，"物业公司原来不叫这个名字，我去的时候它叫综合服务公司，前身是生活服务公司"，"光开电梯的电梯工就有150多人"。

"曹总让我来管矿区，虽然不是经营性主业，但我总在想矿区管理该怎么管？

我想按照渤海公司的改革方向，那就是要打破观念，在这个矿区引入市场和服务的概念。"

"比如说，油公司的职工家属住在我的矿区，很多企业也在我的矿区当中，他们的钻井也在我这儿，大家共用马路，我在路边栽的树大家同受益，但是如果弄坏了是由我来修。所以物业公司应该就这些公共维护费用向包括油公司在内的各个企业收费，建立一个市场机制。至少，要把账算明了。"

看着亏损2000多万元的账目，孙晓改决定要先把这个想法告诉油公司。他开始拿着账本，挨个地找单位谈判，灌输着他的亲兄弟明算账的思想。

大会小会中就看到孙晓改在灌输一种思想，给领导、给企业——你们都应该分摊矿区的发展建设费用，"你说这条马路我修了，你确实在这儿走了，我账可以不收，但话我们得说清楚。哪天你把我门口撞坏了，我就不修，你撞坏的干嘛我修？你又不给我交钱。"

不只企业被算了账，对于海油小区内的住户们，孙晓改也跟他们扒拉起了算盘珠子。"按照《物业管理法》、《物业管理条例》，你住这个单位的房，卖给你了就是私有财产，个人财产就要请管家的，替你管，叫物业管理费。"孙晓改摇摇头，"那时候真是费了很大劲，就是为了推行物业管理"。

孙晓改一遇到曹兴和就会说起这个物业管理收费的事情，"局里不会在乎这点钱，但是它必须是一个观念的转变，这个服务不可能是免费的"，那时候曹兴和很支持，积极地配合着孙晓改，引导物业管理观念的转变。

但是物业公司必然还是要朝着市场化的方向去发展。孙晓改在物业公司待了七八年的时间，物业公司从2000多万元的亏损，变成了1800多万元的利润。他不仅灌输着服务是有价的概念，创造收入，也利用各种手段减少物业公司的成本。

现在孙晓改退休已经有快四年的时间了，作为一个在基地付出了全部青春的老干部，对于中海油的种种变迁，他有着自己更深刻的认识。

他说："努力，遍地是黄金！基地系统，从一个靠别人养活的存续企业，到现在产值300多亿元的专业服务公司，就是依靠人，还有一种信念。"

"从这个信念中所迸发出来的东西最有用，它可以帮助你从无到有，可以帮助你从弱变强，但这种信念不能丢，你必须要有，有了以后要坚持。"

孙晓改说那时候基地的人都有这种理念，是这种信念推动自己转变了角色，在物业公司这个大家都不愿意去的岗位上做出了成绩。

否定从前的教书匠

渤海公司的改革发展有个突出的特点,那就是很多重要岗位的干部都是中途转行,而且是大跨度转行。这个特点和曹兴和形容的基地系统人才队伍结构相吻合,在一个被挑剩下的队伍中,找到专业匹配、能力合适的人员,是基本不可能的。

因而,无论是从组织安排调整,还是干部队伍自我提高要求,都促成了渤海公司一大批干部内部转岗、转行,在另外一个自己从前几乎没有想过的专业领域重新开始,对一大批步入中年的人来说,挑战是明摆着的。

目前海油发展油建公司的盛朝辉,就是一个从中学教师转型成石油专业管理骨干的例子。

1998年之前在渤海上高三的孩子,应该对盛朝辉这个名字很有印象,他是高中毕业班教物理课的教师。1998年,渤海装备公司成立,盛朝辉从此由一个教书匠突然转型进入了石油专业技术领域。

"本来领导让我过来的时候是让我去人事部做一些培训工作,和教师比较接近。但刚成立的渤海装备公司各方面能力还不行,这种情况下就把我安排在下面的蓝星清洗公司去负责安全生产。"

盛朝辉回忆说:"装备公司刚成立的时候,受到了很大的质疑。因为前身有运输公司的影子,就有'甲方'客户说'一个修汽车的你能懂海洋石油?'所以,装备公司压力很大,在那种环境下,必须得先活下来,然后才能谈发展,要想活下来必须得有市场。"

盛朝辉到了蓝星清洗公司,就感到了这样的压力。他说:"不知道算不算赶鸭子上架,我只能自己去跑业务。"

"我自己最初的时候去跑市场,给我什么活我都干。大家很清楚,我是穿着西服去拔草。"

"当时我在蓝星清洗公司压根就没有那么大的工作量,经营目标难以完成,我就去找一家关联公司领导,看看他们能不能给我们公司一些业务机会。可是基本上那家公司也没有工程量,就没有什么工作能给我们。"

"怎么办呢?这家单位领导看到我们不容易,就说'要不这样吧,你们不是清洗公司吗,我们厂子门口有一条污水河,污水河边上有些杂草,你给我清洁清

洁，把河边的杂草给我拔干净'。"

"没有办法啊，大热的天，我就亲自带领大家去拔草，我还穿着西服。我在那个圈子里教了八年的书，好多坐110公交的都是我的学生，都看到了他们的盛老师衣着光鲜地在污水河边拔草的场景。"

"之后很多学生就问我，'那天我好像在河边看见盛老师您了，是不是您啊？'我赶紧说不是，我没有去拔草，你们看错了。"

现在已经成为油建公司管理层的盛朝辉，说到自己最为深刻的人生体会，他毫不犹豫说出四个字："否定自己。"

盛朝辉是理工科出身，本身在高中教了很多年的物理，对于机械这一类的东西认识起来还是快的，但是毕竟不是石油工程的科班，在真正开始操作的过程中还是会遇到很多难题。

海上洗舱是当时盛朝辉所在蓝星清洗公司的主业，这可是个高危的工作，盛朝辉并不了解这个业务，还是带着人上了平台。可没洗过怎么办呢？盛朝辉说，这都是在平时看别人干的过程中偷着学来的，跟请来的专家偷学、跟承包商偷学。比如说在参与专家组织的方案评审会时、施工方案的讨论会时，仔细听专家的分析和讲解，看看他们讨论点在哪里，有不明白的就去问，用心记下这些东西。所有参与过的方案，盛朝辉都会把标书、方案带回家，反复仔细地看，"你不懂的总有人懂，为了中你的标，专家自然也会好好地给你讲解讲透，其实这都是学习的大好机会。有的时候，带人上现场，不见得就是干活去的，更多的是去学习，看看会的人怎么干，拿来为自己所用"。

对于平台的了解，盛朝辉也是尽心尽力地学习。他本来根本不了解海上平台结构，但是油建公司的主业就是要天天和这些平台设备打交道。为了让自己彻底明白，他用很长的时间天天泡在平台机舱里，一层一层地去摸、去看、去记忆，直到自己一清二楚。这样，很快他也能开始指导别人干活了。

三论：从芝麻抓起

有句名言，叫"手捧金饭碗要饭吃"，用来描述很多国有存续企业的情况比较恰当。金饭碗是说这些企业一般都有一定的资源基础，即使是被分离出来，周边资源如果仔细加以利用，要比赤手空拳的其他创业企业好不少。但是长期做惯了大企业的大生意，就会对这样的资源和空间视而不见。

渤海公司的创业经验告诉我们，对于存续企业而言，成功的另一个秘诀在于"从芝麻抓起"。能够将其他人看不上、看不起、看不到的小机会，最终聚合成一种产业长期发展的洪流。

我们再说几个例子：

劳保服买卖

从渤海公司机关分离出来100多名人员，被全部打包装进了只有一块牌子的实业公司，他们显然是必须创业求生存的第一群人。方长传这个搞钻井技术的总工，成了这群人的领导之后，就开始天天琢磨："我去哪里找市场呢？我们这些人现在怎么活呢？"

"我只能先从'贩卖人口'的事情干起！"

方长传仔细地分析了一下他手里的这些资源：钱是基本没有的，设施设备几年内也不用提了，号称100人的队伍，由一些辅助技术人员、行政管理人员组成。渤海公司给他们的政策是：1999年12月底之前，这些人员的工资还是由渤海公司负担。2000年1月开始后，就必须由实业公司自己支付了。

方长传想："我还有三个月的时间找活，也必须在这三个月里让大家有事做、有活干。"

没别的办法，第一步就是通过"服务"来向油公司相关的部门和人员争取业务。

"第一是服务，第二是服务，第三仍然是服务！"

方长传把和他一同从钻井部分离到实业公司的王爱国和田建军叫来，告诉他们："现在，你们就负责咱们实业公司的商务部。目前主要就是到油公司和其他专业公司为我们找活干。"

"不管多少钱，不管什么活，不管说多少好听的，都要找回来！"

王爱国是钻井工程师出身，之前只会研究技术。看到方长传主动放弃了到上市油公司工作的机会，感觉挺认可这个领导，就在方长传的召唤下，也加入了实业公司，作为实业公司副总经理，协助方长传。

但是，他也没想到方长传会一下子让他负责商务。"我一个搞钻井的，就懂图

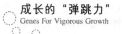

纸，根本就不知道啥叫搞市场"。

"那时候实业公司啥也没有，我就只能凭着感觉，学着别人开始干商务。但是我知道一点，就是要想办法赚钱嘛。但那时候没有设备啊，就100多个机关人员，也没有什么地盘，连办公室都没有啊。"

王爱国和田建军商量了一下，没别的办法，只能去上市油公司所有可能提供业务的部门挨个拜会，向他们说明"现在我们实业公司成立了，只要你们需要，我们的人员能提供各种服务。现在我们是'乙方'，一定保证让你们满意"。

他们这几个原先的钻井工程师，在渤海公司办公楼里都斯斯文文，典型的专家形象。这一下子变成了天天要向别人兜售服务的销售人员，每个人都很不适应。

"我每天早上拜会'甲方'前，都要斗争老半天。想着'要不推明天再说吧'，但是一想也没别人能行了，大家还都等着自己拿合同呢。就只能顶着一股劲，深吸两口气，上吧！"

王爱国、田建军这些来自渤海实业公司的商务人员，每天都出没在所有有可能成为客户的公司和部门办公室，到处给人留下自己的BP机号码，反复给自己曾经的熟人和朋友传递着信息：请给我们些服务机会，实业公司一定做好"乙方"。

实业公司的第一个服务机会，就是在王爱国他们这种类似"扫街"的宣传行动中产生的。一家公司的安全部门要为海上作业采购一点儿劳保服装，总金额很小，只有8000元，本来按惯例是自己买的，但是看到王爱国他们每天都来找服务机会，就想不然帮他们一下吧。负责人问王爱国："这个生意你做吗？"

如饥似渴的王爱国高兴坏了，算算还有1000多元的利润可挣，虽然不多，但这可是实业公司的第一个市场合同啊。"这太重要了！"

但问题随即而来，王爱国从前只对技术规则熟悉，从来也没签过市场合同，虽为商务经理，但对商务条款基本不懂。

"我紧张坏了，就找来田建军，我们两个一块谈、一块签字，虽然总有些担心被卖方骗了，但毕竟我们两个人，能相互帮着。"

"这就是实业公司的第一笔合同。"

从这批劳保服身上，王爱国开始学习如何做生意，如何给"甲方"各个部门提供服务。逐渐地，他们把行政部的复印、打印、计算机维护、车辆管理、档案管理都变成了自己的服务项目。

"只要'甲方'需要的，我们都尽力做！"方长传说，"油公司和专业公司是正规军，在大家的眼里，我们顶多只能算作游击队"。

方长传感觉"游击队"比喻得挺好，正说明实业公司这些机关富余人员没有变成包袱，都在小规模、灵活快速地接近客户。

在2000年实业公司召开的年度工作会议上，他特意写了一段前言在发言中：

"我们实业公司大部分人员都是去年因种种原因从机关分流下来的：有的是因为年龄问题，有的是因为专业对口问题，有的是因为编制问题，但不管是什么原因，过去是什么岗位，现在大家的认识统一到：我们走到一起来了！"

"改革的需要、工作的需要、服务的需要就是我们的工作。同时明确，实业公司是二级单位，不是机关；实业公司是服务公司，不是一般的三产。"

"从人员到设备、工具、技术，全方位为油公司提供'甲方'需要的服务，为渤海公司、基地各单位、驻塘的专业公司及渤海海域的作业公司服务，'甲方'的需要就是我们的需要。在这种情况下、这种背景下来做我们的经营工作。总之，服务是我们工作、生产经营的核心，贯穿于全过程。"

"第一是服务，第二是服务，第三仍然是服务！"

"自立"号

靠"贩卖人口"度过了实业公司第一年的方长传和王爱国，看着现在大家都能围绕"甲方"找到了服务，找到了角色，一年下来，虽然生意都不大，但是还挣了些钱，还是挺高兴的。

不过，他们都知道只做这一块别人给的小生意，只能养活自己，肯定没法发展。"这个距离围绕主业、建立支柱产业，还是相差太远了"。

对于海上石油作业了如指掌的他们，深知要建立围绕石油公司主业的所谓产业，没有技术、装备这些硬条件肯定是不行的。但是，实业公司根本没有任何生产性设备资产，更没有能力去投资建设这样的装备，去哪里找这样的资源和业务呢？

方长传把目光锁定在那些由上市油公司管理，但是基本上被弃之不用的、闲置的、破烂的资产上。让他最为动心的，是一艘基本废弃不用的综合海上平台，叫"自立"号。

"自立"号是一艘没有船籍的"黑船"，设施设备陈旧，由上市油公司的资产部负责管理，已经被列入了油公司淘汰目录。

但对于方长传和王爱国来说,"自立"号如果能够交给实业公司,那可真像是有了"产业"了。2000 年,他们就上上下下活动,希望能够帮助油公司来代为管理这艘船,并且把它改造为多用生活支持平台,进而为海上油田服务。

多年以后,王爱国回忆,"这个船也不行,没有船籍,好多设备也不行,不具备出海的资格,就相当于汽车不上牌照;安全也不行,里面有隐患,好多都达不到标准。"

"所以,船给了我们之后,就必须安排做改造。但是渤海公司哪有钱啊?一年还亏几亿元。"

迫不得已,实业公司找到油公司,恳请为了扶持基地的发展,请"甲方"业务垫资来修复改造"自立"号。

油公司领导十分支持,但是也提出了明确的市场化条件:"你必须要承诺在半年之内给油田提供生活服务,才能给你付这个钱。如果实现不了,改造的钱你要自己付!"另外,还要求必须有一个书面承诺。

王爱国亲自把承诺书递了上去,但是他心里和"甲方"一样,都没底。因为这么多年的船龄,这艘老旧"自立"号平台能不能"自立",谁也不敢打包票。

等到前期必备的方案和论证做完,已经是 2001 年春节后,留给大连船厂进行施工的时间,只有三个月。

"船厂技术人员也够,设计人员也有,能力肯定没问题,但是我们当时只有三个月让他们修好。"历史上这样的工程,从来都没有这样的速度。

王爱国和方长传感到无时不在的巨大压力。方长传对王爱国说:"如果到最后干不出来,没法跟曹总交代,那时候我就直接辞职,但是我肯定先免掉你们。"王爱国看似玩笑地回应:"你别免我们,我们如果干不完,自己就地辞职,你想免我们,我们都不给你机会。"

王爱国把自己变成了项目经理。"我是学钻井的,但修船小组需要机械、电器、仪表、结构、轮机这几个专业的人,但我们根本没有这种人员","后来我们就通过私下的关系找了四个 1999 年退休的人员,四个老先生"。就这样,王爱国带着四位老人,组成了实业公司历史上第一个修船项目小组,从塘沽奔赴大连,三个月,天天和船厂施工单位吃住在一起,督促项目必须按时完成。

王爱国回忆:"这几个老爷子都退休了。我们是 2001 年 3 月底去的,过'五一'的时候,老先生们都想家了,想看看孙子。""我说'那也不能停工啊',一共就三个月，再算上来回。"

"所以我就自己决策，干脆把他们家属都叫来，一起在大连过节"。"然后，'五一'假期只团聚了一天，老先生们就接着干活去了"。

"在大连，三个多月，最终把这个船基本修好了"，"包括和船籍社协调、船籍审查、施工完检验"。

"到 2001 年 6 月 29 日，离最终我们承诺给'甲方'的时间，只差两天，我们的'自立'号就直接拖到了渤海，开始为'甲方'服务。"

锅碗瓢盆也能出事业

鞠成科，已经在中海油的基地系统工作了 20 多年，现在已是海油发展人力资源服务公司的领导人，但说起他从 1998~2001 年在配餐公司的经历，鞠成科明显变得有些激动。他反复对我们说，虽然在配餐只有短短两年的时间，但却是他这些年来，感觉最好的一段时期，所做的努力都能看见效果，很有创业的成就感。

他所说的工作单位，叫作渤海公司的配餐公司。用渤海公司通俗点儿的总结，它就是"卖盒饭"的。在 1999 年油公司上市分离之前，是不存在一家所谓配餐公司的，有的只是分散在各家单位的食堂和一些相关的服务单位。

渤海公司下属的采油公司，曾经下设一个叫作"生活站"的单位，负责给海上油田组织提供餐饮服务，也就是做饭。不过，当时"生活站"的名声并不太好，因为一直是海上员工投诉的焦点。

鞠成科说："吃饭的事，当初一直认为是一个很难管的事儿，怎么管也管不明白。"

"一遇到开会的时候，生产环节都没什么问题，一大半的时间大家就是在说后勤的问题、说生活的问题"。"虽然那时开会心情不好，但是那阵子我们都是一个单位的，管做饭的地位非常高，做什么你吃什么，你愿吃不吃，不吃拉倒"。

剥离之前的"生活站"听起来就是个老大难。

不过，鞠成科却从海上的配餐服务这个领域中看到了希望。"我就觉得应该马上弄弄"。

"实际上配餐这个概念，在南方，在南海东部、西部，大家早就已经普遍认可了，就是一种服务方式。但是在渤海，始终没怎么用。"

他们发展配餐的想法，迅速得到了曹兴和的支持。他相信市场机制的应用，会给这个天天挨骂的生活服务业务带来神奇的生机。1999 年 11 月，他将"生活站"从采油公司分离出来，并且将其他渤海区域从事的相关业务都合并同类项，"配餐公司"成立了。曹兴和给配餐公司提出两个要求：一是成为"乙方"，做好给"甲方"的服务；二是必须盈利，为渤海公司创造利润。

鞠成科平时话语不多，上下班一直背个双肩背，"这是负重锻炼"。他感觉能看准的事情，就像这个双肩背包，一定要背着走到底。

"我记得我们当时在渤海湾，好像有 29 个平台，有人居住的平台。我用了三个月的时间，上过 21 个平台。"

"干配餐的时候，就感觉到了一个全新的领域，非常有意思。但怎么说呢，配餐当时干的都是太低级的一些事儿了，我觉得我们必须要改变。"

"当时，海上就餐完全不是现在的标准，几荤几素、几个凉菜、几种主食，那时都是没有的。基本上就是一荤一素、一种主食，最多再给个汤，完全就是原来大食堂的做法。"

"我每到一个平台，也不着急，反正船或者飞机把你送过去了得等下一趟。上去就干三件事，第一件事，先跟平台经理聊，之后找我们配餐的人聊，聊完之后就看出了双方的差异。"

"第二件事，大家一起相互讨论开会，有点像当时的'伙委会'，反正就是各种形式都有，然后就开始提要求，谈如何改进服务。"

"第三件事，我就看它的库房、服务之类的，这东西看多了，你就能看出来配餐合理不合理。"

在平台上做了很多的工作，转了这一大圈，大致心里就有数了。鞠成科琢磨琢磨，开始了第一步，"我采取的第一个措施就是树立样板田！就是先定一个标杆平台的标准，但这个是很难的，关键是没有人，大家也没有这个意识。很多人都没有服务的意识，观念转变不过来。"

"我当时将标准弄得非常粗，然后采取了措施，按照标准开始实行，让平台自己报。你想不想成为样板？那你可以自己报自己申请，你怎么样成为样板？"鞠成科当时是想用这样的方式来培训这些人去思考。因为渤海的配餐人从来没有想过也没有接触过这种情况。

"这三个月真是打擂台啊，三个月就改造好了，因为越差的东西改造起来见效越快。"鞠成科说："配餐的事儿实际上非常简单，作为海上来讲，实际上无非就是做菜做得精一点，规定一出来，这事儿就好办了。"

"还有就是吃完了，你得给人清理，这就是餐厅服务的问题。实际上配餐就分两大类，一个是餐饮服务，一个是客房服务。我们就配了专门的人，打扫卫生，你不是样板平台嘛，利用业余时间，倒班打扫。"

"三个月，开始变了，当然我们有一些奖励，你是样板平台了，如果说达标了，其实只是达到了标准。当时就开管事会，大家一起到平台参观，之后各自回去。"

"一开始咱们是树样板，现在咱们就把样板转化成普遍性的，再来三个月，你们就照着这个样子做，做好了还是样板。"就这样半年之后，所谓的样板，也在这种互相的学习和竞争中变成了工作的标准了。

在配餐的这段时间，鞠成科觉得自己干得顺心极了，"其实我觉得干了一件最应该是管理者干的一件事儿"。

"那段时间，我的视野就有点开阔了，研究世界上比较好的配餐公司，研究人家的一些管理，我就发现一个问题，像我们这样的企业，怎么证明我们的服务能力呢？我说应该做 ISO9000 认证。"

"我不敢说中国干这个行当没有一家认证，但起码干配餐的，没有一家做ISO9000 认证。我当时在配餐公司就要搞这个认证。"

"效果非常好，但是这也是我在配餐公司干的最冒险的一件事儿，因为这个认证要把整个系统改个遍。"

配合着 ISO 的认证，鞠成科开始用年轻人，开始起用社聘的员工，这其实挤占了很多老职工的利益。"弄 ISO9000 认证，公司里面很多人都反对，当时我们还是顶着这个干。我觉得对配餐公司的形象，特别是管理上，有了真正的骨架。"

四论：小能量也能启动大产业

平常人、平凡事、平淡心，是用来形容普通人生活和工作特点的。对于存续企业来说，十分贴切。在存续企业中，留下的大多是不能到核心主业的剩余人员，都是普通人、超龄人、小人物，他们所从事的工作，大多是边角废料型的辅助业务。在这样的组织环境中，如何进行创业呢？

渤海公司的创业实践说明,"小能量也能启动大产业",只要能够调动员工和干部心里的真正动力,小人物可以干成大事,小单位可以变成大公司。

"科技"秧苗

"我这个人呢,发言爱开玩笑,现在不是说时间都去哪儿了吗?时间留给了中海油,时间留给了海油发展,时间留给了人力资源公司,就这么一辈子。"坐在北京的办公室里,即将退休的姚茂荣这样开始了他对历史的回忆。

姚茂荣毕业于20世纪80年代的天津大学,学的是海洋工程专业,但是却被直接分配到了当时的物资供应公司。

"领导对我说,你就在这干吧,就这样在物资公司工作了将近20年。与大学学的专业一点关系都没有,当时就是干一行爱一行。"

时间到了2000年,这时的姚茂荣刚刚负责完成了渤海公司港区的整体规划工作,曹兴和就找他谈话。

"当时曹总跟我说,'你去负责科技开发公司吧,你这个人比较认真,请你对那个单位进行一下整治'。"

渤海公司的科技开发公司,曾经是一个三产公司,但所有的业务都跟"科技"没有任何关系,除了当年做的一些员工职业培训之外,几乎什么都没有,还有一大堆历史问题需要清理。

自从到了科技开发公司后,姚茂荣每次都害怕去开渤海公司的经理会议,因为倒数第二的位置,让他十分没有面子。不过这也激发他立即行动,尽快推动这个公司向好的方向发展。

姚茂荣除了大刀阔斧地对科技开发公司进行"整顿"外,一直在反复考虑这家公司的发展。他说:"当然真正能够带动企业往前的,并不是做减法,而是加法。"

他把目光转向了"科技"两个字。"我就想,一个科技开发公司,主业跟科技没关系怎么能行呢?我就天天琢磨,什么样的业务能和科技沾边。我瞄来瞄去,发现我们培训中心,是以安全培训为主,当时还能取证什么的。"

"我就有个念头,搞这个安全技术行不行?"

为了验证自己这个想法,我就请人顺路去国外了解。"回来以后,人家跟我说,国外除了高安全培训之外,还搞安全技术服务"。

"那我们能不能向国外学习，搞一个安全技术服务中心，给客户提供安全技术服务？"姚茂荣还不放心，"我还找渤海公司环保部的经理，又去咨询了一下，我说我搞这么一个事情行不行啊？他说'这行啊，肯定行'"。

"但我觉得这样还不行，还得到市场那去了解了解"，这就找到了"甲方"天津分公司的安全环保部，得到的仍然是肯定的答复、鼓励的声音。

姚茂荣这个灵光一现的主意，得到了正向的意见，这极大激发了他的斗志。

"我想着搞，但我不在行啊！"这时，有人就给姚茂荣推荐了个内部专家李天恩，"人家确实内行，这个那个说了一套，咱们中海油第一步的安全管理体系，人家是编导主持者，也形成了自己的想法和路子"，姚茂荣对这个人很认可，"最后的结果就是他也愿意来，但是实业公司不放，我就跑去当时经理杨立平的办公室。杨立平说，'你来了我就支持你吧'，我说你不支持我，我就找王家祥总经理，反正我需要这个人。"最后他就把这个人给我了，安全服务中心的筹备工作逐渐步入正轨。

"2004年3月23日，安全技术服务中心这个科级单位正式成立"。姚茂荣对于这个日子，记得特别清楚。

"成立那天挺有意思的"，"我们举行了一个开业仪式，请的人不多，都是专业公司、油公司、地区公司搞安全的经理。可这个李天恩把中海油总公司主管安全的健康安全环保部总经理宋立松请去了，我一看不行，我得找渤海公司总经理王家祥去。"

就这样，在几个中海油高级领导人的见证下，安全技术服务中心成立了。"当时成立这么个小破科级单位，却来了这么一些大人物。"

姚茂荣发现的这个科技秧苗，迅速成长起来。现在，它已经成为海油发展一个新的明星型业务。

市场不相信装可怜的人

今天的配餐公司，除了餐饮外，还有一个生机勃勃的业务，他们称为工业物业管理。这个业务的领头人，叫陶登峰。

陶登峰并不是1999年油公司上市分离的时候就在基地系统的，他的队伍是原来专业公司海油工程的后勤服务团队，"2002年他们上市的时候，就把这个后勤给甩出来了，由渤海基地接手。我们过来的时候，有120多人吧。"陶登峰如

是说。

陶登峰在海油工程重组上市的时候，原本是有机会去股份公司的，"海油工程的领导想让我调过去，岗位都安排好了，我自己那时候也很矛盾"。

海油工程，上市公司，前景是可以预见的好，而后勤呢？"主要业务就是一个食堂，30000 平方米的楼宇，一些办公服务人员，还是老职工比较多，大部分都是中学文化水平都没有的，我们这 100 多人之中，就有 65 个老职工，还有些身体不好。"如此悬殊的优劣对比，放在谁的身上不会纠结和矛盾？

"我以前在海油工程的平台公司当人事部经理，可以说是历经改革啊"。经历的改革多了，其实对于自己的思考也会更多。于是，陶登峰做出了与大多数人面临如此选择时，意料之外的决定。

"我总觉得，向我们这样学中文的，在海油工程这样一个专业公司里，永远都是一个非专业人员，那么到了后勤单位呢？我觉得咱们这样的非专业人员，就成了专业人员，也说不定就能干出一番事情来。"虽然那个时候还看不到未来，但陶登峰毅然地留在了后勤，带着大家合并到了基地系统。

"那就得想个法子，我这个人有一个脾气，要不就不干事，要干的话尽量把它干好。"

后勤团队人员复杂，本来就是个养人的小集体，有关系户，有老同志，"甚至光精神有问题的都有好几个"。在那种被抛弃的情绪包围下，"人的思想很复杂，互相之间也就不团结"，陶登峰觉得树立正气对于团队来说很重要，要有精气神儿。

"我觉得我们虽然是后勤团队，但是如果通过自己的努力，把工作干好，还是会赢得别人的尊重的。"陶登峰用这样的话语鼓励着或者敲打着自己的团队，其实何尝不是在给自己鼓劲。

可这仅仅是一个部分，最重要的是要让大家能看到前景，看到未来会变得更好，跑市场变成了陶登峰肩上最大的担子。

"那时候跟疯了一样"。他找自己的老东家要服务机会，"但是我们成为了'乙方'，海油工程对我们完全是一种市场化的谈判方法，他们算我们这个账的时候，比我们还清楚呢，只能让你把人养住了，不可能让你挣钱"，陶登峰有点哭笑不得。

后来，只要是"甲方"公司看不上的活，陶登峰全都包下来干，"让我们的队伍有事干，而且还能看到前景。有了这些活之后，这个队伍基本上能稳定下来了，大家的精力也不用来搞东搞西，尽量都去工作，很快，我们的工作也有利润了"。

海油工程要在青岛修建新的场地，陶登峰立刻就追了过去，天天在那待着。"那时候跟我们竞争的人很多，为了等他们的领导，有时候要到夜里11点多，饭都不敢去吃"。"我那时候等到眼泪都出来了"，陶登峰苦笑着描述那段难以忘怀的日子。

"后勤的门槛低，海工和我们是市场关系，那它可以给我们，也可以给别的人，而且个体经营的人有着更为灵活的经营手段，我们呢？总是靠感情，靠历史原因，好在中海油有协调发展的一种政策，我再低姿态地积极上门一点，这个活它就不容易跑了，你说是吧？"

陶登峰强烈的"乙方"意识而不是领导意识帮助了他，让他领导的团队日后能够真正再次获得尊重。

"难度其实非常大，实际上'甲方'初步的意向是给一家当地的企业。"陶登峰回忆。

"那您是怎么把它给抢回来的？"我追问着。

"那些人过去都是我的老同事啊，诉苦呗，'我现在的日子也是没法过下去了'。"

"海工这些人，还有领导终归还是讲感情的，最后把那活儿给拿下来了。"

活虽然拿下来了，但陶登峰知道，在海油工程的客户眼里，交给自己的团队来做，和交给当地一个个体户做并没差别，甚至可能还不如人家。

为了改变他们的旧观念，"我们从那时候开始，就提出九个字，我们这几年都是按照这九个字去做的"。

"这九个字一个是高标准，一个是低成本，一个是创品牌。"

"我们自己的公司开展星级服务，每个月都有评比，奖金都跟别人不一样"。"我们又把国家的一系列标准拿来学习，高标准地要求着自己"。"还请物业资深的专家来给员工培训"。

陶登峰补了一句"虽然我们那时候利润不高，但不惜成本也要请他来"。如此强烈向好的意愿，带着大家一起积累着经验、积累着能量，也越走越好。陶登峰大量引进年轻人，"我是在配餐公司用年轻人用得最狠的，来了没几天的小孩就被我弄去当了个基层的副经理",他还把老同志也全都放到了基层去带队伍。

天津市每年都会对全市物业大厦的情况进行审查,提前就有物业处的处长跟陶登峰打招呼说,这种审查评比有个规矩,就是在跟你谈的时候,绝对不讲你的任何优点,专挑毛病。

主审的处长刚到现场的时候,脸别提拉的有多长了,可是看着看着,脸就慢慢地从长变圆了。审查结束的末次会议上,这位主审的处长就已经笑得很灿烂了。他说,在天津从事物业公司这么多年,自诩在这个行业也是专家了,今天就要打破这个审查只挑毛病的规矩,来夸夸咱们的物业管理。

他说了三句话,是陶登峰印象极其深刻的:第一,你们的队伍工作热情非常高,很年轻,也充满了活力和朝气。第二,你们这个物业的标准要求很高,细节也做得很严谨。第三,你们的"甲乙方"关系十分和谐,都在互相支持。就冲这样的破例,配餐公司的物业服务也就算是打响了,获得了众多的认可和尊重。

"所以这也和我以前跟大家说的一样,只要我们把事情做好了,别人肯定还是会尊重我们的。"这些都是让陶登峰想起来颇为欣慰的事情。

自己服务的大厦被天津市评为了"优秀大厦","我们这个公司过去的物业没人认可,现在都有了二级的资质了",陶登峰的语气中充满了骄傲和自豪。"我们现在管理11个食堂,还有40多万平方米的物业"。

的确,要想得到别人的认可,仅仅是装可怜博同情是不行的,还是要尽可能地提高自己的能力,尽力做到最好。

运输公司的女领导

宋晓丽,一口并不标准的普通话一听就是南方人。

她1981年被分到海油,在湛江南海西部公司干了20年,成了南海西部公司的会计科长。

2005年,海油基地系统重组时成立了物流公司,进行公开岗位竞聘,宋晓丽想挑战自己的能力,就自己到渤海来竞聘,没想到败下阵来。

"当时我是南海西部公司的会计科长,来竞聘我们基地下面一家公司的财务部经理都竞聘不上,对于我个人来说,也还是很沮丧的。"

"那时候没有竞聘上财务部经理,但还是在物流公司财务部当了一个计划岗位经理,而且丢掉了我热爱20多年的财务。"

王爱国在那个时候，帮助她指明了方向。"他跟我谈话，就成就了我后面的八年"，"他说小宋啊，竞聘时我们不可能在 30 分钟的时间内了解你的能力，如果你真的是一个有本事的人，你就在未来展现出来，他还说从他个人的经历来讲，只要你干事儿，领导就会发现你"。

宋晓丽随即调整自己沮丧的心态，"反正难受是难受嘛，但是工作是摆在眼前就要去干的"。

在那段时间里，她铆足了劲对计划的相关工作从头学习，从网上找研究报告的写作模板，学习着编写立项报告、可研报告等相关的工作，着实恶补了一段时间。

"但做这个计划岗位经理的过程中有一件事让我到现在都觉得是难以忘怀的。"宋晓丽开始给我们描述那段让她记忆犹新的故事。

"我们物流公司准备在山东龙口搞一个基地，这件事由于各种原因拖延了好几年，也没有大的进展。领导就让我去推动。"

"2006 年 4 月，我就自己去了山东省龙口市政府。我想虽然我的级别不高，但这次必须把当地领导动员起来，我们这个事情才能做好。"

"所以，下午四点钟我在高速公路上就给市长打电话，说我要开个会，你一定要把发改局的局长、海洋渔业局局长、安全环评的环保局局长请到会场。到时我有一番话要说，你要是做得到我们的会就开，如果做不到我就打道回府了。"市领导很配合，会议按时在龙口市政府的会议室里召开了，"我说我今天来就是给局长、领导们布置一个工作，我们共同努力让这个龙口基地在今年开工。"

"2006 年要做的工作，内容我都写好了，我就要用你们的抬头纸把我的内容打上，盖你们的公章"，"当然在做这件事情前，你们要审查我这个要求有没有违背国家政策，如果没有，你们就把这个章给我盖上。"

"我明天早上 9 点准时离开龙口。"

宋晓丽给我们描述着当时的场景，不难想象市政府领导们当时的震惊，宋晓丽告诉我们，一切都还是按照她的预期一直推进着。会议就开了 15 分钟。

"龙口市长问我的职位"，还是让宋晓丽颇为尴尬。

"我就说了一句话，我这个人不管职务高低，我能做成的事情，别人不一定能做成，我跟你们保证 2006 年的国庆前我一定要拿到龙口辅助基地的批文，但地方政府的批文就是你们要帮忙的了。"说完这话，三杯白酒下肚，"我要表明中海油做这个辅助基地的决心,当时那些领导都很震惊。第二天一早,所有的文件就按时送到了"。

"当时因为大家都很忙,王总觉得反正你是搞计划的,这个属于计划前期,你试一试吧。就这样,才发生了这些事。"

"我就是说话和长得像女人,其实我骨子里是很男性化的,我觉得任何事情,你竭尽全力去做,结果一定比你不竭尽全力去做好很多。"

有着这种个性的宋晓丽,在之后的几年里,持续发挥着她个人的"微能量",让她所在的公司恢复了生机。

第三章
聚合"大企业"（2004~2005 年）

2000 ~2002 年，中国国有经济的改革到了一个新的关口。国企三年脱困的基本目标，已经伴随着国企公司制度初步建立，在2000 年底时获得了实现。21 世纪开始了，对于计划转型还不彻底的国企而言，对大企业内部仍大面积存在的辅业和服务性资产如何处理，成了中央政府关心的核心问题之一。

进而，在 2002 年末前出台的所谓"859 号文件"，对于这个问题，明确了大的方向，也就是"主辅分离，辅业改制"。核心意思是，对于国企的那些非核心业务，可以通过改制、分流等多种形式社会化、市场化。

中海油的改革，从 1999 年末"三条线"彻底分离时开始，到了 2002 年末，也取得了重大的进展。

2001 年初，中海油的核心主业，也就是"第一条线"，在中国香港和美国上市；

2002 年初，中海油的专业公司之一——海油工程，在上海上市；

2002 年末，中海油的另一家专业公司——中海油服，在中国香港上市。

这两家专业公司进入资本市场，意味着中海油的"第二条线"，基本完成了体制改革。

中海油的基地系统，以渤海公司为代表，通过"养好人，服好务，贴近主业，建立支柱产业"的基本策略，从一个面临死亡的边缘恢复过来。"协调发展"
战略，对于这个阶段的中海油，起到了重要的基础性作用。

卫留成在 2003 年初的渤海公司管理会议上，总结了基地在过去三年中出现
的变化。

他说："没有基地的发展，就没有改革的稳定，基地又成了安定、平静和祥
和的港湾。"

然而，基地未来该向哪个方向发展？对"养好人、服好务"的理解，也只是
停留在保持生存的位置上。基地，还只是中海油发展的"蓄水池"，承接和消化
历史的问题仍是它的主要使命。

2003 年伊始，中海油为了推进深层次的市场化，建立国际一流石油公司的
管理机制，开始从集团总部和上市公司，全力推进"流程再造"和"用工与薪酬
制度改革"。这个改革，核心目标非常清晰，就是建立与国际石油公司接轨的高
效率管理体系，有竞争力的薪酬激励机制，同时，建立一个完全市场化的用工制
度。用直白的话说，就是打破身份，变成"雇员"。

这是又一次全面的组织和人员改革，或者说是"洗牌"。中海油总公司和上
市油公司在流程再造后，更加大幅度精简了组织，压缩了规模。同时，由于在全
系统范围内进行"全体起立再坐下，全体出去再进来"模式的公开竞聘上岗，优
秀的中青年人才被发现和任用到核心的管理岗位。

中海油的主业更加焕发出生机。不过，在改革中基地系统必须再次承担"蓄
水池"的功能，不仅要接收改革过程中再次分离出来的一部分研究性辅助资产，
还必须放手让自己培养的优秀青年人加入油公司，同时接收油公司组织精简下来
的员工。

"这就是基地的命"。从有这个概念开始，在大部分人的词典里，基地等同于
"拖斗"，它只是这个稳定性基础的一个组成部分，没有不行，但是谁也不会指望
它能长成参天大树。

其实，2002 年的中国国企改革外部环境，是有利于企业将类似的存续业务
直接甩掉，并推向市场的。859 号文件，被号称国企脱困的最后一根稻草，很多
中央和地方国企，都在利用类似的方法来"做小"，乃至"做没"这些历史的包
袱，好让国企能够轻装上阵。通常采用的方法是：

带资分流。2002 年，在国家提出"主辅分离，辅业改制"的国企改革政策

后,"带资分流"一时间成为最时髦的改制方案,许多地方的国有企业一哄而上。中海油也曾为之所动,组织人员外出考察取经,回来研究制订实施方案,将方案的基本精神在大江南北宣传一通后,原以为条件成熟的一些存续单位会积极响应,但事实是干部职工反应相当冷淡。原因就是干部职工都清楚,这些资产原本就是为海洋石油勘探开发而建立的,一则资产规模较大,二则没有主业作依托根本就带不起流不动,即使依靠一时的优惠政策带出去了也活不长久,离开主业就失去前途保障,就得死。

买断工龄。参照同行业一些企业的这一做法,中海油也模拟了一个买断工龄的方案,在方案未出笼之前作了一些探讨性的调查,结果显示职工的想法与企业的想法差距很大,基本没有对话的基础,差强人意只能带来不稳定的隐患。

实施股份制。股份制的前提条件是必须做大做活,但五个地区公司小而全,在相对狭窄的领域进行低水平的重复投资重复建设,谁也做不大。而且从机制上看,现实状况就是一个"等、靠、要"的伸手机制,显然不具备搞股份制的条件。

保持现状暂时不动。以中海油当时的经济实力,无所作为也是能够维持的,但这根本就不是一个国企的作为,而且将会极大地挫伤干部职工的积极性。

有人能打破这样的宿命吗?

善于审视和检讨自己过去的中海油,从2003年下半年开始,就决定改写这个概念。

补齐最后一块"短板"

"不了解基地,就不了解海洋石油;没有基地的发展,就没有海洋石油的整体发展;不在基地建立现代企业制度,海洋石油就没有完成建立现代企业制度。"这是傅成玉在接替卫留成,成为中海油又一任总经理后,做出的最快速的判断。

今天已是中国石化集团董事长的傅成玉,是中国石油界典型的"国际范儿"。他从1982年中海油总公司成立起,就是中海油对外合作的核心力量,自1983年始,他先后在中海油与阿莫科、雪佛龙、德士古、菲利普斯、壳牌和阿吉普等世界大石油公司的合资项目中任联合管理委员会主席。

伴随着1999年中海油重组上市,这位国际合作中身经百战的管理者,开始担任中海油上市公司的总裁，油公司在美国成功上市后，又开始领导中海油服在中国香港上市。

他确实是一身"洋"气，是个标准的国际企业家。在曹兴和和基地系统管理干部眼中，他是真正的"甲方"。

2003 年的"非典"，带来了一场危机，虽没有改变中国的发展轨迹，但却改变了不少领导人的人生轨迹。这年春天，由于北京防范"非典"形势严重，已经就任的海南省长王岐山，被紧急调京出任北京市长。秋天刚到，卫留成由于在中海油的改革发展方面领导有方，要去海南接任省长。

傅成玉接任中海油的总经理，开始他领导中海油继续成长的新十年。

这时，曹兴和由于渤海公司改革的出色成绩，已经升任为中海油的总经理助理，次年正式成为副总经理。

大家都在琢磨，傅总上任后，会把中海油发展的下一个棋子放在哪里？不过，很多人都没有想到，这个国际化企业家，却把他的目光，盯在中海油最大的、最传统的部分：基地系统。他说，"我们要在全海油，全面建立现代企业制度。"

2003 年 9 月，中组部、国资委到中海油宣布傅成玉的任命后没多久，他就告诉办公厅，说要到中海油相关下属公司开展调研，而第一站，就选择在渤海区域。这里是中海油未来五年石油增产的核心区域，肩负着由产量 1000 万吨向 3000 万吨突破的重任。

到渤海考察，自然要听取渤海公司的汇报，曹兴和作为总经理助理兼渤海公司总经理，全程陪同。虽然大家明白傅成玉作为这几年油公司的负责人，对渤海的情况已经相当了解，但是他作为中海油的"一把手"还是首次来调研，所以材料的准备工作必须相当细致、全面。

曹兴和把这个任务交给了计划部经理石成刚。"他肯定能完成好这个任务"。

他的信心来自于对石成刚的信任。石成刚给人的第一印象是他那副宽边、大框、沉沉的眼镜，基本把半个脸的轮廓都覆盖了。眼镜的后面，是一双大大的、有神的眼睛。

石成刚与众不同，表现在几个方面。首先是脑子好使，计划部从战略、规划、投资、考核、管理体系，都牵头负责，历来是海洋石油的综合性龙头部门，业务复杂，但他所管的所有业务、资产、项目都能记在大脑里，随时可以拿出来用。其次是喜欢自己坐着闷头想事,当然是设计公司和岗位工作思路。

这个时候,他就拿支笔,找一张纸,用蝇头小楷在上面写啊、画啊、改啊,不让别人打扰。当他叫下属过去,基本上就是给你讲述一个他在纸上思考的系统逻辑,下属们一般就能够整理出一篇公司管理方面的大文章。

正因为管理能力强,石成刚一直在油公司的计划岗位工作,1999 年油公司上市重组,他毫无悬念地成为了甲方,处于海油体系金字塔的顶端。大家没想到的是,2002 年,他主动回流,到了渤海公司,成为计划部经理。

负责向中海油新任总经理准备汇报材料,石成刚花费了不少心思。他不仅把渤海三年来的改革情况和业绩做了分析,用图片把渤海从业务、资产、社区等家底全面展示一遍,还重点说明了渤海公司新的发展目标,那就是发展成为服务功能齐全、业务组合合理、专业化程度高、符合现代企业制度、按照国际惯例规范运作、具有较强盈利能力的国际一流石油基地服务公司。

渤海公司这个新的目标提得不低,而且做好了未来五年的发展规划分解。在这个场合向傅成玉汇报,就是希望明确得到总公司领导的支持。不过,有些令人失望的是,傅成玉除了对渤海公司近三年的改革充分肯定外,并没有直接评论这个未来发展目标。

"是傅总不支持这个战略?还是他有其他的考虑?"大家心里打起了小鼓。

问题很快有了答案。

有一天,傅成玉直接来找曹兴和,问了他一个问题:"你在渤海公司的改革,搞得有声有色。你干得了渤海这一块,能把它弄起来,但我们还有其他海域,所以光渤海这一个方面、这一个点也不行。你能把全海洋的东西(基地)都搞起来吗?"

傅成玉和曹兴和再次提到他要基地都成为一个专业化的企业。曹兴和回忆说,"他是站着讲的,当时他说要全体基地都专业化,他的思路确实很快"。

2003 年的中海油基地系统,依赖于集团制定的"协调发展"战略,已经初步走出了 1999 年油公司上市分离时最低谷的区域,如图 3-1 所示,五大基地公司的汇总收入规模已经从 31 亿元发展到了 52 亿元。

从收入的规模看到的是发展程度,但从利润水平来看,直到 2003 年,基地体系的整体,仍然只是处于盈亏平衡的边缘(见图 3-2)。这时,曹兴和负责的渤海公司,已经实现了上亿元的利润。汇总后的结果,明显地说明其他基地公司还都处于亏损的状态，必须依靠总公司整体输血。

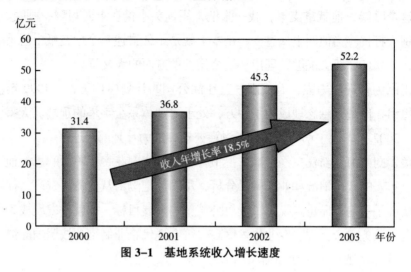

图 3-1　基地系统收入增长速度

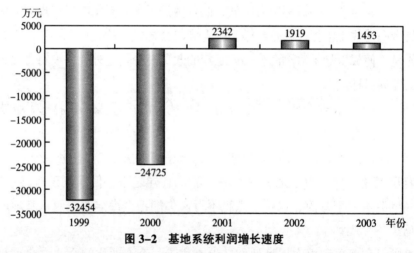

图 3-2　基地系统利润增长速度

中海油是一个关注发展质量，远远高于关注发展规模的公司，直到现在，它们的注意力一直集中于海上石油天然气生产，集中于建立一个经济有效的组织。基地系统这样的情况显然会提醒很多管理层，必须尽快解决中海油系统这个最大的结构和质量难题。

2003 年，中海油的专题小组对基地系统的基本情况作了摸底，它们对问题的总结更为全面：

"由于历史包袱、区域分割、各自为政，中海油存续企业主业不突出，经营

性业务分散不成规模且无序竞争,资源有效利用率低、浪费严重,已经越来越不能适应中海油'上下游一体化发展'的要求。表现在:

(1)组织结构庞杂、臃肿,管理效率低。2004年重组前,五家基地公司共有机关部门49个,人员369人,还不包括挂靠机关的250多名附属人员。下属二级单位79家,机关人员1607人,三级单位486家。

(2)市场分割、无序竞争、资源浪费。由于存续企业按照四个海域和一个机关服务局进行组织,造成内部市场分割,产业资源重复建设,出现一个产业几家办、多家争的无序竞争状况;市场分割造成产业规模小,缺乏规模经济和优势,几十家专业队伍像是一支支活跃在市场海洋里的'游击队',没有能力和条件实施技术升级和产业升级,竞争力不强,阻碍着产业向高、精、尖方面发展;市场分割同时还造成同类资源分散,管理、人力、资金、技术、信息、品牌、资质等资源不能共享,使用效率低、成本高。"

这份文件指出,第一,存续企业的分散结构影响到中海油的和谐稳定,存续企业的分散结构制约了存续企业的自身发展。市场结构不平衡,对内部市场的依赖程度超过90%,主要集中在对上游海上油气田勘探开发市场的依赖,对迅速发展的中下游石油化工业务参与不多,参与社会市场竞争就更少。第二,市场、产业资源和服务能力在各个基地公司间分布不平衡,服务能力与所面对的市场不匹配,协调困难,制约着基地公司为总公司"上下游一体化"产业发展提供高质量、专业化的技术支持和服务。第三,产业发展速度不平衡,一部分业务市场前景看好增势强劲,另一部分业务因专业服务能力等因素制约,可持续发展能力不足。第四,企业办社会职能等非经营性业务和为主业提供技术、设备和物资等服务的经营性业务并存在同一家地区公司,使得非经营性业务与经营性业务争资金、争人力,专业化发展受到限制,做强做大无从谈起。

基地系统不发展,中海油的整体发展,可能就无从谈起。

中海油每年的年度工作会议都在年初的1月召开,这样的安排虽然对各单位年底总结带来了很大的时间压力,但对于落实当年工作计划确实帮助很大,等于抢出了一个多月的时间。可见效率,也是中海油的一个特色。

2004年的工作会议,稍微晚了一些。2004年2月11日在天津市塘沽开发区泰达会馆举行,这是总公司新一届领导班子成立以后的第一次工作会议,因而备受关注。

在这次会议上,经过几个月调研和思考的傅成玉,提出了中海油未来的发展思路:"以较快的发展速度、较强的盈利能力和较好的发展质量在2008年建成具有国际竞争力的综合型能源公司,全面建成现代企业制度。在此基础上,建设一个国际一流的综合型能源公司。"

什么是全面建成现代企业制度?

"没有基地公司的发展,就没有海洋石油的整体发展;基地公司不建成现代企业制度,海洋石油的现代企业制度就不能最终建立起来!"

随着中海油的快速发展,到2004年,中国海油已有三家上市公司和一家拟上市公司,基本形成了比较清晰的石油天然气开发、化工化肥、石油炼制、金融等板块式业务结构,基地板块作为其中之一与其他板块紧密相关。但在上述改革重组、剥离上市的历史进程中,基地公司成为中海油从计划经济向市场经济转变过程中历史矛盾的汇聚地,是最具计划经济色彩的板块。在中海油的整体发展中,基地公司成为"木桶理论"中的"短板",成为中海油产业链条中最弱的环节。

在这次会议上,中海油决定首先要研究深化基地系统的改革重组,为进一步发展创造条件,争取2008年上市,全面建立现代企业制度,努力把基地系统建设成为与其他业务板块良性互动的、具有可持续发展能力的、表现出快速增长的、不断满足广大职工干部需要的、让广大职工干部充满信心和希望的、能够长治久安的新基地。

基地系统,看到彻底改变"养人、服务"命运的机会。

早在2003年第四季度,傅成玉就委托曹兴和对基地系统整体重组为现代公司的可能性进行调研。中海油总公司派出了相关部门的人员参与,政策研究室战略经理徐玉高、资产管理部股权经理李瑞卿都在其中,有趣的是,他们后来都从总公司空降,成为基地后来的中高层管理者。

2004年初的会议,明确了基地系统改革的目标。2004年3月后,总公司成立了上市筹备工作领导小组,明确这个小组第一阶段的任务是研究基地系统改革。设计基地重组方案的工作正式启动。

曹兴和再次运用他系统的、静静的思考,为基地系统的未来进行"顶层设计"。他说:"现在顶层设计这个词挺时髦的,但我们好像早在十几年前就用了。按我的理解,那就是这个事要做系统考虑,不能东一棒子,西一棒子,不停地打补丁。"

谁来负责这个方案的起草？曹兴和反复考虑人选，决定将渤海公司计划部经理石成刚和西部公司经营管理部经理白平生调到北京，集中进行方案的调研和详细起草。因为他们对自己所在公司的业务、资产都了如指掌，而基地系统重组的关键，就在于渤海和西部两地的重组方式。

白平生在来到北京之前，一直在南海西部担任经营管理部经理，他跟我们聊道："2004年5月，我和石成刚分别在劳动节上班之后第一天接到通知，要到总公司找基地改革工作办公室负责人霍健报到，任务就是跟着领导搞基地的改革。"

"在这五大基地里面，情况最复杂的就是渤海和南海西部，集中了国有企业大而全、小而全的种种要素，各种包袱、人员都在这里。不良的东西都沉淀下来进入基地的蓄水池。中海油的历史遗留问题也全部在这里。"

白平生和石成刚到北京报到不久，就参加傅成玉主持的中海油总公司党组会议，傅成玉要通过这样的场合，正式明确成立基地改革领导小组。

问起那时对于改革的感觉，白平生这样跟我们说道："从个人自身来说，我们是没有思想准备的，因为毕竟是基层干部，满脑子都是自己部门的业务和工作，比如年度生产计划的完成等，上升到总公司的程度，看基地集团怎样发展改革，说真的，没有思考过，我是这样，不知道石成刚是不是做了深入思考才来的，我想也是没有的。接下来对改革有所思考也是参加了党组会议之后，傅成玉总经理在会上讲了这次改革的意义和目的，才开始做这方面的思考。"

掰碎了，嚼透了

曹兴和要推动的第一件事，就是要求对所有基地的资产和业务进行详细的调研。

一个企业的整合并不是一屋子领导开个会就能决定的。白平生说："在这之前，主要是曹总带着我们反复调研，上下结合，回来进行讨论，发现问题就再进行调研。"

"我们改革的结果之所以比较成功，效果比较好，我觉得很重要的一条就是调研、调研、再调研。"白平生回忆起来说："按照曹总那句话就是'掰碎了，嚼透了，小到幼儿园，大到产业发展、海上工程安装维修等，成型的不成型的，边角料都估计到'。"

"调研是多方面的，一是领导亲自带着问题下去，二是集中开会，还有专题研究会，各种各样的，总之就是带着问题来，不拘泥于形式。得到好的结果和扎实的调研、梳理、分析非常有关。"

会议那一段集中"作战"的日子，霍健印象深刻。他说："石成刚他们天天连续把自己封闭在小屋里工作，不过他用电脑能力不行，只能自己用手写。他也不好意思麻烦别人，每天都把稿子传真回渤海公司，请他们打印出来再传回来。"

曹兴和之所以要求对基地重组涉及的所有业务进行细致的调研分析，是因为他认为"顶层设计的成败在于细节"。为了细节问题，他通常带领王家祥、刘家男（原西部公司总经理）、霍健他们几位主要负责人彻夜开会。

曹兴和说："当时我们是通宵达旦地干，有时候我们到下面去，我们几个主要负责人晚上开会到两三点钟，就讨论一些产业细节问题。现在有些企业管理不好，把握不准，问题不是总体思想，是细节。"

"顶层设计不注意细节不行，细节体现全局。"

"我们讨论完了以后，'啪'地一拍板就完了，可以去执行了。"

集团军和游击队

"重组后的基地，在市场上是一个强大的集团军，分散开来是一个个精干灵活的游击队。"

这是曹兴和从一开始设计基地系统改革，就想实现的目标。他非常清楚这样的存续企业改革，其难度远远大于上市油公司的重组，也比他在渤海成功组织的改革复杂很多。

"这里原先是五个并列的局级单位，处级单位当时是 270 多个，一共涉及36000 人，跨地域的、全国性的资产。"

当时，中海油五大地区基地，存在的现实是内部市场分割，一个产业几家办，各自为政，造成产业资源重复建设以及内部市场的无序竞争。同时，市场分割造成产业规模小，缺乏规模经济和优势，没有能力和条件实施技术升级和产业升级，竞争力不强，阻碍着产业向高、精、尖发展。区域组织结构造成同类资源分散。管理、人力、资金、技术、信息、品牌、资质等资源不能共享，使用效率低、成本高。

五大区域中，产业发展结构性不平衡状况明显，市场、产业资源和服务能力在地区间分布不平衡，同时协调困难，制约着基地公司为油公司和其他业务板块提供高质量的支持和服务。

另外，以渤海公司为代表的基地系统"养好人、服好务"改革，在过去几年中虽然搞活了业务，但是，这些业务中的很多还停留在为"甲方"提供支持性、辅助性服务的小生意阶段，还谈不上产业。

各个基地之间，由于地域差异、文化差异，大家观念并不统一，对于基地重组的态度也千差万别。

如何有效地、平稳地改造这个国企的"第三世界"？至少在当时的中国，还没有一个成功的经验可循。

"它必须是统一性和灵活性相结合。"曹兴和思考得出这样的结论。

集团军和游击队又如何形成呢？

曹兴和再次把"十六字"改革原则拿了出来：

"企业定位，产业规划，资产重组，机制创新"是渤海公司改革时成功的经验模式，对于中海油全国的基地格局而言，这些原则确实有很多是仍然适用的，不过需要略加修改。

最终，新的"十六字"原则——"产业规划、结构调整、资产重组、机制创新"，替代了原来的"十六字"，成为指导基地系统重组的基本方针。

确定重组的指导思想为：通过结构调整，改变计划经济体制下形成的组织结构、产业结构和管理模式，建立起适应市场经济要求的新型企业组织和管理方式；通过产业整合，突出主营业务，做强做大支柱产业，并使基地系统的各个部分都有清晰的发展方向和适宜的发展道路；通过机制创新，解决企业办社会问题，对社会职能实行产业化改造和企业化经营；通过基地公司整体上市，进一步强化建立现代企业制度。

根据这个思路，大家对基地系统的重组方案有了共识：把目前地域性的块状组织结构重组为条块结合、以条为主的组织结构，突出主营业务，为支柱产业的进一步发展搭建体制和制度平台。实现基地系统组织机构一体化、经营战略一体化、资产组合一体化、制度建设一体化。

集团军组建最关键的是哪些产业？石成刚和白平生根据他们对业务的了解，结合产业细分，对五家地区公司所涉及的64项经营业务进行了定量调查，分析预测主业对每项业务的需求情况，清晰界定每项业务的市场容量、市场占有率以及人、财、物、技术、资质等资源配置情况。

在认真分析的基础上，按照同一性、相关性原则，根据既定的产业发展方向，打破地区界限，实施产业重组，如图3-3所示。

对市场相近、业务相近的单元合并同类项，组建成立全国性的10个专业分公司。这样就把一些专业技术服务、加工制造业务从存续性质的地区公司中分离出来，通过把资源向优势产业集中的办法，做强做大，发展成为海洋石油核心业务不可分割的组成部分，实现从存续向主业的转移。

采油服务公司——以管理和运营FPSO为核心、提供油田操作维护与环保一体化服务。

油田建设工程公司——提供集设备维修，工程建造，管道设计、施工、防腐、配重，产品制造、航务建筑等于一体的综合服务。

采油技术服务公司——以提高采收率为核心，提供全套采油技术研发和应用服务。

监督监理技术公司——提供海上工程作业支持及第三方监督监理服务。

物流公司——提供集采办、货代、运输、报关、仓储等一站式物流服务。

通信网络公司——提供多方式的海陆通信及网络信息技术服务。

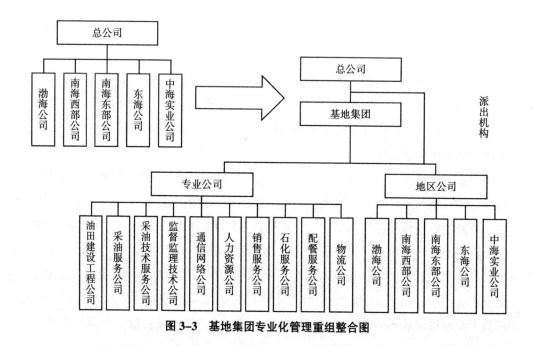

图3-3 基地集团专业化管理重组整合图

人力资源公司——提供员工招聘、培训、认证、技能鉴定、管理一体化服务。

销售服务公司——提供上下游多产品、多渠道、多经营方式的销售服务。

配餐服务公司——提供营养化、酒店式配餐保洁服务。

石化服务公司——以中下游发展为依托,开展支线管道、产品运输、城市燃气、副产品延伸加工等业务。

具体讲就是对五家基地公司集中梳理出的 60 多项产业、经营业务先是用"掰碎了,嚼透了"的方式进行"拆装",然后再按照已定的产业发展思路进行结构性重组"装配"。

按照"有所为、有所不为"的原则,将经营性资产向优势产业和关键领域集中,有进有退地进行结构调整。具体做法是:对原有产业做强一批、改造一批、萎缩一批、退出一批、培育一批。对已经形成的一批支柱产业做精做强;对一些可经营的非经营性产业进行改造,转换机制;对企业办社会部分,按政策移交地方或收缩战线,压缩规模;对前景不看好的产业逐步退出;同时,培育一批新兴产业。

依据竞争力优势,细分市场,对产业相近、市场相近、业务相近的单元合并同类项,统一整合核心技术产业、人力资源、客户资源等,成立若干家专业公司,凸显主营业务,做强做大支柱产业。

对企业办社会部分则按照区域重组原则,收缩战线,压缩规模,企业化改造,做小做精。在组织架构上继续保留分离经营性产业之后的地区公司,承担办社会职能,负责矿区基本建设和和谐稳定建设。

"这样重组后的存续企业叫什么名字好呢?"一天早上,工作的同事们都在一起吃早饭,有人问曹兴和,大家都觉得这是个很重要的问题。

曹兴和想了想,又把集团军和游击队的思路回忆了一遍,就说:"那我们就叫'基地集团'吧。"

一些人点头同意,还有不少人反对。美国正在全世界寻找基地组织本·拉登,现在我们又搞个基地集团,不会有歧义吧?

曹兴和笑了:"这个名字好,它是我们的历史,也是企业的未来,暂时就这么定吧。"

"静悄悄"的变革

在全国范围内落实这个重组方案，最大的难题是什么？

"是人，特别是干部安排"，曹兴和说。

当时，在基地系统中，如果将五大地区公司合并成一家集团，需要考虑的是有30多个局级干部，还有400多个处级干部。如何处理好这些干部的去留，同时又能保证选拔那些能干的干部到领导岗位？

如何能保证这些在历次改革中充当"拖斗"的员工，实现稳定？

曹兴和说："我们推行了一系列配套政策，现在看来，是成功的。"

首先，指出重组整合绝不能搞得干部职工人人自危、缺乏热情。要把实现好、维护好、发展好职工利益作为重组的出发点和落脚点，要以"职工群众满意不满意、高兴不高兴"作为衡量重组成效的标准。

坚持以人为本，努力站在职工的立场上考虑问题，不把历次改革中分流到基地的冗员看作是没能力的人员，而是当作有待合理使用的宝贵资源，为职工提供工作机会、干事业的平台、职业成长空间以及不断提高的收入和福利，使职工没有后顾之忧，激发出潜在的能力和热情。

曹兴和介绍，为了实现这个目标，公司制定了"五个不变"政策，稳定人心。不强行下岗，不强行分离分流，干部职工现有级别、薪酬不变（降），离退休人员的待遇不变，实行自愿的内退政策不变。

同时，采取"四项配套"措施，保障重组，责任到人。新组建专业分公司必须先成立筹备工作领导小组，指定筹备工作负责人，做到组织领导到位、重组责任到人。

在用人方面，依据"三个用人"理念，选好干部。

能用人——坚持原则，以事业选人；

用能人——业务领域、管理领域中最有事业心、责任感、业务能力强的干部；

用好人——关心、培养、教育、支持基层干部把事业干成。

曹兴和接着说："什么是广大职工干部的根本利益和长远利益？就是企业有能力长久而持续地为职工提供工作机会、干事业的平台、职业成长空间以及不断提高的收入和福利，使职工没有后顾之忧。"

这次对存续企业的重组整合，不把"包袱"推向社会，而是通过存续企业资源的优化配置、机制的创新，解体原有的"大而全"的企业，把有效资源向有竞争力的和有市场前景的产业集中，从而改革不适应市场环境、不适应企业发展战略的低效率的生产关系，通过重组整合形成能够支持企业参与市场竞争的新体制、新机制，最终实现与主业的协调发展。

所以，改革重组要在稳定、稳妥、稳步的基础上，努力追求高效率和高效益。

改革重组既要在广大职工群众中做好宣传动员工作，又要避免炒作和张扬。改革绝不能搞得干部职工人人自危，缺乏热情，改革要使广大干部职工振奋精神、团结向上、努力拼搏。

用中海油一些管理层的总结，在基地体系全国性的重组过程中，坚持的就是这样"静悄悄"的改革模式。

白平生对此感受很深：

"我们有个经验，至少我这么觉得，任何改革一定要把干部抓好，我觉得我们的基地改革这点是值得肯定的。"

"重组以后无数小机关撤并，富余了大量干部，他们又在改革中起着很重要的作用。我们总结了几个不变：待遇不变、岗位不变、职位不变。"

"我们建立的 11 条专业线，有相当一部分'一把手'过去是没干过'一把手'的，有的确实是在基地改革中提拔起来的，基地改革对于人才的选拔很有魄力，不拘一格地选拔人才。""除了几个专业线的'一把手'是渤海的副总经理，其他都是下属公司的头，有的可能还是副职。"

"很多干部在这次的改革当中成长得非常快，也正是这些干部的选拔，体现了改革小组领导的魄力和用人的胆识。"

养和尚不养庙

传统的基地系统改革，最关键的问题之一，是如何对待那些社会性职能。这些职能，不属于企业的经营范畴，但却是几十年来与经济发展相生相伴，员工天天感受的环境。

对此，中海油给出的方法是："养和尚不养庙。"

按照重组方案，分离出经营性产业之后的原五家地区公司继续保留，在行政管理上受中海油和基地集团的双重管理，一套班子、两块牌子。地区公司作为中海油派出机构行使委派职能，负责与地方政府的联系，统一管理地区党群工作。

同时，按照区域性市场特性，承担矿区管理和公益事业单位管理，深化企业办社会改革，维护地区稳定。

重新确立职工医院的定位。改革前，按一般医院定位，承担社会职能，每年补贴 5000 多万元。改革后，坚持走产业化、公司化道路，将职工医院更名为海洋石油康保服务公司，对其实行独立核算，严格考核。优化医院功能，逐步由一般医院向特色医院转变。

转换民用物业、水、电、暖等公益性服务的运行机制。这些福利性事业，每年需补贴几千万元，随着停止福利分房，一些职工走出矿区，一些社会上的人员进入矿区，总公司实行了用工薪酬制度的改革，为此，对以前的福利政策进行改革，尝试商业化运作模式，变暗补为明补，实行福利货币化、服务商品化，建立适用市场要求的经营机制。

重组、改造社会服务系统。把文化站、防疫站、电视台、俱乐部、老干部活动中心以及居委会等单位重组整合，成立了社区服务中心，将分散的社区行政管理和服务职能集中在一起，全部撤销挂靠在机关的附属机构，在精简机关的同时，注入了新的经营机制，减少了补贴。

地区公司通过机制创新和产业化改造手段，转换企业办社会职能，使地区公司越变越小，服务越来越好。

出生于香山

兼具调整、改革和稳定特点的基地集团重组改革方案，在经历了近一年时间、多次上下讨论后，在 2004 年 11 月，获得了中海油最高决策层通过。

中海油的执行力是惊人的。它们做一个思考，在没有看清楚方法和结果前，宁可用一年的时间进行研究和论证。一旦形成决策，就要用最快速度推动落地。这次，基地集团的成立，要在 2004 年 12 月 6 日，也就是决策通过后一个月内，召开成立大会。

即将作为基地集团董事长的曹兴和，还有一件事需要考虑，他要向党组推荐基地集团的领导班子人选。除了现有五大基地系统的主要"一把手"必须成为新公司的领导外，曹兴和还选中了另外两个人：一个是霍健，一个是徐玉高。他们两个都是参与基地改革方案设计的主要成员，但曹兴和需要他们，还有更重要的考虑。

"我们必须要那些一心一意干事的，有能力、有水平的干部，霍健就是这样的人才，当时他已经是办公厅和政策研究室的正职了，这个人不是图一时的私利，他目光长远。"

"徐玉高，那是我们这里不可少的'形象'。他是美国麻省理工 MBA 留学回来的，之前是清华大学的老师，那是真正的博士。他到基地当 CFO，管财务，要是上市以后，他这个形象可就不一样了。"

"我需要设计班子的结构，这个结构包括年龄结构、经历结构、经验结构，各个方面都要把它平衡好了。"

就这样，经过中海油党组决策研究，这两位只有 30 多岁的中青年干部，成为了基地集团的领导成员。

北京香山隆重举行"中海石油基地集团有限责任公司"成立大会，庄重宣告中海油存续企业结构调整、资产重组的改革工作取得圆满成功，并从 2005 年 1 月进入实质性操作运营。

曹兴和在会议上，作为基地集团的董事长，再次系统阐述了他的改革观：

"这次改革要触及旧体制的变革和诸多新层次的矛盾，旧的习惯势力和思维方式的影响将无时不在侵蚀着新的管理机制。这次改革无论力度、广度、深度上都是前所未有的，如果我们还是墨守成规、因循守旧，抱着原有的思想观念和模式不变，就可能会认为这也不行那也不行，这也不舒服那也不适应，也就会觉得这也行不通那也不会干，因此我们的工作就不可能搞好，甚至会被改革的潮流所淘汰。"

"基地的改革和发展涉及很多观念转变的问题，比如用经营的意识看待资产重组，我们会惊喜地发现许多存量资产，甚至一些过去被认为是不良资产的东西都可以通过积极的运作产生好的效益，我们也会发现过去只花钱的包袱原来是安置职工、保障企业主业发展的有一定效益的市场，用经营的思维进行产业规划，我们才能认识到那些过去承担着社会服务的地方和一切不起眼的东西原来可以作为一个产业来塑造。"

"用经营的思维去分析产业，一些被人看不起的小单位原来可以发展成为大企业。只有这样才能潜心研究过去不被重视的新的社会和市场需求，才能够培育出满足这些需求的新兴产业。"

"用经营的思维来看待人，我们就会有一个崭新的人才观。用经营的意识和

观念来办社区，我们就能发现社区不是只花钱不挣钱的包袱，就会引导职工在为社区提供优质服务的同时，千方百计地创造和增强一些自我生存的能力。用经营的思维来看待基地，原来基地也可以大有作为，也是一个广阔的天地。"

"总之，有了经营的意识、科学的发展观，没有产业可以创造产业，没有市场能够找到市场，缺乏人才可以培养人才，做每一件事情就会充分地利用我们手中的每一份资源，让它产生应有的效益，就会自觉地按照国际惯例和市场规律来管理企业，坚定地依靠实力来赢得市场，就会抛弃过去那些依靠行政保护、靠别人不靠自己的旧观念，真正树立起'质量第一、信誉第一、服务第一、工作第一'的生存发展观和生动的企业文化，效益为先的原则就会成为我们的行动指南。"

"干每一项工作、评价每一个同志都要体现三个有利于的标准。总体来说深化改革、不断变革，建立符合社会主义市场经济的管理体制和运行机制，要求我们在许多方面要不断地更新观念，这是我们事业成功的关键，改革需要胆识和魄力，而这些来自于思想的解放和观念的创新，各级领导干部和每一个职工都要不断学习、勇于探索、大胆实践，不断提高认识水平和创新意识，以保证我们各项改革和发展的工作思想一致、步调一致，使改革和发展的工作不断地向前进。"

在香山会议上，王家祥作为新成立的基地集团总经理，第一次提出公司的发展目标是："努力发展成为跨地区、跨行业、服务功能齐全、业务组合合理、专业化程度高、符合现代企业制度、按照国际规范运作、具有较强竞争力的国际化石油基地服务公司，成为上中下游业务板块的坚强后盾、总公司进入新产业的运营平台。"

进而，半年后在基地集团 2005 年的会议中，王家祥又进一步将目标修正为：到 2008 年建成现代企业制度，在治理水平上达到上市公司的标准，成为具有较强竞争力的综合型能源基地服务公司。在此基础上，用 10 年左右的时间，建设成为国际化能源基地服务公司，打造出"百年老店"公司的基本特质。

香山会议距离现在正好 10 年时间，2005 年 12 月 6 日这个日期，对于中海油存续业务而言，是正式的生日。从这一天开始，被大多数国企所抛弃的存续性资产，在中海油多年的努力下，开始整体转型为现代企业集团，进入了一个全新的发展平台。

基地集团的成立，是为了这个存续业务公司最终实现上市的过渡。2008 年 6

月 19 日，经国资委批复，基地集团正式变更注册为股份公司，改名为"中海油能源发展股份有限公司"。

"拆分"与"装配"

香山会议后，基地集团制订的重组方案进入执行阶段。为了保证方案执行的顺利，曹兴和要求采用分步骤推进的方式。

"先试点、后推开，先简后繁，平稳有序。"

第一步：选择业务相对比较单一，重组涉及单位少，遗留问题少，干部职工对重组的认知程度相对较高的专业公司率先示范。2005 年 1 月，采油服务、监督监理、采油技术服务、石化（中下游）服务四家专业分公司先行组建试运行。

第二步：及时修正或补充完善改革政策，2005 年 5~6 月，油田建设、通信网络、油气销售、人力资源、配餐服务五家专业分公司组建成立运行。

第三步：遗留问题较多的物流公司在 2005 年 8 月中旬完成重组方案，经批准组建成立。

虽然是"静悄悄"的改革，但对于每条重组的业务线而言，都必须做一个从区域公司到集团公司专业分公司过渡的重大转型。虽然对于一般员工而言，自己的工作、收入、岗位都没有变化，但对于以前熟悉了自己所在企业，甚至是亲手带大了这个企业的管理层而言，感觉就很复杂了。

很多公司负责人笑称，我们原先是"经理"，现在变成了"线长"。

基地集团重组方案要成立的"十条线"，都是按照专业化原则建立起来的业务，用重组的指导精神来解释，就是对现有相关公司业务进行先拆卸，然后再按同类合并原则重新装配。这对于那些要被拆分的企业经理来说，无论如何都是苦涩的。我们一起来看一个例子。

曾经的西部采油公司经理刘炎德，回忆起这段历史，似乎还能看到当时挥泪重组的场景。

"重组的时候我在西部采油公司，是我把西部采油给拆了！"

2004 年开始，看着一拨一拨的人来西部采油公司视察调研，虽然大家都避讳地不说明原因和理由，但刘炎德心里还是难免有一阵阵的纠结和不舍。

因为他知道这些调研组都是来设计如何把西部采油公司的相关业务拆走，并进他们的专业线。

南海西部公司是中海油重要的地区公司之一，这时的西部采油公司，在西部也是非常具有核心地位的公司，具有相当大的产能和规模，在当地也挺有影响力。

之前，在刘炎德的办公室里，霍健作为基地集团筹备组的重要成员之一，与刘炎德展开了一次让他很难忘的谈话。这次谈话，让他意识到分拆西部采油公司已经是势在必行的事情了，可要亲自将这个培养了这么多年具有深厚感情的"家"拆散，还真的是难以下手。

当王家祥在 2004 年底，亲自带队再次来到西部采油公司的时候，要决定的事情已经不是拆还是不拆，而是进行大块拆分还是切成更小块来拆分。王家祥让刘炎德自己动手，提出拆分的方案。从刘炎德的心里来讲，他是不太愿意拆得太过零碎的，他担心员工的感受，毕竟在这个组织内部，大家都工作了很长的时间。

王家祥对刘炎德说："你尽管拆，不怕拆的零碎。拆完之后自然有各条线上的领导来管着大家，他们一定会想办法并有活干的。另外，对你另有任用，你对西部采油熟悉，能够站在一个最公平的角度来快速地完成这个工作。"

刘炎德下了决心，将培训中心和专业提供劳务的部分拆给了人力资源服务公司，那些有油田工作经验但是又不在海上工作的人员，分拆给了采油技术服务公司，其他部分与渤海采油公司合并组成采油分公司。

西部采油公司最终一分为三进入了新组建的基地集团的各条线。

"所有的东西都分了，办公用品办公室……"刘炎德停顿了一会，"当时这种情况，大家在一起工作了那么久，各奔东西了，感情上是有牵挂的。但你说有什么意见？将来自己会怎么样啊？大家都不知道。"

"其实我自己也不知道怎么安排，我不知道他们被分去人力资源好，还是采油技术服务好？或者是采油好？谁也不知道。也不知道他们会变成干啥的。""稀里糊涂大家都能接受，大家都没有太多的选择，不是不让他们选择，是他们也不知道怎么选择，你给他们安排好了，也就没什么了。"

"吃散伙饭的时候，有人流下了眼泪，大多数人还是接受不了这种一个大家庭就要散伙的感觉"。刘炎德没有选择，他尽力安抚这些即将离开原先组织的员工，但他必须执行公司整体的决策。

现在是 10 年之后，来评判当时是不是该这样拆分，刘炎德觉得专业化的道路是对的。目前拆分出去的这三个部分也确实都发展得很不错。"现在这三块分出去的业务发展得都挺好。像采油技术服务,把任务从湛江做到了深圳,做到了上海,业务发展迅速。产值利润都很高。"

负责完成拆掉自己公司的任务后,基地集团任命刘炎德为重组后的配餐分公司党委书记,由于办公地点在渤海,这个典型的广东人,在西部公司工作了多半生,必须再次转换角色,适应渤海地区的新环境。

大企业未必大机关

羊性和虎性

关于"大企业病"的讨论,在 2004 年前后,还不是中国管理界的热点问题。10 年后的现在,我们听到了越来越多的对企业做大后管理问题的抱怨:"机构臃肿"、"官僚盛行"、"推脱责任"、"效率低下"、"组织僵化"……

大企业病好像是一个传染病,只要企业的规模和范围大到一定的程度,这些病毒就会从地底下偷偷地繁衍出来,开始在企业肌体的各个层面上产生作用。对于改变大企业的这些痼疾,全世界的企业家都在努力进行尝试,IBM 前 CEO 郭士纳先生就是通过变革治好了 IBM 的大企业病,才使这家公司真正成为"能够跳舞的大象"。

重组后的中海油基地集团,设计了 10 个完全不同领域的专业分公司,管理着三万多不同程度的员工、成百上千的中层干部队伍,如何能够保证"大企业病"不会出现?

曹兴和说:"我们当时并不知道有这个名词,""但是,我想有几个事情必须考虑清楚。"

"首先,就是必须让能做事的人有充分施展的平台。企业再大,也是一个经营实体,大家只是分工不同,但最终目标都是要产生业绩,有利润。所以,要让那些能带队伍的、动手能力强的人去充分施展。我们要做的,就是给他机制,减少干涉,有效考核。"

"一个受到很多约束,没有授权、没有考核的经营单位,经常会变成一群羊,

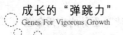
表面温顺听话，但是不赶不走，没有生产力。"

"还有，就是机关一定要小。机关本质上是一个成本单位，消耗价值。在我们这样的经营性单位中，机关就要管好它应该管的。其他的事情，充分授权给下属公司处理。"

"基地集团的情况，又有自己的特点。上市油公司业务单一、清楚，可以实行高度统一的管理，我们这里当时还处于刚刚从生存边缘好转，大家搞的都是小生意，业务差别、地域差别都很大，市场需要培育，产业需要建立，这就更加需要让各个专业公司发挥作用，让他们都像小老虎一样，贴近一线搞发展。"

"从基地集团重组的前几年来看，这种模式还是有效的。"

管理模式？

在曹兴和这个基本思想的指导下，新成立的基地集团制定了自己的管理模式。在徐玉高负责起草的一份总结报告中，是这样进行描述的：

基地集团：

● 实行"一级所有、授权经营"的总分管理体制；

● 实行扁平化管理，大企业、小机关，强调放权经营；

● 实行直线职能式管理结构，不考虑矩阵式管理结构；

● 专业分公司是市场竞争主体和开展新产业的平台，在组织管理上类似"事业部"制，实行自主经营、独立核算、自负盈亏；

● 对地区公司实行独立核算、以收抵支、差额补贴、费用定额、节约提奖的办法。

另外，基地集团的主要管理手段：

● 公司通过"目标管理"与"考核机制"，明确下属公司的经营责任，调动下属公司的积极性；

● 公司对重要的企业活动和行为制定规章制度，以保证下属公司规范运作；

● 公司对重要事项保留决定权，以保证公司朝着规定目标协调发展；

● 公司把生产经营活动授权给下属公司，以保证公司充满活力、开拓创新，充分发挥各自的优势。

清华博士出身的徐玉高，多年在美国学习管理，可以说是一个精通中西管理的专家。2014年，他已经调离基地系统，到中海油总部任职。我问他："经过十年的实践,你觉得这样的模式对吗?"

他毫不犹豫地说:"肯定是正确的。可以说没有这样的充分授权体制,就不可能有目前海油发展的基础。"

他接着说:"我们都知道,管理模式主要解决上下之间(母子公司、总分公司)的权限划分问题,不能单纯地强调集权好还是分权好。要找到合理的分寸,达到灵活性与效率性的统一。"

"基地集团公司实行'小机关、大企业,集团运作、放权经营'的管理模式,管理范围比总公司要具体,但比重组前的五家地区公司要更加宽松。"

"这样的决策,不只是保护了产业发展的动力,更重要的是最大程度上维护了我们这种奋斗型的创业文化!"

大企业未必大机关。

这是基地集团在管理上为大企业成长模式做出的创新答案。机关,也就是我们常说的总部,究竟应该有多小才科学?

这里没有绝对的科学,只有经验数据。海油基地集团的人数规模达到三万余人,当时占据了中海油整体人数的一半以上。按照同类规模的公司,基地集团重组后,成立一个100~200人的总部机关,应该属于正常范围。

不过,这显然离曹兴和"小机关、大企业"的目标相差甚远。

作为基地改革办公室的负责人,霍健和曹兴和商量如何设置总部机构,曹兴和想了想,说:"我们只设置少数几个必须有的综合部门,扁平化管理。人数嘛,我看控制在50人以内。必须保证这些人精干高效。"

在他们的讨论下,一个只有五个部门、编制不到50人的总部机构正式出炉。

徐玉高说:"我们基地集团公司总部作为管理中心,主要职能是制定公司发展战略与目标;进行重大投资决策,审批下属公司的较大投资项目;任免直属公司的主要领导成员;对资金实行集中管理,统一进行资本运营;确定下属公司的利润指标,实施绩效考核;协调下属公司之间的经济关系;对下属公司的生产经营活动进行审查与监督;对下属公司提供政策指导;在规划计划、人力资源、市场、财务、审计、法律等方面提供支持。以战略规划管理职能为例,基地集团公司总部负责产业规划,决定进入的业务和退出的业务;各分公司考虑如何就上述业务展开竞争以及考虑需要何种实用的方案。"

很多公司担心,如果这样放权,是可以有效激励,但是风险如何防范?就不怕会乱吗？

他回答说："放权经营的管理模式，客观上就要求有一套及时、全面的审计监督制度，以保证放开搞活、活而增效、活而不乱。

"我们基地集团重组后，及时调整了审计管理体制，在总部设立了审计管理岗，把原来地区公司的审计队伍直接纳入集团总部管理，作为总部的派出审计机构，强化审计监督职能，形成了'制度+教育+审计+监察+群众监督'的五位一体的保证体系。"

"另外，就是把钱管住。在资金管理方面，推行了资金的集中管理和调配，采取了一些经济有效的方式和制度，应用了信息管理系统，比如核定流动资金占用额度、建立资金占用模拟计息制度、签订银行限额存款自动划拨协议等。总部掌控资金达70%以上，既提高了资金的规模化程度，又保证了资金安全，为实施'有所为、有所不为'的产业政策以及把有限的资源向优势产业集中创造了条件。"

曹兴和说："我们这个集团军的管理，不仅要简单，还要说起来朗朗上口，让大家一听就都明白。"所以，他自己编了一个小段子，确实起到了画龙点睛的作用。

他说："基地集团实行'一级所有、授权经营、二级管理、三级核算、队（车间）为基础'的经济核算方式。"

重组红利

当我们在10年之后重新审视海油基地系统的全面重组，不难发现这次全国范围的改革，是海油基地系统这个存续公司得以继续发展的基石，它的作用一直在持续发酵。

"中海油历史上的每次改革，虽然当时感觉是不停地折腾，但一段时间后，从公司发展结果看，都推进了企业效益上台阶。"

"这叫'重组红利'。"霍健这样总结。

"重组红利"，确实是一个比较新鲜的名词。我们经常听说制度红利、人口红利、资源红利，都是在讲一个确定的资产获得价值后的溢出效应。但是重组也能获得红利溢出吗？

从中海油基地集团几年利润的增长，确实可以看到这个结果。在没有任何资源和业务改变的条件下，只是通过重组成立了新的组织，整体的公司利润就发生了巨大增长。

仔细分析，这个结果的出现也是正常的：

利润的增长第一是由于重组后原先分散的市场得到的统一，这样市场的收入水平会提高，同时管理统一市场的成本投入会降低；采油技术服务公司将提高采收率、油田化学、勘探开发研究、机械采油、油田作业、实验研究分析等分散的技术研究力量整合到一起，形成了为油公司提高采收率攻关的一支重要的研究力量，特别是增强了在油藏条件日趋复杂和多样化、部分油田已进入开发后期的情况下，为油公司的服务能力。

利润的增长第二是由于重组后原来的一些重复投入在减小，同时原来没有可能发掘的资源价值体现出来；在上游油气田勘探开发产业链中，许多业务领域基本都是由基地集团提供专业服务，如海上物流、钻完井监督、油气田操作管护、通信气象、海上配餐等经营性市场，重组前分散在一个个不成规模的小单位中，重组后由相关的专业公司管理运营，质量与效率大大提高。

利润的增长第三是由于重组后任用了更有能力的管理层，原来的业务水平和效率得到提高。

从这个角度看，重组可以使企业"市场、资源、人才"等方面发挥溢出效应，从而实现"1+1>2"的效果。

不过，我们也经常听到，很多企业重组合并失败，"1+1"还不如从前的案例效果，这又是为什么呢？

霍健说："这是由于没有控制好改革的显性和隐性成本。"

的确如此，任何资源调整和组织变化，都会对既有的格局进行改变。浮在水面之上的，是业务重新分工、组织重新组合、干部重新分布，这样的变化如果不是适合客观经济逻辑和企业发展实际情况，也许愿景很美好，最终会使生产力下降，显性成本过高。

然而，值得注意的是，改革的隐性成本可能远远高于显性成本。由于心态问题、稳定问题、理念问题、文化问题而产生的复杂影响，将会长期影响到组织中的每个个体和群体行为，最终会使组织绩效受到较强的负面影响。

所以说，改革的实施策略，总比改革的设计更有技巧性。如果说科学的管理可以解释显性成本，那么隐性成本的降低就要靠管理的艺术。

海油基地集团的改革，"重组红利"之所以比较明显，与其优化组织的合理性，改革配套政策的合理性，以及中海油长期实施改革的文化有直接的关系。

如果再次将中海油基地系统1999~2004年重生的历史做一个概要总结，我们看到了一个局部改革加局部创业，再到全体改革的三阶段故事，这就构成了本书第一部分的三个章节。

在全国范围内、在同时期内，大量的国有存续企业都成为包袱的时候，中海油基地系统通过这样三个阶段，让自己重新成为中海油企业集团中一个生机勃勃的成员。这样的结果，足以证明它们因此获得国家管理创新成果一等奖是当之无愧的。

不过，当时间进入2005年，海油基地集团以一个企业集团的整体开始探求自己新的成长路径时，新的问题和挑战又摆在面前。

企业成长的阶梯

每个企业都有做大、做强、做久的理想，但是在发展到一个层面后，可能会感觉到来自内部、外部的各种因素，使自己的继续成长变得越来越不可能。很多公司在这样的情况下失去了竞争力，逐步被市场遗忘。

为了防止成长停滞问题的产生，我们更有必要对于企业成长中的基本规律进行探求。在本书的第二部分，结合中海油基地系统的成长，来分析企业成长过程中如何突破"瓶颈"，如何打破"天花板"的。

摆脱不了的"成长曲线"

我们通常说，一个企业的成长，好像在不断地绘画"S"形，或者称为企业成长的"S"曲线。

在这条曲线上，一家公司的发展大致先后会经历起步期、爬升期、滑行期和停滞期四个阶段，然后企业有可能产生突破而后再起步，也有可能从此进入衰退。这个过程，可以描述企业成长的基本状态。如图 B-1 所示。

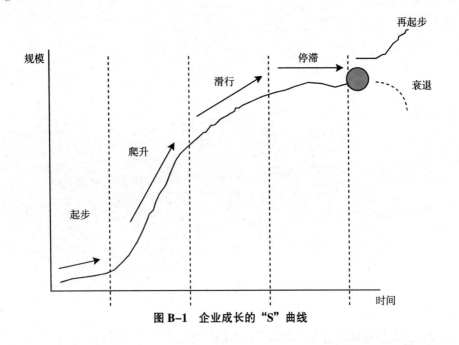

图 B-1　企业成长的"S"曲线

　　起步、爬升、滑行和停滞各个阶段中，企业面临的主要问题是不同的。在起步阶段，是如何让自己能够生存下来；在爬升阶段，是如何让业务发展得以加速；在滑行阶段，是如何让自己的速度得到更长时间的保持；在停滞阶段，是如何让自己突破"天花板"的束缚，进入一个新的起点上。

　　成长曲线，就像一个无形的绳子，拴在每个企业的身上，并且随时发挥着效用。

成长的"瓶颈"和"天花板"

　　虽然企业成长"S"曲线作用在每个企业身上，但是不同规模的企业面临的问题却有较大的不同。我们在本部分中主要讨论海油基地集团这样的大型企业集团，在发展到一定程度后所面临的成长问题。

　　如果说2004年末的基地集团重组，为中海油基地集团的发展开启了一个新的阶段，海油基地的成长曲线开始新的起步，那么，从2005年创立的新集团，从一开始就面对这条曲线中的几个重大课题。

首先是来自业务层面。通过业务重组形成的基地集团 10 条业务线，实现了对传统业务的初步汇总归类，但是，这样的业务结构有两个必须解决的难题：

增长之困："小生意"如何变成大企业？基地集团多年来在"养好人、服好务"的目标指引下，围绕主业上市公司建立了很多服务性业务，但很多都是"小生意"，对于重组后形成的大型企业集团而言，需要有战略性的产业来支撑，如何实现这样的变化？

转型之困：如何实现产业升级换代？基地集团从传统综合性服务传承的业务有很多，对于要建立成为一流的能源技术服务公司目标而言，这些业务都面临转型升级难题，如何实现这样的转变？

其次是来自组织层面。企业组织的复杂性通常要随着规模的增长而成倍地提高，这种复杂性，经常体现在组织能量的衰减，比如效率下降、流程冗长、管理僵化、信息失真、反应迟钝，最终导致所谓"大企业病"的产生。大企业发展到一定程度，就会被这样的组织难题所束缚，如果不能实现突破，最终会使持续生存出现问题，进入衰退阶段。

突破成长"瓶颈"和"天花板"，是企业成长必须跨过的障碍，而企业交出的答案，会直接决定这家公司未来的成长空间。我们在本部分，将对海油基地集团自 2005 年以来发展成长史中的思考和实践进行分析，看看这家公司是如何交出自己的答案的。

第四章

寻求成长加速度 (2005~2011 年)

小生意如何变成大产业？

边开车，边修车

2005 年的春节，在基地集团"出生"的一个月后到来了。在北京市朝阳区国宾大厦刚刚进驻的总部筹备组同仁，虽然十分忙碌，但是一种兴奋的心情洋溢在不大的办公区域内，相互影响、相互激发。大家都在期待这个新生的企业生命，能够产生更大的能量，让基地系统站得更稳。

在曹兴和的建议下，中海油领导层为基地集团确定了一个不算小的领导班子，这是保证基地五家公司合并顺利进行的需要。王家祥被任命为总经理，另一个重要基地南海西部公司的刘家南被任命为党委书记，霍健被任命为常务副总。王家祥必须要肩负起第一责任人的重担。

曹兴和的要求是，"基地公司的战略定位要从'养好人、服好务'为主逐步转变为以'持续发展'为主，要用 3~5 年的时间将基地公司发展成为国际化的石油基地服务公司"。

王家祥很谦虚,说自己是个粗人,文化不高,但大家都知道他是一个最务实的钻井专家。他带领队伍,以国际石油公司的作业为基础,结合渤海海域实际情况研究和发明的优快钻井方法,将单井的钻井周期由 60 天压缩到 12 天,奇迹般地大幅度提升了作业效率,轰动了整个海洋石油行业。他带队发明的这套方法,目前已经成为中海油海上作业的法宝之一。

2005 年的王家祥,最想做好的一件事,用他自己的话说就是,"把这列火车发动起来"!

这并不是一件容易的事。

经过重组成立的 10 家专业分公司,虽然实现了业务类型的同类合并,但是地域差别、发展差异,都是摆在眼前需要解决的问题。但王家祥并不认为这些问题是最关键的,"这些都能通过管理解决","基地集团必须要解决长期发展的生存能力问题"。

基地集团虽然把原先分散在各家的业务都梳理整合了起来,从财务报表看,有了 50 亿元的收入基础,这是三四年来各家基地公司努力创业奠定的基础,就是"活命钱",但是仔细一看,很多收入都是依靠和"甲方"搞好关系,提供初级服务,做点小生意挣的钱。10 家分公司成立了,但是确实看不到什么集团的支柱性产业。

方长传形容当时的情况,"别人看了都说这不像个产业,只是一堆小生意"。

既有"高精尖",又有"茶叶蛋"。

王家祥知道,他所拥有的条件,就只是这辆刚刚拼接起来的"简易列车",规格混乱,没有装修,还到处漏雨。作为一把手,他的责任只能是边开车,边修车。

"但是我的观点,中国企业发展是第一要务,发展可以解决我们的历史问题、现实问题、未来问题。这是企业管理的基本原则,没有这个,其他那些东西都不存在。"

要发动"基地"火车,就要给它装上更大的引擎,让这个企业能长期发展下去。这个问题,王家祥早在 2003 年成为渤海公司总经理后,就在考虑,他说:"在接任了渤海曹总的总经理职位后,我做了一件事,我最不愿意依附于某个人、某个单位,我要有独立的能力,发展生存的能力。"

所以,他一直在思考如何使基地集团能够在现有"生意"的基础上,真正建立起"产业"。王家祥说他看到了三个机会，首先是更好、更高水平的服务油公司的海上作业；其次是配合中海油发展的中下游产业；最后要瞄准国内新兴的其他能源。

"我们必须要找到与众不同之处，才能发展。基地集团未来的业务，首先在海油内部没其他人能干，其次在中国是朝阳产业，这就是我们的方向。"

在基地集团成立后的一次大会上，他正式提出基地集团产业结构的升级目标：

"第一，以上游为基础，巩固提高上游服务产业；以下游为依托，投资建设中下游配套设施和服务体系；以资源和技术为双翼，发展非油气能源产业，形成合理的递进式产业格局。"

"第二，以服务产业（如操作服务、物流服务、维修服务、技术服务、配餐服务、监督监理服务等）为基础，做大设施投资与运营产业（如 FPSO、城市燃气、支线管道等），逐步发展产品加工制造产业（如下游衍生品加工、煤制油、发电等）。"

"第三，以国内产业为基础，逐步发展国外产业，实现国际化运营。"

"产业结构对公司的发展至关重要，在产业发展上要考虑三方面的因素：产业是否受上中下游核心业务的欢迎和认可；产业是否具有竞争优势；产业是否可持续性发展。"

当企业家，不当厂长

王家祥觉得具有增长意识是获得更大发展的一个前提条件。有增长意识，才能给自己确定更高的目标，才能思考实现目标的策略，才能为此而采取行动。有增长意识，才不会简单地重复过去。"在追求增长的过程中，我们鼓励成功，更鼓励探索。各级领导干部要摆脱旧的思维模式，努力追求增长，多创效益。"

但是，如何才能让这样的增长思维，在这个新成立的大型组织内部、在千差万别的业务类型中，得到各级干部的响应和贯彻？需要让他们知道，基地集团成立，并不只是大家换了个名字，自己还是原先的老路数、老习惯，而必须让每个干部都从观念上适应新的发展要求，把自己的那节车开动起来。

2005 年正好是国家要求制定新的"五年规划"之年，王家祥感觉这个机会正好可以利用，给基地集团制定一个全新概念的规划。

中海油的规划工作是这家企业管理业务的核心之一，一直有一套成熟的管理方式。2005 年的新"五年规划"工作安排，年初就按照这样的模式布置给各家公司执行，在新成立的基地集团各家分公司中，虽然领导们都刚刚上任不久，但都在按部就班地开展这项工作。

2005 年的秋天，在王家祥的提议下，基地集团召开了第一次经济工作会议，主题为"发展意识、发展水平、发展速度、发展规模"。为了真正让大家明白自己对规划的期待，他把会议定为三天，让每家分公司都来全面地介绍自己设计的产业规划。他还把基地集团新成立的董事会各位董事和监事一起请来参会，让他们和基地集团的领导层一起给产业规划进行主题点评。

第一天的会议，各家公司负责人就开始介绍他们重组后准备在 3~5 年实现的目标。王家祥坐在前排，听了半个上午，在听完几家公司的汇报后，主动打断了正在台上的采油公司总经理张武奎。

他直截了当地说："整个一上午，我听到的规划就是做计算题，'甲方'要打几口井，我要配几个人，所以我有多少收入。"

"这次开会，我看你们都变成厂长了。张武奎，你们叫什么名字啊，后面职位是什么啊，是总经理，你得琢磨琢磨总经理是什么东西，总经理总经理，怎么成了厂长了？"

"总经理和厂长有什么区别？总经理第一个特点就是喜欢做梦。做多大的梦，你的梦就走多远，你的路就有多宽，你说你连梦都没有，你的路，能有什么发展？"

"你现在这规划就是计算，那我找个厂长来直接做就行了。你们都要重新回去做、重新想，放开思路，你们完成了告诉我。"

王家祥在后来的一次会议中，再次强调了他的观点。

"我国在 20 世纪 50 年代就确定的'两弹一星'目标，不是凭当时的资源和能力算出来的，当时只能说是一个梦想。然而，这个梦想却奇迹般地实现了。可见'梦有多大，事业就有多大'。"

"企业家和厂长有着不同的特质。所谓厂长，就是'1 + 1 = 2'，根据多少厂房、机械、工人、工作量，安排生产，偏重于计划的执行。而企业家的特质是充分发展、不断发展，这种发展是目标高于现状，通过改变现状去实现目标，而不是要目标来适应现状。所以企业家更偏重于创新思维和战略眼光，要具有政治家的素质、军事家的谋略和艺术家的浪漫，要有丰富的想象空间。"

"不同的目标，决定着一个企业不同的追求、不同的工作标准和工作态度。好比摘树上的果子，长得低一些的果子，你踩在板凳上就能摘到了，不需要付出太多的努力。长得高一些的果子，你可能要想办法架个梯子才能摘到，付出的努力就多一些。而如果想摘到长得更高一些的果子，你必须想出更多的办法，付出更大的努力。这就是目标的导向作用和激励作用。"

"基地集团的发展不是循序渐进、按部就班、稳步增长，而是迅速扩张、跨越式发展。常规的、渐进的、稳步的发展模式和发展思维已经不能满足我们的增长需求。"

"企业家要有梦想"，这个思路很快在各家分公司负责人那里得到了强烈响应。大家纷纷敞开思路，给自己提出更高的目标。再次汇总上来的数据，很多人当时都不能相信，2005 年收入 50 亿元的基地集团，要在 2010 年达到 400 亿元吗？这个梦是不是做得太过了？

王家祥听完，想了想说："这个数字好像不好记，咱们量力而为，减轻你们的负担，咱们基地集团到 2010 年，要实现 1 天 1 亿元，利润实现 1 天 1000 万元。"

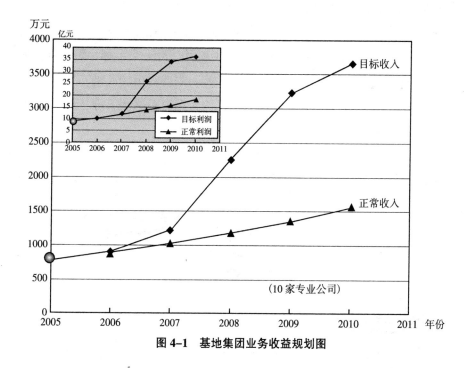

图 4-1 基地集团业务收益规划图

5 年之内，使收入从 50 亿元增加到 365 亿元，主要的基础是依靠期待和遐想，从科学的严谨性而言，看似站不住脚。但是王家祥的真实意思并不是要 300 多亿元，他需要一个更高的目标和正确的方向，在大家尽可能的努力中，实现比现在好得多的结果。从这一点来说，对于正处于发展初期的基地集团而言，产生出更大向上的动力。

王家祥不是个理想家，他关注实效。他说："规划是一个美好的梦想，而实现这个目标或梦想，则需要一个个阶段性计划来推动。如果把基地集团'十一五'发展目标比喻成金字塔上的一颗耀眼的明珠，那么如何选人、造梯、登高进而得到这颗明珠，便是一个个具体的可执行的计划。"

"把规划变成可执行的计划，首先要对规划充满信心。信心是成就一切事情的最根本的因素，是支撑我们实现规划的最根本的动力，也是强烈的发展意识的最具体的体现。一个人，如果没有信心，最简单的事情也难以完成。反过来，如果我们对事情充满必胜的信心，就会产生无穷的力量，就会激发巨大的潜能，就会战胜一切困难去实现目标。基地集团 1 天 1 亿元的经济发展目标，既不那么简单，也不像摘星揽月那样困难，是完全可以通过努力实现的。"

"把规划变成可执行的计划，需要把规划分解、细化到每一年、每一月，甚至每一天，分解、细化到每一个产业、每一个项目、每一个市场、每一项措施。这是种实实在在的功夫，需要对产业精熟的了解，需要对市场准确的把握，具备对各种资源优化配置的能力。空谈是成不了事的，只有踏踏实实地从点点滴滴做起，才能成就大事。"

有了梦想目标的基地集团，从 2005 年开始作为一个整体推进发展，在 2006 年的工作会议上，王家祥给这一年的工作定了一个关键词：就是"拔高"。工作

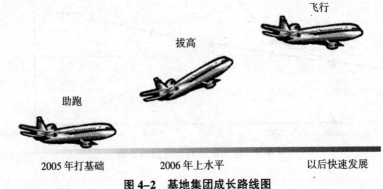

图 4-2　基地集团成长路线图

标准要拔高、工作质量要拔高、工作激情要拔高、管理水平要拔高、队伍素质要拔高、收入要拔高、利润要拔高，所有工作都要拔高，都要进入一个新的高度。

他说："如果用飞机的助跑、拔高、飞行三个阶段来形容基地集团的发展，那么2005年基地集团处在助跑准备阶段，2006年则是拔高阶段，以后将进入快速发展的阶段。"

"我们要以'走遍千山万水、说尽千言万语、想尽千方百计、历经千辛万苦'的创业精神，来推动这个过程。"

从2005年基地集团开始发展，其下属的各条业务线都在经历着类似的拔高和发展阶段，但是却展现出不同的特点。我们在这个章节中就简单展示几个，来了解它们的故事，并客观审视每个产业背后的成长思考。

悟道技术公司之路

第一靠市场，第二靠管理，第三才是技术。

这是海油发展采油技术服务公司（以下简称采技服）前任总经理刘宗昭对于自己多年发展这家专业技术公司的模式总结。

从名称就可以感到，采技服是一家具有科技含量的公司，也是海油基地系统内核心的技术型产业，但是这家技术公司的发展模式，却把技术放在了第三位。看似不合常理的答案，却是这家公司从自己的生存和发展经验中得到的真实答案。

刘宗昭一路跟着采技服的出生、成长、发展壮大走过20年。成为这家公司的领军人物有10多年，属于少帅型的管理者。

刘宗昭最初进到采油工艺研究所的时候，它还是采油公司下属的一个机构，研究所有油田化学、地理油藏、井下工具，还有采集、电泵等几个部门，很简单，也没什么事，每天上班就是喝茶看报纸。

刚毕业的年轻人根本闲不下来，刘宗昭就琢磨着自己找点事儿干。于是他就领导几个年轻人把库房改建为实验室。这个实验室给他们奠定了为海上生产提供技术服务的基础。

"那个时候海洋石油工艺这部分就是个空白，内部市场很广阔，你能怕没饭吃吗？"刘宗昭对于自己开始管理的这个业务充满信心，说从来没有像很多基地

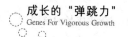

同事那样担心自己的未来前途。

这个时期正是曹兴和带领渤海公司创业的年份，他正在到处寻找可以成为支柱的产业机会，刚刚建立的钻采实验室一下吸引了他的注意，他马上带队参观了采油工艺研究所的新办公楼。

刘宗昭说："刚装修完，我把我们发展采技服业务的思路向曹总作了汇报，他当机立断，当场就拍板让我们从采油分出来成立一个独立的采技服公司。"

技术公司的生命力在于市场需求

那么，成为一家独立的公司后，应该如何确定自己的发展策略？

"瞄准需求、组建队伍、整合资源、满足客户需求"，刘宗昭从 2002 年采技服公司开始运营，就提出了这个简单又直接的模式。

"我所有的东西都是对着市场去的。"

"客户市场是关键，没有这个方向就没了，再一个就是找人。还有就是整合资源、沉淀技术。"刘宗昭这样解释他的模式。

采技服成立后，为每个部门都清晰地分配了职责、工作流程，但是有一个职责是大家共同的，刘宗昭总结为"全员市场"。每个员工都要为市场努力，每个人都要围绕客户工作。

"采技服的市场是有了名的，都是这个阶段练出来的。"

"就是因为这样，2004 年虽然还没有重组成立基地集团，我们的业务都具有了很大的规模，一年就能交 3100 万元的利润，各个专业都做起来了。"

1999 年的采油工艺研究所只有员工 59 人，发展到 2004 年的采油技术服务公司，已经壮大到了 300 多人。

2004 年基地重组改革，采技服的任务是重组原先西部公司的一部分相关业务。刘宗昭对于西部期待已久，他需要这样一个市场开发的支点。

他说："当年我们连个地方都没有，都是坐马扎在操场上开会，很艰难，给大家做思想工作，当时我就是全力以赴支持发展，只要围绕市场，能干的事儿，公司不惜代价。"

这样的破釜沉舟，在重组西部公司第一年就见到成效。2005~2012 年，是采技服快速发展壮大的时期，员工人数扩大到 2000 多人，营业收入从 3000 万元上升到 4 亿元。

管理就是要释放"活性因子"

刘宗昭说自己工作的主要时间用于思考。"从成立采技服开始，每发展一步都要考虑未来的发展方向、团队建设问题，这两大核心不能丢，剩下的就是服务意识了。"

他想解决的第一个问题就是为公司寻找到优秀的技术人才，好满足客户的需要。为此，他反复向曹兴和说明，并得到了他的支持，要在采技服公司内部实行一套市场化的用人和分配体系，用这样的方式留住人才，并激活整个组织。

"人力资源是国企的根本"，为了巩固根本，刘宗昭很早就意识到要去社会上找人才。想好要做的事情，"然后谁能做找过来替你做"。采技服公司，从外面挖来不少优秀人才。刘宗昭说，采技服的人才都是跟人"聊天"挖过来的。

比如采技服的总工程师黄波，就是刘宗昭聊天聊来的，刘宗昭说"这里面有好多故事，挖人你要给别人讲故事吧，就是这么简单的事儿"。

"我跟他讲海上油田的发展，聊海上工艺的缺失、措施的缺失、采收率研究的缺失，表达我们现在需要人的愿望，谈发展方向。"

"这些人大多都还是想给自己找一个能发挥的空间，大陆油田其实死气沉沉的，但是沉积了大量的人才，它的研究院也是，很多人发挥不了价值。所以我们讲完'故事'，大家都是愿意来的。"再加上特殊的政策支持，采技服的人才问题得到了解决。

模式比技术更重要

"我的主要任务就是思考方向问题，比如商业模式怎么调整。"刘宗昭总结。

"比如说，电泵我们有，别人也有，是个传统产业，但是要有持久的生命力，又要面临充分的市场竞争，该怎么办？比规模有大庆在前面，比技术有外国公司在前面，比灵活还有民营企业在前面，那我们怎么办？"

"后来我就说，咱们换个玩法，不卖泵了，而是卖泵在海底正常运营的天数，这样我就规避了自己的弱点。然后我们就分析影响泵寿命的是哪几个因素，一分析，有四个因素我们有独家的优势，外面的公司搞不来！"

"第一个优势是技术的质量，包括对地面技术控制的井下技术质量；第二个是职工质量；第三个是运营管理；第四个是方案设计！"

那时的采技服，长期从事的就是相关的研究工作，对海底的油藏一清二楚，还有自己的一套电机检测设备，整合了这一系列的内容，"几乎围绕这些形成了一套动态的分析和管理体系"。

根据这样的市场情况，再进行成本管理、运营管理、寿命管理，"围绕这个沉淀核心管理和技术，而且这是差异化的，谁也搞不到的。"

电泵的例子，是刘宗昭用大力气改变采技服模式的一个缩影，他说："作为一个市场的后来者，想跟国外公司硬拼是拼不过的，那就发挥我们的优势，这样国外公司就不一定能拼过我们了。"

采技服的装备很完整，又具备服务意识，他们可以有针对性地根据"甲方"要求设计有针对性的产品，加上现场工艺的擅长，价格上的优势，技术上的支持。这些优势组合起来，都为公司争取业务创造了条件，成为采技服模式。

刘宗昭说："所有的业务我们都要有模式，但是真正实现这个服务体系，必须要客户接受，同时研究市场的规律，走在客户的需求前面，引导客户，要把自己充分放在市场竞争的角度看路怎么走。"

刘宗昭是技术专家，但他却把市场需求、人才、模式看得比技术更为重要，他对技术不重视吗？

并非如此，只是他对技术的理解不同。

他说："要说采技服的技术能力怎么样？单项能力有多强，还谈不上。但是我们能解决问题，我们做方案的能力非常强，这是一般单位比不了的。"

"现在我们也在做些海外市场、海油外部的市场，如果把模式整合好了往外走，将来你的竞争力和别人是不一样的。你拥有的可能是方案的实施能力和策划能力，还有技术的有效性和适用性。"

"高技术领先不过别人，我就专注有效性。"通过集成、合作等多种方式，发展自己的技术体系。这种体系的最大功效是技术成果转化率很高。

从现在的角度来看，无论采技服这样的技术型公司模式是否完美，都已经给我们提供了一个市场化科技型企业模式的案例。

2013 年，为了更好地发挥整体的竞争优势，采技服和监督监理公司合并，成立了工程技术公司，作为海油发展"走出去"的领先部队。采技服模式的未来，还将被实践验证。

树人未必用百年

"十年树木，百年树人"，这是亘古不变的道理。确实如此，在一个以人的创造力为核心的产业中，人才的成长必须有内在的时间规律，要给他们充分的时间成长和成熟。

因而，"树人未必用百年"这种观点，看似违背常理，但的确反映了一种新的人才机制可能在一家公司中发挥的核心作用。

海油发展监督监理公司，就是在这样的机制下，从"贩卖人口"开始，走上一条成为一流油田技术公司的道路。

在2004年基地集团重组成立前，监督监理作为一家公司并不存在，所有的相关业务，都在渤海实业公司名下运行。杨立平从2002年开始接任方长传，担任实业公司的总经理，继续带领这支创业团队向他心中的产业理想前进。

基地集团全国性重组，设计了10家专业分公司。其他的分公司，都是利用全国的资源进行整合，做"加法"，而要杨立平继续领导的监督监理分公司，是做"减法"。2000年开始发展的油田技术服务业务、监督业务、油田工具业务等专业服务，从渤海实业公司中分离出来，把原先一并管理的物业宾馆、小车队这些基础性业务保留给实业公司。

2005年4月刚刚完成分离，新"出生"的监督监理公司，其实并不是一个新生儿，经过四年多创业，它已经有了一定的基础，但是各项业务仍刚刚起步，看起来像一名即将离开父母怀抱，进入小学读书的儿童，开始进入人生的一个新阶段。

监督的能量

海上监督出身的杨立平，从进入渤海实业公司开始，就全力发展各种海上生产专业监督的培养。不过，最大的难题是如何在尽可能短的时间内，让年轻人成为海上合格的监督，让他们的能力得到发挥。

"2002年开始，渤海开始大批招人进行培养，作为监督给别人服务。这个业务做起来后，就开始向全国推广。"

海上监督是一个技术要求和实践经验要求很高的岗位，随着中海油开发生产作业量的不断增加，对这类岗位的要求也迅速增加。但是，一个问题随之而来，新培养的监督都很年轻，经验不足，人才队伍瓶颈突出。

杨立平回忆说："我们最初去深圳推销，人家第一句话就是海上监督没有五年以上经验不行，英语不好的你想都别想。"

如何使原来做监督需要走近 10 年的路，让现在的新人在 1~2 年就能完成？

杨立平开始试验用一种新的方式来快速培养合格的监督。"新来的监督都要先实习，各个岗位的工作他都要做过，知道怎么做。不仅是这些，每个工具什么原理、什么结构、怎么用他都得明白。再加上心理承受能力的一些培训，所以监督成长快，三年之后哪里都抢。"

为了能让新监督看清楚自己的道路，杨立平也下了一番心思。"我们和总公司一起构建的一个职业通道，对个体来说，他能很清楚地看到自己的职业发展通道"。

杨立平觉得通过这种职业通道的搭建，能够让新来的职工，以技术、知识、职能的培训为入口，再为其提供现场工作锻炼的机会，之后，职工们的成长就会很快。"我们用这些方法，能够挖掘这些年轻人的潜力，一旦这些能力被挖掘出来，效果非常明显。比方说同班能力差不多的，一个放在油服公司，一个放在我们监督监理，几年之后再比较，他们的职业发展是截然不同的。"

2005 年，监督监理公司与上市油公司联合建立了钻完井类监督认证晋级体系，根据职业特点和成长规律，将职业生涯规划为实习监督、助理监督、副监督、监督、总监和资深总监六个发展阶段，并制定了与之相应的职务标准和认证晋级体系。如图 4-3 所示。

2007 年，公司继续组织编写了地质勘探和井下作业类监督的认证标准。目前，已覆盖至八大类监督，完善了海油总技术序列。同时，在参照监督类人员职业生涯规划的基础上，还针对工具工程师、材料工程师、维修技师、平台"三师"、项目工程师等主要岗位，在公司范围内相继建立了分层级的职业发展规划。

严格"爬梯子"的考试、考核程序，员工每上一个台阶都要用工作业绩和业务水平证实自己的实际价值。就监督类岗位而言，从实习监督到资深总监，每上一个台阶，都要根据职业体系所涉及的各项考核标准，通过资格审查、专业考试、综合评价和竞聘答辩四个环节，严格进行专业技能和综合素质考查。

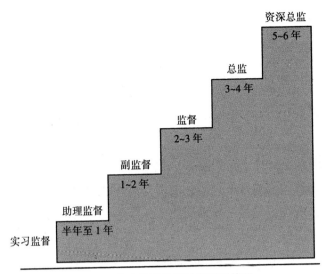

图 4-3　钻完井类监督认证晋级体系

同时，合理利用监督胜任力模型，将胜任力综合测评结果作为一项参照依据，帮助把好考核关。还针对不同专业的监督，根据岗位工作具体内容，设立从月度到季度、年度的工作考核，并把主体和客体因素引入员工年度绩效考核机制，由员工本人、身边同事和相关领导分别评分，实行综合考评。考核之后，及时将考核结果反馈给员工，将其工作业绩、业务能力和有待改进之处都"摊在阳光下"。

"这批人尽管放在我这儿，但是这是整个海总的资源。1999 年组建开始，送到总公司的人，怎么也有 100~200 人，作为服务公司，挣再多钱，都不如给各个板块输送的这些人才重要，海外的、国际公司的、总部的，方方面面都培养了一些人才，这些人也能代表正儿八经的海油文化，方方面面都能放心。"杨立平很自豪自己培养出来的技术人才能够在海油的各个地方散发自己的光和热，并且仍然在为了培养出更多更好的优秀人才不断努力着。

但大家都知道对于人的管理实际上是很难的，杨立平在这方面也有很多自己的想法。他这么告诉我们："管理嘛，不同的企业有不同的管理方法，但是通用的就是马斯洛的需求理论，不同阶段有不同需求。"

杨立平也会细心观察招来的这批人，刚来的时候，管吃管住，就很满足，但是出海之后，仅仅是这方面就难以满足了，于是就开始升职、提高待遇，慢慢地他就有成就感了。满足他不同阶段的需求，他就会更好地留在这里。需要给他一个通道。

尽管有着这么多的人才培养计划，杨立平依然感觉到压力还是很大的，越来越多的民营企业加入油田服务的项目中，他们成本小、薪水高，在一定程度上抢占了像监督监理这种国有公司的市场份额。如何解决这样的问题，杨立平也一直在思索着。

既给员工提供破格晋升的机会，也让大家有 "落后将被淘汰" 的危机感。旗帜鲜明地提出为拔尖人员开辟 "绿色通道"，凡业绩和能力突出者经过一定程序可以破格晋升。现在，经过三年顶岗成为总监的约 15 人，还有一批人仅 3~4 年就成长为机、电、仪 "三师"。相反，有表现不佳的——给了改进机会仍不称职者，或调整岗位，或淘汰出局。在公司形成了 "不用扬鞭自奋蹄" 的竞争机制。

业务是机制的孩子

如何找到新业务？如何把这个新业务发展成核心的支柱？这是每个企业家都面临的挑战。

杨立平同样也面临这样的挑战。他找到了自己对此问题的答案，那就是 "机制一变，业务就变来了"。

所以，业务是机制的孩子，机制是业务的母亲。至少对于他培养的油田工具产业来说，是有道理的。

"最早的时候，工具到这个车间基本上都是由外国人组装，我们就给他们打个下手。所以我们找了个刚来的小伙子跟着人家干。""那个外国人说 '不要，这个人不行，他不能像小学生一样，我跟他说什么他都听不懂'。但是我们这个小伙子干活的热情很高。尽管是大学毕业，穿着一身工服，让他干啥他就干啥，但是那时候说的英文那些词，压根就没那个概念，中文词都是我们慢慢翻译过来的。所以外国人觉得他不行，我们说 '不行也得行，不要也得要'，就强行跟着干。""干着干着，没干多长时间把这些外国人给替代了。"

"原来当 '甲方' 的时候，好多工具重复利用率不高，因为没有挣钱的压力，很多东西就放着了。但身份转换过来之后，就是你要挣钱，就得想办法让这些东西流转起来、流动起来。"

"机制的改变对于创新和国产化是一个激励的作用。机制转化了，人的积极性就能调动起来。我们的工具公司，从无到有，就体现了从'拿来'到自主化这个历程。"

"对于工具业务的试验，起源于我们曾经搞过的一个技术改进。渤海湾大型的油田都是要防沙的，其中锦州93油田有一次搞防沙，作业要求是所谓'一次多层'，也就是把工期浓缩，更高效快速地完成防沙工作。当时是引进一家国外公司的工具产品。这个工作外国公司也没做过，来了不少国外人员，他们也是办公室做设计的，设计完了到现场再试验，所以我们就一起去试。第一口井试的效果还挺好，后来第二口井就出问题了，外国人也没有什么办法，我们的人就接过来反复修正，最终问题解决了。这个模式，我们叫'一次多层充填'模式，渤海湾到现在还在使用，这是一种新的完井方式。"

"原先我们是'甲方'监督，1999年分离改制后，我们成为实业公司，开始搞服务了。之前就是谁干的好就请谁来干，包括外国人，一起干。改制之后呢，一想干嘛花费这么大请外国公司，他们之中也有东南亚的，还有很多就是中国雇员。立马我们就开始自己干了，然后就能盈利。后来我也在琢磨这叫什么模式呢，这叫市场模式，或者经常大家喊，中国这种事做不成了，咱们就改换机制、改换体制。我觉得最明显的例子就是说这是一个机制的转换，让咱们这个，目前我们叫工具公司，产生了一个很大的活力。"

另一个让杨立平感到机制发挥作用的是油田工具的使用环节。

原来的工具公司属于"甲方"业务的一部分，有些工具从订购回来开始，可能就仅仅使用过几次，然后就一直放在车间里，重复利用率不高。由于大家并不认为和自己有直接的关系，没有挣钱的压力，所以这个东西放着不用也都习以为常。

"但是我们改革后成为一家'乙方'单位，我们还是这批人，但是机制就变为要挣钱，所以首先想到的办法就是让这些原先躺在车间里的工具能反复使用，于是就要想办法让这些东西流转起来、流动起来，包括各种工具。"

"这个机制一转化，好多东西就活了。现在我们这个工具，不仅仅是在渤海使用，也可以拿到其他海域去使用，充分创造价值。现在我们还在部分实现国产化，未来会在这个方面有进一步的突破。"

杨立平领导的监督监理工具公司，就从这样的业务起步，逐渐成长起来。防沙工具成为工具公司从无到有的第一个法宝，经过自主的研发和改进，现在也是

销量大的产品之一。

从市场需求的细节出发，还激发出工具公司学习和创新的动力。从前，渤海地区码头上各家的工具都在存放，大家也都不在意。监督监理公司看到机会后就主动地帮助各家管理这些工具和部件。

最开始是两名大学生领着一批招聘的人员，跟着外国人学习工具组装，到后来一看，渤海现场就有很多分散在不同地方的类似的旧工具，大家一想如果能收集过来，经过维修就是很有用的。所以年轻人就找各家去把这些别人不用的东西收过来，拿去维修，然后就成为可以继续使用的好工具了。这样，很多原先"甲方"要花费很多钱才能完成的工具类工作，监督监理也能够低成本地替代了。

接下来监督监理考虑的是，把一部分工具在国内自主生产，就这样从无到有，经过几年的时间，发展出一个年收益在 2 亿元左右的工具公司。

杨立平再次强调，"我想说的是这个产业，这个工具产业的出现，确实是由于机制的变化。我有时在想，如果不到基地公司来，没有挣钱的压力，没有服务的压力，那到了今天，工具公司的这些业务可能还是在由外国人干。"

"没有市场机制，自己逼不出来这套东西，也没这个动力。"

10 年后的油田工具服务业务，形成以工具租赁为主，专业化工具工程师队伍和专业化工具维修相辅的工具服务格局。同时，塑造自主知识产权工具产业，提高公司技术含量。提供钻完井、修井、打捞、取芯等专用工具的租赁、维修保养、检测、组装服务。具有钻井井下工具（如震击器、扶正器）、完井防沙工具（如 MINI-BETA 防沙、STACK-PACK 防沙）和修井打捞工具等。已完成 11 套防沙工具的研究及样品地面试验工作，模块密封国产化、自由切换三通、多功能刮管器、液压举升器、薄壁尾管液压脱手固井工具等工具已研制成功并投入使用。

隔行未必如隔山

中海油在 2000 年以前，基本是一家只有石油勘探、开发、生产业务的独立石油公司，在石油产业链中，只有上游的业务部分。但是，中海油期待发展成为国际综合性的石油公司，他们知道这些国际公司都是上下游一体化的企业，在下游领域，炼油、石化这些核心业务可以有效地平抑风险，并且壮大企业的规模和实力。

所以，自 20 世纪 90 年代开始，中海油就开始准备在下游炼油、石化领域按照国际一流的标准建设大型项目，他们最终选择了广东惠州大亚湾，作为新的石化基地。

下游的建设包括两个部分：一是与壳牌石油合资的 80 万吨乙烯；二是独立建设的 1200 万吨炼油。为了达到国际领先，这两个项目从设计开始，就比照了国际一流的技术和管理，截至目前，仍是国际石油公司中认可的经典工程。

用这么高的标准建设和运营化工项目，最大的挑战莫过于人才缺乏，中海油一直没有下游石化业务，这方面的人才奇缺，那时，从系统内找到一位学过石油化工、干过化工企业的优秀员工都很困难。

这个问题，对于基地系统而言，更是如此。大家都来自于上游业务，很多都是分流下岗人员，对于大型石化装置和企业，感觉完全是另一个世界。

在这样的情况下，石化产业可能发展成为基地系统的核心业务吗？隔行如隔山的业务逻辑，有可能被突破吗？

2004 年刚刚成立的基地集团，谁也没有能力坚定地回答这个问题，但是他们有一个良好的传统，那就是——

先去试验。

吃方便面的清洁部队

中海油惠州的石化项目，从 2000 年起就先后进入现场的施工阶段。大亚湾的旁边，本来是一片村庄所在地，突然就被大批来自全国的、不同公司的、或"甲方"或"乙方"或承包商的队伍填充了起来。

这时刚刚完成油公司分离上市的基地系统，正处于饥渴寻找市场机会的状态，对于惠州这样的开发机会，自然不会放过。

位于湛江的南海西部公司和位于广州的南海东部公司，都觉得这真是一个大好商机啊！所以，就迅速地扑到大亚湾建设现场，找活干，找生意做。

但是，面对这样从来没有见过，技术基本不懂的项目现场，能做些什么呢？基地系统的管理者思维很简单，能干什么就干什么。

最初的服务，就是那些现场需要，但是没有人愿意做的事情。组织一批人，专门为项目提供现场清洁服务，洒水保证干净，为现场大批工作人员提供流动卫生间，保证细心到位。组织一批人，专门为项目提供车辆服务，保证及时响应，服务周到。

最早期的石化服务产业，准确地说，总体就是一支清洁部队。

基地集团重组，所有的人都在思考未来的产业方向。为了让基地系统的发展具有更大的空间，曹兴和和王家祥都认为配合中海油，发展中下游的事业，正当其时。虽然当时的基础不强，又面临专业跨度的重大障碍，但这些都不妨碍尝试。既然上游业务可以转到下游，基地系统的服务也能从上游转到下游。

2004年，在惠州周边，与下游业务相关的服务性企业有不同地区公司的几家下属公司。方长传回忆说："我去的那一年，那里有七个处级单位。十几个人主管扫几条马路，现场挖个沟之类。外围还有几家公司，一家公司就是搞液化气的，还有两家是做编织袋的，一家是搞二氧化碳分离制成干冰，还有福建的一家。基本上是给人家做服务的，租个房啊，租个车子啊，就干那个。当年这几个单位加在一起亏1000多万元。"

方长传2002年就已经把渤海实业公司的担子交给杨立平，他升任渤海公司副总经理，看着渤海的创业经过几年取得了不错的成绩，本来想放松一下，但是2004年的基地重组又把新的创业使命交给了他。

成立的新事业，基地集团石化公司，大家都没什么经验，让谁去负责？曹兴和想到了方长传。有一天，他把方长传叫到办公室。

曹兴和说："基地集团这里给你成立一条线，你去干吧。"

"干啥？"方长传有点意外。

"下游，惠州建的石化产业，做服务商，需要你去负责。"

方长传回忆道："当时我说我有几个条件，要找几个人，他说你找吧，我就找了几个人。"

就这样，方长传带着几位北方的干部，扎到了惠州。

2004 年 12 月，中海石油基地集团有限责任公司（以下简称基地集团）以原中海石油东部公司、西部公司所属的几家从事与石化产业服务相关的单位为班底，组建成立了中海石油基地集团石化服务分公司。

重新当学生

石化公司的领导人，都和石化专业相差甚远。总经理方长传是钻井专业，副总经理李瑞卿是股权管理，副总经理邓凯是搞船舶的，副总经理田建军是搞钻井的，总工程师姜克忠是搞工程的。对石化可以说是一窍不通，完全是"门外汉"。

当时摆在石化这些领导人面前的首要问题是：外行如何变成内行？外行如何领导内行？如何组建一支内行的队伍？

方长传说他们有"两招"。

首先，要求自己尽快变成内行。基地系统的人好像都有些天生的可塑性，他们要尽快将自己培训成懂专业的干部。因而就买来各种化工书籍恶补，也给所有的人开培训班，要求每个人都必须通过考核。

当然，他们知道自己可能只学会个大致，绝不可能成为专家，所以就要相信专家和内行。所有的技术决策，都聘请专家来把关，听取专业的意见。"专业不专，但我们的判断能力还是专业的。"方长传总结。

其次，如何组建一支石化专业的队伍？方长传决定要借鉴中海油炼油项目的经验，直接引入一批中高级专业人员，概括为六类人：①技术水平高、经验丰富的石油炼化项目策划设计人才；②懂管理、能力强的项目建设人才；③肯钻研、能开拓的市场开发人才；④技能水平高、懂操作的技能操作人才；⑤懂市场、有经验的产品营销人才；⑥物流管理人才。

石化分公司用了多种方法，从国内其他石化企业引进了 30 多位高级专业人才，又聘请了 10 多位高级专家，招聘了年轻的石化院校毕业生。这样，一支专业队伍的结构在一个较短的时间内，基本成型。

他说:"下游的这种摸索,学肯定来不及啊,我找需要的老师,我说你给我参谋参谋,哪一些项目咱可以干。我到另外一个地方也这么问,如果你说好,他说不好,我就掰一半;你说好,他也说好,那这个项目咱就开干,再找专业机构来确定是不是个好的项目。"

"所以那时候我们做个项目都是不成体系的,但是后来我们觉悟了,知道要成体系。世界上挣钱的项目多得是,那不是你的菜你不能要。"

但建设一个石化产业的过程,要远比队伍建设复杂得多。方长传面临的首要问题,就是让新成立的石化分公司继续"活着"。

2005 年,公司"十一五"规划明确了公司产业定位是以总公司中下游为依托,以惠州大亚湾为主战场,为总公司中下游发展及其拓展延伸产业的发展提供相关的支持服务。经过 3~5 年的努力,把石化服务公司打造成为基地集团在总公司中下游领域的优质服务平台,为基地集团建立新的支柱产业做出积极贡献。

从最初的产业定位可以看出,石化公司产业侧重下游项目配套服务,同时兼顾石化衍生品深加工。围绕这一产业定位,石化公司先后建成了木托盘项目、氮气空分项目、港作拖轮项目以及裂解汽油综合利用项目等,这些项目除裂解汽油综合利用项目外,其余基本是服务性质的,属劳动密集型产业,技术含量偏低,收益不高但相对稳定。正是这些项目的建成、投产解决了石化公司生存的问题,为公司发展奠定了坚实的基础。

"我去了以后,最大的一个角色就是经营了一家加工厂。我第一家厂是做什么的呢,是做木托盘的,后面发展到塑料的,现在大部分还是木头的。就这个还是竞标竞来的。当时大概一年需要 100 万个吧,每个能挣几元钱,但是这份合同有 300 万元,对于我们当时的石化公司来说,已经很大了。"

"那已经很不错了,很让我满足了,那已经是一大单生意了,而且接连不断,别看它生意小,最起码有一半人能依附这个生活了。"

"这是石化公司第一个项目,虽然技术含量低,但有的做就很好。之后几年,我们的产业发展起来,就把这家厂关了。"

摸索中寻求定位

成长是一个过程,有身体的物理变化,也有思想认识的化学变化。但是,虽有很多可以参考的经验,但每个人、每个企业的成长过程,还必须靠自己去摸索，去感悟。

成功或者失败，取决于对大体方向的判断，以及过程中是否及时调整策略，适应变化。

基地集团石化分公司，从 2005 年第一年运作，到 2014 年已经 10 年。如果抛开创业，就产业问题而言，用一句话来概括，可能"摸索中寻求定位"更为准确。今天，石化分公司虽然有了近 100 亿元的产值，但是它的定位，可能还不是很清晰，还需要继续摸索，但是这就是成长的过程。这本身就是一件有意义的事情。

方长传每天都在想如何发展石化公司，他说："我们有两个方向，一个是石化产品物流，另一个就是上游产品的延伸加工。所以我们必须有石化加工的项目，才可能有规模和效益。"

所以，之后的几年，石化公司的产业经历都是伴随着找项目、批项目、建项目、管项目这几个主旋律展开的。

自 2005 年下半年开始，石化公司围绕第一个石油化工项目——裂解汽油综合利用项目（石化一厂），开始了该项目芳烃产品的市场开发与经营工作。在 2006 年 6 月项目投产前，石化公司基本完成了华南地区的市场开发工作，并在华东市场适当布局。项目投产后，产品顺利投放市场，得到了行业的广泛认可。在产品销售过程中，石化公司根据客户的合作状况，对客户进行了分级筛选，完成了"二次开发"，圈定了一批忠实的客户群，建立了稳固的销售渠道，保证了公司芳烃产品长期、稳定地扎根市场。

2006 年 6 月，裂解汽油综合利用项目投产。该项目是石化公司第一个石油化工项目，也是中海油在中下游领域第一个全资子项目，打响了石化公司进军石油化工领域的第一炮，同时在总公司上中下游产业一体化进程中具有一定的意义。2006 年该项目盈利 3.27 亿元，取得了当年投产当年超额收回投资的佳绩。

随着公司产业发展和资源环境的变化，公司产业结构逐步转变，产业定位也逐渐清晰，2007 年，石化公司 2008~2012 年滚动发展规划确立公司新的产业定位：根据"有益补充、拾遗补阙"的原则，建立石化延伸产业和 LNG 冷能综合利用产业，并为总公司中下游项目提供一体化综合配套支持服务。

随着与炼化公司产业分工逐渐明晰，海油发展进一步优化了石化产业结构，将石化物流服务业务划出石化公司，同时，明确公司将发展石化下游延伸产业作为重点。2012 年 8 月 24 日，公司 2013~2017 年滚动规划确立公司新的产业定位是：依托上游油气终端和炼化等相关资源，探索发展上游油气伴生资源综合利用、石化衍生品深加工以及 LNG 冷能综合利用产业，不断延伸总公司中下游产业链，提高产品综合利用价值。

这一产业定位的确立，指明了石化公司的发展方向，符合中海油在下游产业的发展要求，在今后相当长的一段时期，公司将沿着这个产业定位，艰苦奋斗、努力拼搏，不断壮大石化产业，为总公司完善下游产业链贡献价值。

方长传是用一股劲顶在那里，把这些项目一个个搞起来的。

"当时我们都是上游转到下游，过后想一想，这个主业产业搞这些项目是不是最合适需要更多论证，但是当时想不到，当时只要有项目我就拼命干，谁不让我干我跟谁急，一路找上去，谁要不让我干我恨不得跟谁拼命，隔个三两天我就跟人说就我这个项目怎么怎么好，真的是这样。"

"世界上挣钱的项目多得是，那不是你的菜你不能要。"经过这些年对自己建立起来的石化业务进行再思考，方长传总结了这样一句话。

"严格地说最近两年我确实有点懈怠了。前两年我总觉得还有很多的活没干呢，还有很多的活等着我干呢。最近两年这种感觉就差一点了。我觉得这个你改变不了，人家让你干你不能不干，既然改变不了就干呗，像我这种性格的就只能干吧，又不能说不，既然不能说不我就干呗。"

这是方长传对自己的总结。

方长传的经历在整个海油都比较传奇：他不停地创业，获得成绩，又换一个行业，再创业，获得成绩后再换一个行业。从一个钻井总工程师，2000 年在渤海实业公司带了一批人，现在这个班底已经成了整个海油发展最大的工程技术公司。

在下游石化产业，2005 年从卖纸箱、扫地开始，现在已经变成一个很大的石化基地了，而且这些关键东西都是他原先不擅长的。

从 2014 年开始，中海油投资的煤制气项目，又看到了方长传的创业能力，让他再去山西，开始一个全新行业的建设。

每次都能复制这样创业的成功，诀窍是什么？

方长传说："找人干呗，自己是干不了，那肯定找人干嘛。"

"当领导的重点就是，找好人，出好主意，就做两件事，剩下的你都不用做了。"

　　方长传带队伍的特点十分鲜明，虽然是一个技术专家出身，但是却有一种火爆的风格，他说有点像军人的性格："那和军队的环境也是差不多，工作很危险，稍微注意不到你就有可能受伤，所以才养成了这种很剽悍的性格。要不然还给别人解释，一解释危险就来了，先让你长个记性再说。"

　　"技术的活，尤其现场的技术，是应用技术，不像文绉绉的纯理论。只要符合现场实际的，加以组合，加以改造，对效率效益都会有很好的提高。所以我们都讲求实效。"

　　对于管理和领导的体会，方长传说："我没体会，老师傅告诉我的，就两招，特别简单，拍拍肩膀和拍拍屁股，拍拍肩膀就是哥俩好，拍拍屁股就是干活吧。"

　　"你想一想，实际上就是激励和约束嘛，就这个没别的。"

　　"比方说在渤海公司钻井部，刚成立实业公司那会，拍肩膀是怎么给大家拍的？就是给大家憧憬未来嘛。"

　　"那拍屁股是怎么拍的呢，肯定不能打，不过我感觉大家还是有些自觉性的。"

　　"刚开始，接触我的同事可能觉得我不好相处，但是时间长了就可以接触了。这个可能跟我这种成长环境有关系，农村人嘛，比较腼腆，不怎么开放。熟了一点你觉得无所谓了就大方一点了。"

　　对于方长传，我有这种体会，刚认识的时候，觉得是个不容易接触的人，时间长了就看到他内在的那种豪爽劲，这些都藏在后面。

创新要土洋结合

　　基地集团采油分公司，可以说是这个企业历史最长的业务。从名字可见，它曾经是中海油各公司的主业，海上油田的操作管理都由采油公司来负责。

　　在计划经济下的企业主业，都是独立配套的小而全的体系，中海油各个海域的采油公司也是同样，人员管理、物资供应、海上生活服务、设备维修等，都是采油公司下属的部分。

　　讲求专业化、市场化的中海油，看到国际石油的经验，从 20 世纪 90 年代中期开始，进行三条线分离，除了将专业公司分离出来，采油公司这种仍然保留在

"甲方"的组织，也开始进行内部专业分工和市场化管理。

1999 年，油公司上市对于采油公司而言，具有直接颠覆的效应。作为"甲方"，海上的生产、业务、资产、人员原来都由采油公司管理，但是上市方案将全部经营性资产和业务打包，却将主要的海上操作队伍都留在采油公司，这个曾经的"甲方"，在瞬间成为只有劳动力的"乙方"。

这样的业务基础，庞大的员工队伍，如何获得生存？又如何找到出路？

采油公司的难题还不只是主体被分离后的业务出路。对于渤海公司而言，由于要改革发展产业，所有的领导层都在各处寻找可能成为新产业的苗子，采油公司之前业务宽、底子大，自然成为被分析和审视的对象。这样的每一次过程，产生的结果就是一个下属的业务从采油公司独立出来，变成渤海公司的二级公司直接发展。

"采油公司是成熟一个，送走一个，分出了油建、采技服、配餐公司，都是现在海油发展数得上的支柱产业。我们有成人之美的习惯。"长期担任采油公司总经理的张武奎说。他是对这个公司发展最了解的人之一。张武奎很享受自己发展的产业被独立出去的感觉，他告诉其他人："我们不能盯着别人的产业，要自己创造产业，别人拿走我们创造的产业，是对我们的认可，证明它的重要，也证明我们有眼光。"

发现价值坐标

不断分离的采油公司，成全了其他产业，却为自己的主业发展感到苦恼。这时中海油采用的协调发展政策帮助了他们。

海上平台生产，需要一种叫 FPSO 的装置，可以简单称为浮式储油装置。FPSO 在 1992 年进入技术成熟期，从那时 FPSO 就开始稳步发展。虽然其中经历了一次价格暴跌至 8 美元/桶，以及多次巨大金融风暴，但 FPSO 的发展步伐从未受到重大影响。这是一个世界范围内的新兴业务，中海油正在建设中，这个业务的运营是上游必需的，也能产生可观的经济收入。为了支持基地系统"养好人、服好务"，中海油决定将 FPSO 的运营业务交给基地公司来管理。

对海上作业最熟悉的采油公司，自然成为承接 FPSO 运营的单位。但是，中海油要严格按照"甲乙方"的模式，对采油公司运营能力和水平进行检验，能不能搞好这个新的业务，让"甲方"满意？

张武奎觉得从一开始就让 FPSO 这个大家都不熟悉的新业务，建立起具有国际水平的管理模式，才能有可持续性。

他说："一流的企业制定标准，二流的企业制定技术，三流的企业才负责制造。"

"承接 FPSO 业务以后，我就专门成立一家 FPSO 管理公司。这家管理公司成立以后单独设立了五个部门，就是相对独立地去发展，让它和我们原先的业务相对分离，轻装上阵，通过国际水平的全生命周期管理来打造竞争力。"

"我就想一个专业公司，一定要通过规范化管理手段，通过管理体系来提升。当时我们就跟挪威的一家公司合作，这家公司就是一家管海军舰队的企业。他们有丰富的经验，我们到现场一看，知道所谓资产全生命周期管理的这个体系正是 FPSO 管理所必需的。"

"那时才有感觉，从此我们什么都学，从概念的形成、基本的设计、建造、监造、调试、运营、报废、管理，到整个链条的管理。从概念上选型、选装备时就开始，花了一点儿钱，把整个体系给移植过来了。"

"这就构成了我们 FPSO 管理的基础。"

从海上采油的主业，变为通过 FPSO 运营提供采油配套服务的业务，采油公司利用建立的国际化标准，算是走得比较顺利。2003 年后，中海油的产量增长很快，对海上作业支持要求不断提高，FPSO 投资迅速增加，2005 年基地集团重组，采油分公司成立后，数量逐步由原先的 1~2 条，提升到 9 条。

用张武奎的总结，要成为"国际一流的 FPSO 舰队"。

提升 FPSO 的管理水准，进入国际一流，是张武奎的首选目标，为此，他要求持续学习、总结、提高 FPSO 的体系能力。

一方面，通过技术总结交流来固化管理成果。通过采油公司主办的年度 FPSO 技术交流会，中海油系统 FPSO 工程技术交流会，FPSO 运用、深水研究的沟通交流会等形式提升管理水准。

另一方面，加强与国际领先公司的对标。找到了采油公司的位置，当前 FPSO 规模位列世界第七。通过与国际 MODEC、SBM 等进行对标，发现了自身所处的劣势：在商业运作模式上、商务营销能力上、核心技术掌握上等方面存在较大差距，并且树立了追赶的方向。

但是基地系统的干部，并不想永远让采油公司停留在仅仅管理好 FPSO，他

们希望在业务上有更新的突破。

随着中海油海上天然气的生产和进口业务不断扩大，海上天然气相关的业务领域，成为采油公司领导层关心的问题。这两年，他们把眼光盯在国际上一项全新的业务——FLNG。

有了FLNG，就是对FPSO的重大升级，但同时面对的挑战是，这次世界上再没有成型的先进经验可以借鉴，必须更大程度上依靠创新。

作为中海油系统重要工程的FLNG项目组成立了，但并没有可用的资源，很多国际上的企业也是现在刚刚起步，很多国际机构、研究所、厂商、制造商都在研究这东西，有的是半产品，有的没定型。

项目组负责人陈建豪说："我们就分析判断了解，第一步肯定是引进来，引进来以后就现有的组织人员与国际上存在的进行分析对比认证，哪些能试用，拿过来以后能控制好风险，要确保引进来的东西是可靠的。当我们把这东西建成以后，就像我们'玩'FPSO一样，从0到1，那肯定是一个很痛苦的过程，但是从1到2简单地说你自身的东西会多一点。有这个平台才有研究的基础，所以现在是这种情况。"

"总公司要求很高，争取在3~5年建成中国海油第一条FLNG，就拿出产品。建造就得3~5年，领导对这要求很高的，但是我们对这种新的东西还是要客观面对。我们做的方案将于2018年8月投产。"

采油公司10多年的发展，整体来看就是这样不断寻找和发现自己价值坐标的过程，未来的几年，能否达到一个新的高度呢？大家充满期待。

管理就是不花钱或者少花钱把事儿办成

这句话是张武奎对管理的通俗解释。

张武奎眼睛总是很亮，尤其是说起一些让他感觉新鲜的事。虽然干的是传统业务，但他习惯于找出与众不同的办法。每次想到这样的主意，眼睛就闪闪发光。

FPSO的作业，他采用了全套的国际标准，一开始就让这个业务尽可能与国际规范接轨。

在为海上服务的过程中，一次偶然的机会，张武奎开始觉得海上作业的溢油污染处置是个新的宝藏，创新的兴奋感又产生了。

"现在咱们搞海上勘探开发，按照国家的要求，必须有溢油环保响应这种组织才能保障海上的要求。那时渤海的康菲合作油田，准备把国外的公司引进来。那时周总跟我说：'不引外国公司进来，你们能不能干？'我说'这东西，没太多的技术含量，我们都能学会。'"

"我们就出国去考察，请了名外国专家，是欧洲人。我们考察他就做介绍，先后到英国、美国、欧洲去考察。现在全世界搞溢油环保的组织没有多少，也就三四家。我们考察完了以后拿方案。"

"2002 年 1 月 20 日在北京钓鱼台正式挂牌成立了中海油环保公司。那个时候把国家相关的政府部门都请了，总公司的领导参加了，我们就是说着非常简单，但是做着很艰难。"

"我们要做方案，但一穷二白啥都没有，怎么去推销，那个时候就是一个概念，通过概念做出一个方案来。方案里面什么都没有。"

"那个时候，我们就想服务合同由谁提供，所以就创造出了一个会员制，搞了个加盟会员。因为不可能投资那么多设备，平时没有用，几年出一次事故才用到，这种情况下怎么投资，怎么经营啊。国外也有这种模式，就是大的会员，几个大的石油公司就有这种常年的合同，就搞会员制。"

"会员制收费的标准，到底是多少啊。我们与客户为这个事儿几次深入沟通。最后我做出一个方案来，就是一桶油提 1.5 美分。打一口探井 8000 美元，生产井 4000 美元。合作油田多收一点，不到 2 美元。这样根据产量结算，大家都能多赢。"

"就是我有这个能力了，你评估我的能力跟我签合同，合同就保证你的权益，溢油了我给你解决，我还保证给你培训海上人员，我对你海上配备的简单设施维护保养，真要发生小型溢油了，我的专家到平台给你指挥，发生大的溢油我给你响应。"

"就这样我们解决了商业模式的问题。"

"下面的问题，就是进行海上溢油环保的设备投资。这环保设备啊，首先就是船的问题，就是到海上你得有船啊，没船你怎么出去。国外都有专门的船，但我们开始时哪有这样的实力？"

"所以我们就开始设计，能不能依靠客户现有的船舶资源来综合利用。我们自己没船但是油公司有船，有很多船。我就说我们要搞一种侧挂式收油机，就是能让我们买的溢油设备直接挂在现有的船舶上面，做了一个专门设计。"

"这个设备外挂在船侧面，这船向前一走，不就开始收油嘛，这个问题解决了。但是，下一个问题又来了，这个油收了往哪儿放呢？"

"我们就弄了一个独立的储油囊，能装 10 吨油，装完了溢油能在水里漂着，不用占船的地方。这可是概念创意啊。"

（这种储油囊是你们土造的还是国际上就有？）

"国际上没什么先例，我们想出来，就开始设计怎么提供服务。完全是土方法。"

"采用公司环保溢油这一块业务，我们从什么都没有做起，在这个过程中，只有不停地琢磨怎么创新，没有什么去整合什么。要不然根本走不出去。"

"另外的问题是，我手头没有资源，连船也没有，我只能买一些零件设备。我怎么办？"

"所以我搞了几个合作协议，利用我能看到的外部资源来搞。"

"我跟交通部打捞局签订战略合作协议，如果发生应急的时候，我的人和设备上去，就是用它的船。有的可以挂到上面，最后买的可以遥控收油的。我的应急队员从哪儿来，我不可能养那么多人，我是只养骨干的。我就跟武警部队合作，搞军民共建，培养人员，真的发生溢油就直接上去了。"

（他也乐意啊？）

"是啊，军民共建嘛，就是军区共建，就解决了人的问题。这大面积的溢油上岸了需要人力的。不能养啊，得专业化，部队有这种要求。"

"我也支持部队，'八一'时，我给送点苹果，部队就高兴了，这是创新吧。还有我跟渔政签服务协议。因为我们的船到了海滩浅水进不去，只有渔政船能进去，我跟渔政搞合作，一年给点钱，培养他们的人，这样发生溢油后在浅海海滩搞服务协议。"

"在钻井过程中，因为大船租不起，我就租渔政船，好一点的，在周围守着，这样发生漂散的溢油马上就收起来了。渔政船便宜，而且这个搞环保有好多创新。"

让中国自己能够制造环保船，在采油公司成为现实。张武奎说："从概念做成虚的，从虚的做成实的了，环保船自己造，中国第一条。"

"中央电视台的新闻里就是中国环保船多么先进，但是它的经营问题是什么？一般状态是放着不动，平时只有成本发生。所以环保船单独建，作为企业来说养不起，也是一个多亿元的投资啊，放在这儿我养不起，那怎么办啊？就再搞模式创新了。"

"我们就造了一种多功能环保船，首先它能当值守船，我们每一个油田都有值守船。它还可以当运输工具，就是运货，发生事故时就是环保船。具备三种功能船的功能。平常不溢油的时候就值守，发生溢油的时候发挥船的特性，再多给我钱。那时候三个功能船的钱给我，发生溢油的时候再多给我钱。"

"还有两个功能，就是消防和一个比较特殊的功能——延长测试液回收。我们在打井的时候打出油得测试啊，就得放一段时间，放完得不断测试才能测出整个油田的状态。以前要测试 10 吨的油罐，一个个地弄上测试液放罐里再弄回来，风险非常大。"

"以前测试的效果非常不好，因为是一罐罐的，不连续，量小，而且油罐来回运的风险非常大。这个环保船的储存能力是 500 吨，把延长测试液直接放在船上，这里面有油啊不能当污水处理，直接在附近的平台打到流程里去生产油。或者进陆地终端，就是废物利用。光环保就是一系列的创新，很多概念都是新的。"

"现在国家环保局就说我们的环保船是世界最先进的。五条正在运营，还有五条正在建造中。"

"管理这个东西，我理解的就是思考想招。理论书上的概念不能说没有，想的多了投入了，招就出来了。反正就是不花钱或者少花钱把事儿办成，这是主导思想，也是主要目的。"

"我们干的事儿都挺舒服的，虽然非常艰辛，但是挺有成就感，挺高兴的，一个产业做的时候就是挖空心思地想、做，有了成果后非常地舒服。"

吃螃蟹就要承担风险

让采油公司乐在其中的创新业务，不仅使张武奎有了成就感，也让他尝试了承担风险的滋味。

渤海区域为了增加产量，提出强化边际油田的开发。所谓边际，就是按照正常的经济投入产出测算，不足以带来经济回报的那些油田。对于这样的油田，只有降低开发生产的成本，才能够产生经济效益。渤海区域这样的油田有不少。

采油公司看到了创新尝试的机会，希望通过建造一种低成本的自升式采油平台，起名 161 号，作为边际油田开发的一种替代性装置。这一次，等待他们的不是成功，是火灾。

亓俊良回忆这个经历，至今仍不能平静。当时，他是 161 号项目主要的领导人之一。

亓俊良并没有在 1999 年加入基地，而是在专业公司待了三年。之后在平台当了一年书记，"我原来对海上安装比较熟悉，但是对平台建造、陆地不熟，跟他们聊也能学这些东西"。

FPSO 项目的开始，将亓俊良带进了采油公司的团队，2002 年 4 月 12 日，亓俊良来到了基地集团。"我过来时当工程采办经理，做完采办就去现场做现场建造。渤海公司下面有一个工程项目管理部，我是项目管理部的总经理"，之后的 2003~2006 年，亓俊良一直都在为基地的各条 FPSO 奔波着。基地组建的时候，亓俊良正式进入采油公司，担任总工程师、副总经理。这一干就是七年。即便居于这样的高位，亓俊良仍然扑在项目上，参与了长城号的改造、船体、公益，检测维修升级。搞工程这么多年，亓俊良有着自己的心得："以中为体，以西为用，本土文化不能抛。施工设备我觉得还是西方的好用，但我把它的思想拿过来，也是进入本土。"

说起 161 采油平台，亓俊良能够复述每个细节，虽然这个项目一开始不是他负责，只是到中途接手。

"我接管 161 项目时，项目的前期基本完成，开始进行投产试验，从经验来看是正常的。"

"2010 年海上调试过程中，由于海军准备演习，161 的作业区域正好在其中，海军就叫我们把设施拖走。这个时候，调试运行才进行了没几个月。"

"但是拖航的过程中，路程刚走了一半，就发现失火了，主机房电站失火了。"

"然后全体人员投入救火。好在主机隔着热，这样我们把应急机升起来，四条桩腿是拔出来的，不超过地面 2 米。主动力没了，才把火熄灭。"

"现在回想，我们运气还不错，这个事故没有坏到极点，最后把 161 号拖回来了。有人说我们为什么搞这个创新，最后着火了吧？我们这是为了节能减排，主机原来烧柴油，后来改成蒸汽的汽轮机，但是汽轮机对水的要求很高，不是普通水就行的。"

"在实际过程中，设计理念有内循环，要有水，还要淡化，没有电就死循环。

我们就去买水，从陆地送过来，然后再处理，加进去，烧蒸汽驱动。后来加了一台油机，这样本来解决了问题。"

"着火的原因，分析起来是油柜设计的是 4 毫米垫片，结果是 3 毫米垫片，垫片不耐油，这是施工的问题。有个溢油管，再加油就回流了。施工就直接接上，但是这个问题还有一个隐患，就是还有个透气管，也被堵了，3 毫米垫片堵死了，整个油柜一片一片的，胶皮把透气管也堵了，这样就压力大，变样了。把保护盖撑开了，柴油机膨胀，管理的人正好加油出去了，看着标尺加油也没事。"

"幸运的是，人没事。这就是设备建造的本质问题，前人留下的，所以做这个一定要有自己的承包商。当时我们思考没找船厂，如果忙的时候你去找他就来劲。施工的问题，隐患比较大，现在建造有责任的，质量控制不严，主要责任还是工程承包，我们国家所有行业都是这个毛病，次的、假的东西太多了。"

"这个事儿让我很痛苦。着火之前，我都一步一步检查了，都没问题，谁也没想到在材料上出了问题，责任也在我，是我负责的。"

"我们总结了，首先，第一个船体下水拖到船舱，避免问题。第二个我们不能以包代管，比如我们把船体建造给海工，而实际是工艺的问题，那一块没人控制，我们给他了我们也没控制到位，工程采办对风险控制还是不够，而且船体下水拖走让施工去做，不要我们去做。因为当时他们那个装置其他人没有。在码头这都要增加成本，所以就下去做了。但是下水后千万不能再这么做。像西方一些企业，人家船壳也在我们这儿做，做完壳拖走，我们就自己做设备，赚小钱，结果污染全弄回来了。我们可以在胜利油田把壳子做好，拖回来，这样就好了。其次，就是施工方案要评估好。包括机器设备，船舶大型装备。"

张武奎作为当时采油公司第一负责人，进行 161 自升式钻井平台的尝试，让他总感觉心里有个包袱。

"就说我们造 161 这个自升式采油平台。当然首先你要是吃螃蟹，要创新肯定要承担很大风险。其次确确实实管理有问题，因为概念非常好、思路非常好，战略性思考也没问题。在建这个船的过程中质量不太好，有综合性的种种原因。建完就拉到现场去，结果出了好多问题。"

"161 着火，好歹没有人员伤亡。就为了一个创新差点把这个平台葬送了，这事对我影响很大。"

"之后我们就总结经验教训，彻底改造了系统，在建造过程中的安全也彻底改造了。现在不论怎么着,我们的边际油田开起来了,效果非常好。好到什么程度呢,我们这个船的成本快挣回来了。"

虽然采油公司目前已经有了较为稳定的业务基础,但张武奎觉得仍有遗憾。他对自己目标的坚信和坚持,有时到了一种入魔的程度,总是能够沉浸在自己的创新想法里,一定要把它实现不可。

在一次海油发展的会议上,张武奎谈到一些自己的管理哲学。

他说信心和信念决定着产业发展的成败。为此,他可以认准目标不回头,不朝三暮四,要有不达目的绝不收兵的决心;他还要根据内外部环境变化,不断修正、完善产业发展战略;通过各种方式,形成团队的共识,充分调动大家的积极性,永葆团队的工作激情。

张武奎说,组织架构要适应产业发展的需要。随着产业的发展壮大,组织机构要不断调整,才能使产业健康快速发展。就像一个人,不能光长肉不长骨架;不能肥胖,不能清瘦,要达到均衡。创新思维关系到产业发展的质量。

张武奎说他有一个情结,有一直想实现的目标但现在还没完成,那就是把FPSO产业建成一个国际化的业务。

"我们在外面投入的精力不够,研究了解的深度不够,我一开始信心满满地说我一定要走出去,用3~5年时间。但是越出去越感觉我们有差距,我们掌握的信息和投入的精力太少了。"

"这个情结我想能实现,一定要走到国外。"

"尤其现在海外这块还没完全走出去,今年海外还在走。我们在海外走了十年都是各自为政,形不成什么规模。战略规划上、总部引领上,还有支持平台上都非常欠缺。他们说为什么走出去啊?在国内挣1元钱很容易,但在国外挣1分钱都很难。"

"我说真正走出去才算一个专业化公司、国际化公司。不走出去不行,得去磨炼,现在是一个非常好的时期,海油发展在仕途非常好的上升阶段,这个时候要考虑战略性的,企业才能长期可持续发展。我搞的产业基本上都是长期的战略性的,不是干了今天明天就不知道干什么了,都是三五年长期的战略性的。"

魄力、定力、毅力

好的企业家风格不同，背景各异，但都能在自己的角度上，帮助企业登上一个新的台阶。在此过程中，领导的魄力、思考的定力和推动的毅力，显得格外突出。

从 2007 年开始，中海油调任王家祥到下属的气电集团担任总经理，发展 LNG 事业。孟黎明接替他成为基地集团重组后的第二任总经理。

孟黎明长期在中海油与日本石油公司合作的油田担任领导职务，也许由于这个原因，使他对管理系统的精通到达了一个相当的高度。"孟总是一个运用管理体系的高手。"很多人都这样评价。

往高站一点，就会看得远一点

2007~2009 年，孟黎明继续推动基地集团向既定的战略目标前进。他有一种系统的管理思维，是一种系统性特点突出的领导类型。

这一点，从他上任后组织基地集团进行战略布局所采用的讲话逻辑上看得十分清楚。他也是按照这样的思路，对基地集团进行梳理和提升的。

他说："往高站一点，就会看得远一点。"

在孟黎明的眼中，首先要解决的问题是："基地集团干什么活？走什么路？"为了实现成为一个综合型能源技术服务公司的目标，基地集团要研究目前增长的驱动力在哪里。

就此，他看到基地系统内部市场增长驱动性还很强，内部市场虽稳步增长，但特别容易让我们产生依赖性。同时，近几年收入增长平缓，与一些上市公司和民营公司相比，基地集团的收入增长需要更大的刺激性。

基地集团虽然一直提出外部市场增长驱动，有"走出去"的战略意识，但迟迟没有实质性表现，从重组时就提出内部和外部市场"六四开"的市场格局没有形成，对外部市场缺乏全方位的认识。

从投资来看，到这个时期仍以上游项目为主，项目以内部服务为主，单一化倾向和轻服务倾向明显，技术服务公司的技术竞争优势一直不明显，技术不能引领市场，服务不能引领消费，商业模式的建立处于被动地位。

孟黎明看到了基地集团在这个时期的可持续发展能力不足，他希望通过自己的管理决策来优化和改变这样的事实。

在既有的发展路径和模式基础上，如何让基地集团提高竞争力？孟黎明采用了两种方法。

首先，从战略层面，和基地集团的各个层次一起，冷静下来，认真地思考发展方向和道路。

他的观点是，我们正处在一个快速变化时代，环境变化越快，越要了解环境、适应环境，才能应对风险、把握机遇，但是难度很大，有难度更要加强研究和分析，做到"知己知彼，百战不殆"。所以，要特别关注环境变化，关注市场和竞争对手，他们是我们的老师。

了解环境以后，就要选择好通往理想的道路，对公司来说，关键是选择好要从事的产业和业务，确定产业和业务结构。

孟黎明要求，要"理清发展思路，研究主攻方向"和"有所为有所不为"。各单位为此做了大量工作，产业更加集中，核心产业更加具有竞争力。

他说："我们要善于学习和研究行业/企业生存和发展的问题，要掌握从事行业的发展规律，清楚我们适合不适合从事这个行业。这既是一项关键工作，也是我们要具备的一项关键能力。"

孟黎明看到基地系统产业虽多，但是仍显得重点不够突出，难以聚焦。所以，他首先提出要将基地集团的产业进行聚合分类，总体成为四大业务板块，并且要对每个业务板块进行整体战略方向和模式的规划。

比如，对于运维技术服务板块，他用瘦身、长高、大步走，作为战略举措的概括（见图4-4）：

其次，孟黎明希望通过管理体系的建设，更加彻底地将基地集团提升到一个具有国际水准的公司层面。

所以，他尤其重视推行管理系统的建立和升级。他的指导思想是"不紊乱、敏捷、有效率、内控到位，免疫力强"。2007~2010年，基地集团一方面为上市改组成股份公司而进行规范化的努力，另一方面大力在全系统推进全面预算管理体系、ERP系统和风险管理体系建设。这些管理系统，为推动基地集团的发展，产生了重要的作用。

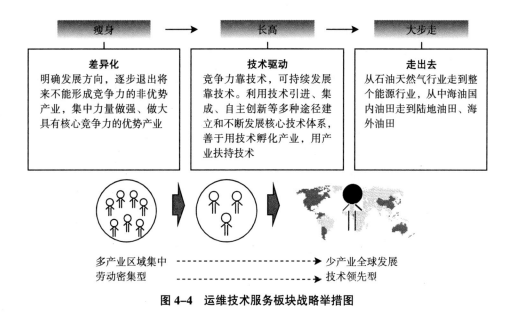

图 4-4　运维技术服务板块战略举措图

孟黎明将自己近年来在企业经营管理方面的思想编成了一个集子，叫《企业管理：实践与论述》。在该书中，他对当时在基地集团的管理建设，做了一些总结。

他谈道："正确理解、处理管理和发展的关系，树立以管理促进发展的意识。"

"管理和发展是对立的，它们的关系不是一对矛盾。我从来都在讲，管理要前移，我们要共同推动基地集团精细化管理的进程。我们的发展要有速度，更要有质量。"

求进、勇退、善转

从客观的角度审视，孟黎明在基地集团任职的三年，这个企业的成长从外部的扩张，逐渐转移到用管理体系的强化锻炼组织能力，寻求更持续的发展能力。

2010 年，孟黎明调任中海油其他公司，海油发展迎来了第三位总经理——李凡荣。

李凡荣是一位国际化的领导干部，他长期与国际公司开展合作，具有极强的国际视野，目前，已经成为中海油有限公司的总裁。

作为一个战略意识突出的领导人，李凡荣虽然在海油发展任职时间不长，但是却努力推动这家公司实现产业的升级。他认为，海油发展的基本出路是找到合适的产业结构，并按此打造。

所以，他的产业结构目标是："进、退、转。"

在中海油的一次会议上，他系统地阐述了自己的观点：

"海油发展的调整目标就是三条：

求进，在新的空间里打造新的链条；

勇退，做好减法更是一份责任；

善转，突破僵局，柳暗花明又一村。"

"那么，什么样的产业，才符合海油发展产业选择的标准？就是说我们怎么进？肯定是有所选择。

（1）顺应经济、行业、技术发展的趋势发展朝阳产业；

（2）顺应市场规律，既有内部市场基础，又能"走出去"；

（3）符合总公司产业协同需要，为集团贡献增值价值；

（4）符合海油发展自身发展方向，有资源和能力条件；

（5）处于行业领先地位、有较高回报、能可持续发展。"

李凡荣说，退是产业链的新陈代谢和吐旧纳新。退是产业结构调整的关键环节，面临困难和障碍，需要主动的态度和勇气。

对于产业退出的标准，海油发展选择那些不符合发展方向的产业；缺乏协同效应的产业；资源限制、不能形成竞争力的产业；门槛低、附加值低，效益不好的产业；低端劳动力密集的产业；企业办社会职能的产业。因为这些产业不是我们竞争力的所在。

退出是一个复杂过程，需要塑造好接续的新产业，使员工向新产业转移。

什么是转？

李凡荣说："在发展过程中，海油发展的一些产业和体制机制遇到了瓶颈，如何激发各种资源的活力，释放资源的价值，消除体制机制的阻碍，必须在实施产业结构调整的同时，转变发展方式。"

"产业结构上，从以'服务'产业为主，转型为'技术+产品+服务'的产业结构。从市场结构上，从以上游市场、内部市场为主，转型为'上游+中下游'、'内部+外部'并举的市场格局。发展模式上，从劳动密集型服务转型为技术密集型服务。从外延式发展转型为内涵式发展。管理方式上，从'粗放型'管理模式转型为'集约型、精细化'管理模式。"

"作为企业的管理者要着眼于塑造公司，而不是单纯地发展产业。"这句话是李凡荣对自己海油发展工作定位的总结。

海油发展的成长，一直受到包括中海油最高管理者的直接关注。傅成玉引导了这家存续企业的重组和发展，在他调入中国石化担任董事长后，王宜林成为中海油的董事长，杨华成为总经理。

他们曾多次给予海油发展这家公司明确的要求，希望海油发展可以更加突出自己的核心优势，明确产业纵深，为了新的 10 年更好发展，在中海油二次跨越中占有自己"一流能源技术服务公司"的一席之地。

第五章
突破成长"天花板"(2011年至今)

2005 ~2010年的海油基地集团(2008年更名为海油发展),经历了这家公司最顺利的时期。按2005年专业线重组模式组建的组织,焕发出10家专业公司管理层的热情,集团对于产业发展的支持,也使各家公司动力十足。

这样的发展,使海油基地系统获得了规模和实力的快速跃升。到2010年末,海油发展已经成为一家收入超过200亿元,利润水平接近20亿元的大型企业。

比较1999年油公司上市分离的后基地系统,再比较2004年刚刚完成重组的基地系统,10年后的海油发展,已经站在一个完全不同的平台上。

这时的霍健,已经接任升为中海油总公司副总经理的李凡荣,成为海油发展的第四任总经理。

霍健对于公司取得成绩的反应,十分平静,准确地说,有些出乎我的预料,"公司的规模是有了发展,但离一个高质量的企业,我们还有挺大的距离。"

从他有些复杂的目光和表情,我知道这不是故作谦虚。

有一天,我到已经升任海油发展副总经理的石成刚办公室做简短拜访,侧眼一看,桌子上摆着一本书,叫《向复杂性成本宣战》,是翻译自一个国外作者的新书。我对这个提法感到很新鲜,就礼貌地问石成刚:

"石总在研究管理?"

他笑了笑，说："我哪有时间搞研究。这是霍总最近推荐给所有班子成员的书。"

从卫留成时代开始，向员工推荐好书就成为中海油各级领导人思考和帮助企业学习的一种惯例。"这次给大家看这本，霍总是有些考虑吧？"

"不清楚，也许他是看到了一些问题，也许是在做些思考。"

复杂性难题

从 2004 年重组海油基地集团开始，石成刚一直负责计划部的工作，对这家公司的战略、计划、投资和管理工作是最熟悉的。他说霍总建议在 2011 年下半年召开一次海油发展的管理工作会，希望在此之前就海油发展的管理现状进行深入的调研，需要我们参加。我猜霍健是需要一个独立的视角，让我们从一个外部客观的角度，帮助他一起重新认识这个自己亲身参与组建的组织。

2010 年以后，世界的经济格局和状况好像发生了更令人担忧的变化，金融危机的冲击对欧洲经济的影响，就像地震的余波，一波一波影响着相关国家，中国经济的动力，好像也不如过去几年那么强劲。这种形势，对于中海油的影响，一方面是几年来不断上涨的石油价格开始停滞不前，另一方面是过去多年所进行的一些扩张性投资，产生效益的程度和周期都比预期下降。

因而，作为一个理智的行动，中海油开始将控制石油生产成本作为一项突出的任务，因为这样才能保证公司正常的盈利水平。

海油发展的主要业务线条，很多都是直接为海上生产作业提供服务，这些年的产业投资和发展，大多也都围绕主业进行。因而，在主业压缩成本的工作中，海油发展的各个分公司，都感到了巨大的压力。合同的价格、服务的效率、综合的成本，油公司都提出更为市场化的要求。

也有一些中层管理干部在一些非正式的场合，半开玩笑地说："现在海油发展这些与油公司作业关系如此紧密的业务，与其搞成'甲乙方'，是不是不如直接合并进油公司更好？"

压力不只来自外部。

经历了五年的快速增长，海油发展各条专业线都从专一的业务领域向其他相关业务渗透，从自己的固有区域向新区域开拓。所以，时不时就会有专业公司的领导在一些场合抱怨："那个业务是我们先做的，现在我们内部又在自己相互争，这算什么？"

市场的拓展，也遇到了客户的质疑。有一位"甲方"项目经理，说他一天之内接待了两三批海油发展不同分公司，乃至同一分公司不同小团队的市场人员，都说"只要你有要求，我们都能干！"这位项目经理挺疑惑："海油发展难道没有一个内部的协调机制？他们这样过来争，我能信任谁呢？"

海油发展的总部机关，也越来越成为各个分公司经理们投诉的重点对象。很多人说："以前刚刚成立基地集团时，机关只有不到 50 人，很少的部门，我们觉得办事挺顺利的。现在的机关，已经增加到 100 人了，翻了一番，但是我们的感觉是给我们分配的工作更多，管得更死，我们只能增加自己的机关人员来应付这些报告、报表，大家天天在忙活这些事。"

所有的内外部压力，都会在财务绩效中最终表现出来。2011 年和 2012 年的海油发展，由于成本的上升和收入增幅放缓，净资产利润率水平首次出现下降。这不是一个大家期待看到的结果。

我们能够理解，在这个时候，霍健需要我们一起对海油发展的肌体进行一次系统的排查，就是希望了解这个组织可能出现的"复杂性成本。"

组织悖论

"海油发展到底是一家什么样的企业？"

这个问题我本来以为很简单，但是随着调研的不断深入，我却越来越看不清楚。从纵向深度来说，海油发展每家分公司都有自己的若干家二级单位，每家二级单位也都有自己的若干家三级单位。从横向宽度来说，海油发展此时一共有13 家专业分公司，每家专业分公司都有若干二级专业线，每个二级专业线都有自己的三级单元。

在统计完成这些组织的数量后，我们完成了一张组织结构图，来形象地展示海油发展的组织状态。如图 5-1 所示。

确实是一个极其复杂的组织！

当我把这个图展现给海油发展的相关领导层时，很多人都不能相信："这就是海油发展？"

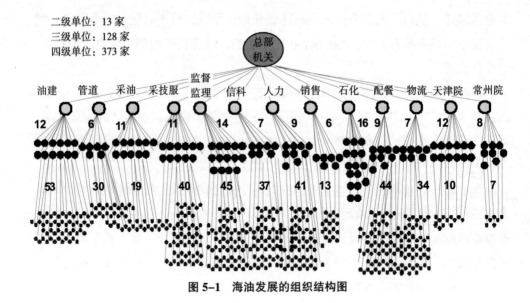

二级单位：13 家
三级单位：128 家
四级单位：373 家

图 5-1 海油发展的组织结构图

"是的，都是按照详细统计汇总出来的数据。我还没有将 373 家四级单位画全，现在只是一部分示意。如果画全了，会显得更加复杂。"

这个时期的海油发展，小机关、大企业的组织模式有没有得到实现？从机关管理的角度，总部机构，一直从管理上将自己视为要放权的小机关；各家二级公司机关，也将自己定义为进一步放权的小机关。除了石化分公司集中经营，其他业务公司的经营都再次细分，向下授权形成更小的经营单位。

海油发展的收入，就是由这样的几百家经营中心共同构成的。

因而，我们得出结论，这样的海油发展，已经偏离了"小机关、大企业"的目标，变成了"1 个小机关＋13 个小机关＋几百家小企业"的组织。

如果再用一个成长变化的视角，来观察这家公司的组织，就更容易理解海油发展的组织是如何从当初的设计变成现在的状态。

如图 5-2 所示，从 2005 年基地集团刚刚设立，到 2012 年的七年间，随着业务的扩张，一不留意，海油发展的各个层次组织都在变胖。打一个比方，有些像从一个"小喇叭"向一个"大喇叭"变化。

这样的组织变化带来的影响是：

"竖井"式的业务增长。从一开始，基地集团的业务重组，就是按照专业化分工模式在进行。这样，就形成了海油发展的"13 条线"，各个专业分公司，又照此细化，在下面形成更细的总计约 100 条"小线"（见图 5-3）。每个业务都在自我独立地运行。在这样一个业务资源有限的组织内部，切分得越细，可能给每条线留下的成长空间和资源越小。这就难怪一些"甲方"管理人员看到海油发展不同的团队来相互争活了。

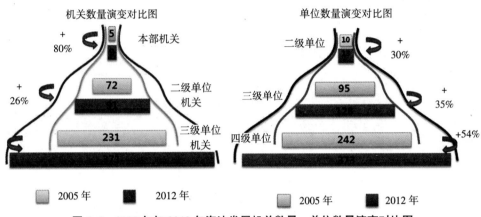

图 5-2　2005 年与 2012 年海油发展机关数量、单位数量演变对比图

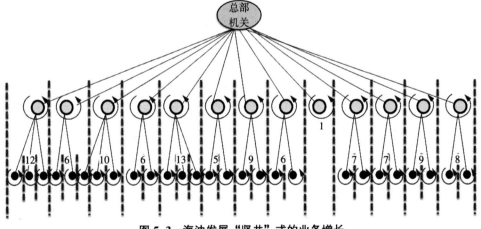

图 5-3　海油发展"竖井"式的业务增长

这样的业务发展模式，初期会推动事业的成长积极性，可是发展越久，不同业务和子业务自身成长空间就越有限，相互更加缺少配合和协调。好像每家公司都不断地在自己周边和内部竖立围墙，把每个业务都切分在不同的"竖井"中。同时，不同的分公司都在发展相关联业务，在各家相衔接的部分，由于大家向宽扩张的动力都很足，所以，一不留神，就产生了一些重复交叉的业务。

资源浪费和资源短缺并存。我们用一个简单的"连通器"原理向海油发展管理层解释这样的现象。在"竖井"模式下，企业内的人、业务、市场等资源，都被分割在不同的"小线"上，难以相互流动。所以，在某些"小线"上一些无法利用的资源，是不能够共享到那些需要资源的单位。这样，既有资源的重复，更有很多业务处于资源短缺。

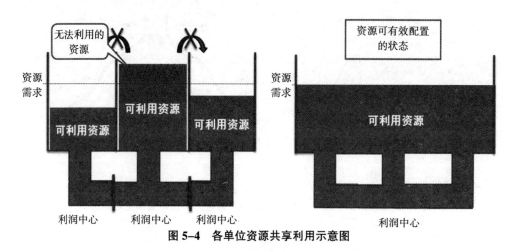

图 5-4 各单位资源共享利用示意图

如图 5-4 所示，各单位之间的资源相互割裂，资源配置的"连通器"无法实现。

在我们分析海油发展存在组织问题时，吕寻真的观点给了我们很大的启发。他说："我们现在都说要专业化。可有时忽略了一个前提，那就是所从事的这个专业，必须有足够的发展空间，有足够的宽度，它才有可能成为我们期待的支柱产业。"

"如果不是这样，而是不断在内部把一个专业切得很碎，那大家都发展不起来，我看这就不是专业化。"

一个在海油发展成长历史上，起到重要作用的组织模式，会成为它继续成长的陷阱吗？这种海油发展坚持的模式不再适应组织的新要求，还是我们在应用过程中一不小心搞错了？

这确实是一个组织的悖论。

霍健就此疑问，和我们沟通了好几次。他反复问："如果我们长期坚持的'专业发展、充分授权'的方式有问题，为什么过去产生了很好的激励效果？现在，它为什么又不适用了？"

2012 年 11 月，海油发展管理会议在塘沽静悄悄地进行。在最终听完我们关于组织问题的分析后，霍健用"坚持与改变"的发言，回答了他对这个问题思考的答案。

他说："客观地看，我们的管理这些年毫无疑问是不断进步的，同时我们也不要简单地把管理的问题和发展的'瓶颈'对等起来。'瓶颈'的出现，有很多种原因，管理可能只是其中的一方面。静态地看，管理是在不断地进步。我们抓管理，就是要把漏洞不断地抓小，把突出的方面抓得更好，不断夯实基础。"

"但是，我们还要看到另外一点，就是在有些方面，我们又慢慢积累了很多新问题，如果按照原来的思维，不断地加强、不断地巩固，可能就会把这些问题也给巩固了。这个组织取得了很多成绩，是由于我们多年来养成的一些好习惯促成的，同时也存在着一些问题，肯定是我们也在不知不觉地养成了一些坏习惯。"

"在这里，我举几个例子。"

"例如，我们特别强调授权。授权是一个很好的习惯，但是随着授权越来越多，我们形成了一个路径依赖，我们特别依赖让最基层的单元去创造价值、去配置资源，而忽略了在更高层面、更有效地配置资源的选择。就像放羊似的，定期剪剪羊毛，收收租子就完了，下面也很舒服，上面也很舒服。这是一种习惯，这种习惯在创业初期好，但当一个企业发展到一定阶段时，就不见得是最好的选择。"

"我再说一种习惯。有的同志发言中也提到，我们越来越喜欢'建庙'、'建围墙'。有的时候一个软组织能解决的问题，我们总是本能地搭个庙，'弥勒'、'韦陀'俱全，什么都有，有的时候本可以加个篱笆就可以了，我们还得弄堵墙；本可以画条线就可以了，我们非得弄个篱笆；本来连线都不用画，但我们非要画个双黄线。"

"我们总是人为地做了很多刚性的分割，让资源流动的效率很低，配置成本极高。哪怕是小门小脸，哪怕是科研单位，也要有个机关吧，也要有个车吧，也要有个班子吧。好像我们不太在意这种组织成本。如果我们深层次分析，其实这还不是完全的组织成本，组织成本还有一大块，就是它给整个组织带来的效率降低，现在我们没有评估这个东西。我们只是看到了静态的东西，其实背后的东西更可怕。"

"又如，我们总讲风险防范，总公司也整天讲，我们所有的机关部门，管理工作都在做加法，不断地向上加，不断地出台制度，这么做的动机是什么呢？为自己免责。但是，由此带来的组织效率的降低，成本的增加，又不由这个部门直接承担，这种不对称就使我们的管理越来越复杂。而且我们还总在强调，在加强管理，其实，我们同时也在降低效率。这也是一种习惯。"

长流程，宽流程？

不知什么原因，这几年对于海油发展总部机构的抱怨在逐渐增加。我们的顾问小组经常和机关的部门一起工作。就我们的观察，每个机关的成员，都在忙忙碌碌地工作，没有看到官僚气息，更没有松懈怠慢。在海油发展长期提倡的机关服务精神影响下，大家每天都在积极地为下属单位处理业务。当在一些会议上，听到二级公司反映的机关效率问题、价值问题，很多人感到不解，也感到委屈。

为什么一个认认真真做事的机关，会引起这些也认认真真做事的下属公司的意见呢？一定是在工作方法、工作态度之后，还存在必须解决的系统性问题。

在我们的调研中，一家公司半开玩笑地举了个模拟例子。比如海油总公司下发了一个文件，叫《总公司关于××事项的通知》，海油发展就要再做一个文件，叫《海油发展关于转发〈总公司关于××事项的通知〉的通知》，所有二级公司收到文件后，由于还必须让三级公司去执行，所以必须要再做一个文件，叫《××单位关于转发〈海油发展关于转发《总公司关于××事项的通知》的通知〉的通知》。

虽然是模拟一种特殊的管理状况，但这个过程中各层机关不得不完成的上传下达、分解汇总工作过程却形象突出。当然，我们都看得到，这个过程是没有任何增值的。

大家感受到的海油发展管理效率和管理价值问题，是什么原因导致的？

用一句话来总结，"一是流程过长了，二是流程过宽了"。

如图 5-5 所示，简单来说，海油发展从一个从事经营的三级单位，发起一个事项，向上进行的审批环节，最多只会经过二级公司、海油发展和海油总公司三层。从一个大型集团公司的管理情况比较，这是一个并不算长的审批环节。

但是，如果我们把流程的宽度考虑进来，就能够明白，为什么机关工作得很辛苦，但大家感觉又没什么价值。

例如，某个海油总公司的指令，在海油发展总部机关，必须将其并行细分为

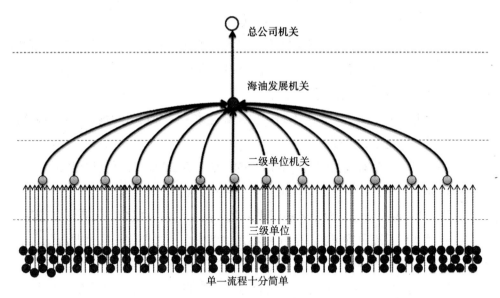

总公司机关

海油发展机关

二级单位机关

三级单位

单一流程十分简单

1 个流程 ⟹ 13 个流程 ⟹ 128 个流程

图 5-5　海油发展流程管理示意图

13 个指令，分别下达给 13 家分公司。每家分公司机关，再如法炮制，将接受的指令分解下发给三级单位，按照海油发展的组织模式，13 家分公司会再向下并行分解 128 个指令。各家三级单位完成工作后，再按照如上方式，一层一层反馈和汇总。一个完整的工作流程，其重复性工作量就从 1 扩张到 13，再从 13 扩张到 128，然后再从 128 汇总为 1。

已经很明显了，是"喇叭形"的组织单元结构和过宽的组织数量，使得海油发展的机关工作量，集中堆积在这些上传下达、分解汇总的非创造价值管理区域。

看来，流程过长会降低效率，所以我们都要简化流程；同样，流程过宽也会降低效率，同时增加工作负荷，因而我们更要进行控制。

"七年之痒"

创业难！再创业更难！

激情在消退，惰性在滋长；

敏锐在消退，保守在滋长；

开放在消退，规矩在滋长；

竞争在消退，攀比在滋长。

这是我们对企业组织可持续难题的理解。

一家家成功的企业，没有倒在他们创业的过程里，却由于快速的成功，很快消失在竞争的洪流中。2012年，几家曾经的世界知名公司，诺基亚、柯达都在成为最成功的企业后，"结束了生命"。

所以，把一家企业从小带大不易，但是让这家公司保持行业地位，又可以持续生存，是一个更难的挑战。

海油发展一直都有成为"百年老店"的夙愿。在2005年组建基地集团伊始，王家祥作为总经理，就为这家公司描绘了"百年老店"的目标。

他说："从表面上看，百年老店似乎只是时间上的持续概念，但是仔细想想，一家企业靠某种手段只领风骚三五年并不是件难事，不过要使一家企业做到百年不衰，即使经受了各种危机的考验，也依然生机勃勃，显示出强劲的生命力。"

"这种百年老店式的企业肯定不是企业管理中的某一个要素决定的，而是由远大目标、核心理念、管理机制、品牌意识和人力资源等众多管理要素共同发挥作用的结果。这些管理要素就是百年老店的特质。"

"远大目标：要想百年不衰、基业长青，一定是志向高远。目标激励挑战，激发竞争，是技术创新、管理创新的原动力。有了远大目标，企业才能理清发展思路，明确发展方向，激发员工士气，有了远大目标，企业才能战胜自我、不断完善、持续改进。"

"核心理念：是企业员工所培养的共同规范、共同信仰和共同追求。是企业文化的重要组成部分，有着强大的心理激发力、精神感召力。研发一个新产品可能会领先6个月，创新一个作业流程可能会领先18个月，而塑造出优秀的核心理念的企业，就会长久地保持领先。"

"管理机制：高效的管理机制能够规范企业每一个运营流程的细节，把公司的制度、流程规范化，用于指引、培训、激励员工，以'法治'代替'人治'。有效的管理机制能够强化团队意识，促进沟通、交流和互相帮助，激励员工不断创新和向上的精神。"

"品牌意识：强烈的品牌意识能够激励企业创造一流的业绩。"

"人力资源：只有优秀的、数量足够的干部和职工，才能够创立和传承百年老店的优秀特质。"

2012年，海油发展重组成立只有七年多，距离"百年老店"的目标还有98

年。但是现任总经理霍健当时就预见到一些令他忧虑的现象：

"海油发展是中海油改革的产物，而且是中海油最近这些年动静最大的一次组织改革的成果。从那以后，大的改革还真不多见了，海油发展这些年的发展，可以说就是 2004 年中海油那轮改革的'红利'。可是这么多年，在我们内部，改革的意识在淡漠，这又是一种习惯。"

邵刚作为办公室主任，也形象地观察到这几年公司的一些变化，"当时创业的激情在衰退，懒惰在滋长。当年的艰苦朴素在衰退，讲究吃穿讲究排场在滋长，这点到了关键问题"。

"这个现象是非常突出的。为什么？就说公司发展到这个阶段以后，我们也是经常聊天，我的办公室成了一个小聚会室，经常有不同层次的人来找我聊天。有时候领导不在下面来人就在我这屋待着，然后就聊天。我也愿意跟他们聊，就跟他们打听一些事啊，问问他们的感觉啊，问问他们现在的现状啊，感觉上有什么问题啊，有什么想法，后来聊来聊去，等于我这儿成了信息最全的一个地儿，能捕捉到很多信息，包括领导的做派上。"

"这些人从一开始穿一般的衣服，到现在穿阿迪达斯的运动服，再过两天又换了，好家伙。"

"服装上档次了，看得到。鞋也能看出来，我对这些很敏感。鞋原先是带着土，带着泥来的，现在一看，锃光瓦亮的，那是不一样的。就是说出现穿着打扮的变化，言语的变化。接人待事上，讲究排场啊，讲究档次啊，干事上挑肥拣瘦啦。"

"很多现象就在这个时期出现了，而且很明显。这个出现也不能说怪罪于哪一个人或哪一拨人，这是企业发展之后必然的。但是大部分还是经得住了，也有经不住的，是吧？很多时候你不能说完全怪罪于这几个人或者一些人，或者这个团体、那个团队。整体是没问题的，但是冷静看就会发现这些问题，这就是苗头。"

"而这些苗头，一旦滋生、一旦传染了以后，很快就传下去了。"

"什么意思呢？八家单位都在渤海，低头不见抬头见，隔墙就是一家公司。有的甚至两家公司在一个院里，对吧？你整天干什么，我整天干什么，咱们开窗都能说话。"

"坐车，今天桑塔纳，过两天就是丰田、皇冠。再过两天，奥迪了。吃饭也是，东沽小渔村、塘沽包子馆、开发区大饭店。这一点点，一点点的，就是衍变。"

一个组织，就像一个家庭，从青春热恋，到初入洞房，到新婚感受，再到"七年之痒"，都是人类个体和组织的必然过程。夫妻如此，一家初创的企业也是如此，海油发展的创业激情，正由于时间的流淌，在不知不觉中消退。

2012年，正好处在这家公司"七年之痒"的关键点。

内创业

海油发展面临的成长选择，并不是在我们对这家公司的组织模式进行深入分析后才进行的。在某种程度上，霍健是希望通过这样的方式，进一步丰富他对海油发展未来的思考。

成长第三级

提出"内创业"的概念，是霍健认为海油发展已经到了另一个十字路口。他这样总结这家公司的成长历程：

"基地系统发展至今，大体经历了三个阶段：第一个阶段是早期创业阶段，公司主要以外延发展为主，管理也相对粗放，存在重挣钱揽活、轻产业塑造等问题，但这一阶段形成了维系发展的产业基础以及宝贵的创业精神，这是任何一家企业不可跨越的发展阶段。"

"第二个阶段是规范管理阶段，这个阶段我们希望按照现代企业管理的要求加强企业制度建设，加强产业分类指导，确保企业规范运作，并保持产业之间均衡发展。"

"第三个阶段是产业转型升级阶段，属于公司目前所处阶段。提出'内创业'，就是对我们一直要求的'五个转变'、'进退转'的深化和提升，在这一阶段，我们要通过发展方式的转变、发展质量的提高，实现转型升级，为以后更长远发展奠定基础。"

在海油发展2012年初的年度工作会议上，经过与领导班子讨论，霍健正式提出了，"今后工作的重心是要推动企业进行'内创业'"。

"当前，随着公司改革发展的深入，一些影响和制约企业发展深层次的问题开始出现，我们必须通过'内创业'解决好这些问题。"

"第一，产业体系塑造与'二次跨越'的要求还有差距。这些年，我们一直坚持推进产业的'进退转'，也取得了成效，但与总公司'二次跨越'要求依然存在差距。比如产业的结构性问题没有得到很好的解决，产业依附性依然非常强；技术引领产业发展的能力偏弱，依靠投资拉动经济增长的趋势依然没有改变；在一些局部，与一些兄弟单位存在界面不清的问题，下决心推动'内创业'，才能从根本上解决产业体系问题。"

"第二，产业增长遇到发展'瓶颈'，发展动力不足。由于改革重组、改革效应的释放及内部市场的扩张，'十一五'初期几年各产业均保持了一个高速发展，但到了'十一五'后期和'十二五'初期，各产业的经济效益增长放缓，开始进入一个平台期。而在整体盈利空间缩小的情况下，刚性成本却正在逐步上升。按照'十二五'规划要求，必须要继续保持一个较好的增长趋势，当前面临的发展'瓶颈'如不能通过内涵式发展获得突破，对公司实现'十二五'发展目标是一个严峻的挑战。"

"第三，部分管理团队推动企业转型升级能力不足。我们的各个管理团队非常努力，非常敬业，但是有些团队出现了推动企业转型升级能力不足的问题，这些团队可能揽活、挣钱、带队伍是把好手，但是推动企业核心竞争力建设的能力偏弱，进行商业模式和管理创新的能力偏弱，在行业大空间中运筹发展的能力偏弱，过于关注自己今年与去年比是不是强了、是不是增长了，过于关注系统内部单位之间的横向比较，很少关注行业之中的深层发展规律和重要变化，行业之窗、产业之窗始终没有打开。'内创业'应该包括思维模式的创新、思想'瓶颈'的突破。"

"第四，基础管理水平依然薄弱。安全环保形势越来越严峻，各项安全生产的基础性保障工作需要强化；基础管理的规范化与简单化未能实现平衡，管理幅度过大，管理链条过长，影响管理效能的发挥；队伍建设、科技研发、资源配置对产业的支持保障作用发挥不够，这都需要我们通过内部不断的体制机制优化和创新来夯实基础管理能力。"

"内创业"这个词，并不是海油发展的新发明。之前的一些公司，都在用类似的观念提出一些管理的思路，不过，他们的"内创业"，都是指如何利用一种机制来刺激组织员工的内部活力,进而产生更高的生产力。

海油发展的"内创业",显然和这些传统的解释完全不同。霍健需要的,是从他所说的海油发展新转型升级阶段,推动这家公司切换到一种新的发展模式上。

按照海油发展文件的解释,"内创业"是相对于外延型创业而言的,突出质量、突出内涵、突出内生性增长能力建设、突出可持续发展能力建设、突出产业体系的塑造。

"内创业"要求企业发展不是简单依靠投资、外部市场的自然扩张来推动,而是通过技术进步、管理进步、商业模式的优化及人力资源潜能的发挥来推动。

霍健把"创业"和"内"两个词排列在一起,用意的重点就非常清楚。

他说:"'内创业'不是要否定外延式增长,而是希望通过内涵式增长提升发展能力,推动外延更有质量的增长。单纯依靠外延式增长,必然会弱化竞争能力,遭遇市场门槛,碰到市场边界,出现发展'瓶颈'。"

"比如说一些产业迟迟转不了型、一些产业迟迟走不出去、一些产业盈利空间在缩小,这些都是内生能力不足引起的问题,就像一个人,如果缺钙,长得再高大,也不堪一击。"

"内涵式增长就是补钙,让'人'跑得更快、跳得更高、力量更强大。"

"'内创业'要更加注重提升各种生产经营资源的素质,包括人、财、物、技术等资源;更加注重优化资源的配置,使各种结构持续得到优化,包括业务结构、市场结构、投资结构、资产结构、组织结构、队伍结构等;更加注重用技术进步和管理创新两个手段,推动产业升级,扩大盈利空间,提高质量和效益。"

"'内创业'本质还是创业,还是谋求发展,没有发展就没有'有效发展',就没有'集约发展',但是'内创业'相对于外延式创业更复杂,更有挑战性,这需要智慧和勇气,需要创造力。"

从塑形到塑魂

霍健认为海油发展的转型升级,必须有两个推手:一个是有效反思和打造现有的产业,另一个就是推动各家公司优化组织和管理。

从2013年开始,海油发展上上下下都在为一件事忙碌,叫作"产业深度塑造"。公司要求各家单位必须领导亲自负责,在总部的统一节奏安排下,完成对本公司产业未来的思考,并且由全体海油发展领导层听取方案,直至通过。

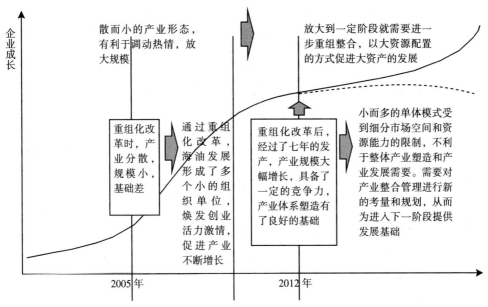

图 5-6　海油发展不同阶段组织及业务管理模式图

刚开始，一些公司还没明白这次的产业塑造和之前每年进行的战略规划有何区别。在初步方案被打回重做后，大家逐渐开始理解，这次的产业深度塑造，就是希望每家公司都能结合发展升级的要求，重新审视产业的状态，并且制定出在三年内完成新目标的具体计划。

我们举两个例子。

海油发展人力资源服务公司，在鞠成科的领导下，2012 年，已经不再像一家传统的人力服务公司，而更像一家安全技术服务公司，为此，他们成立了一家国家级的安全环保研究院，他们的目标，已经不仅局限于为上游石油生产提供一些安全技术服务，他们希望自己能够成为中国一流的安全技术服务企业。

这是一个梦想，目前还只是个开始。作为这家公司新的专业负责人，新任人力资源公司副总经理的刘怀增，显得很有激情。

刘怀增的激情好像是与生俱来的，每当谈论起心目中的安全技术服务产业，明显能感到他的声音提高了一个八度，眼睛里充满光亮。

在给海油发展领导层汇报产业深度塑造的方案时，他把这样的梦想直接写到了 PPT 的封面上。

"志存高远，丑小鸭也要追梦碧空，脚踏实地，白天鹅就应翱翔蓝天。"

鞠成科对安全技术服务行业的追求已经快 10 年了，作为这家公司的负责人，他的信心，不是简单用时间投入能够计算的。他看到了这个产业发展的空间，但是也只能从本公司内部的资源来规划未来。

他们在产业深度塑造的会议上，就目前开展的安全技术服务，提出了一个崭新的目标："要成为世界一流的企业！"

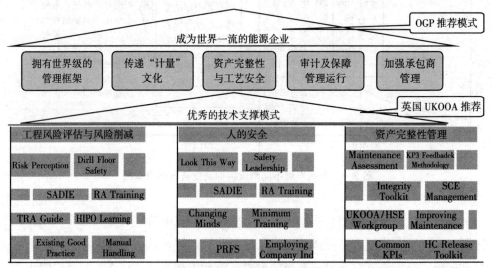

图 5-7　安全技术服务业务目标模式图

听完这个报告，包括霍健在内的海油发展领导层都受到触动，一方面是人力资源服务公司所发生的重大变化，另一方面是未来要塑造的新产业的空间。

但是这样的塑造就能达到"深度"的目标吗？霍健认为应该要有更大的作为。

健康、安全、环保，是国际上流行的相关性很高的业务，对标很多国际企业，他们都是同时开展这些业务，为客户提供一体化的服务。目前，人力资源服务公司只是开展安全技术领域的服务，而环保服务业务，还分散在海油发展的其他分公司。

"我们需要通过整体的业务重新组合，推动安全技术服务产业升级。"

在这样的指导思想下，海油发展制定了一个"大安全环保产业"整合计划，以人力资源服务公司为载体，将相关安全、环保服务产业全部聚合起来。

从 2014 年开始，鞠成科就开始进入一个更加繁忙的阶段，产业规模的扩大让他不得不在北京和塘沽两地反复奔波，不过，他看起来比较兴奋。这个产业，已经又有了新的高度：

打造能源行业全生命周期 QHSE 一体化服务产业链，构筑总公司"二次跨越"的 QHSE 技术支撑与资源保障平台，快速成为具有较强国际竞争力的专业服务机构，致力于为国内外能源企业提供客户化的 QHSE 综合解决方案。

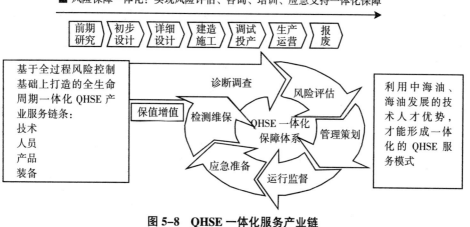

图 5-8　QHSE 一体化服务产业链

"棒棒军"的未来

海油发展下属的油田建设公司，一些内部管理人员常把自己戏称为"棒棒军"，这是四川人对那些只有一根扁担，在街头替人挑活的职业人群的称呼。

这个名字据说来源于基地集团第一任书记，原西部公司总经理刘家南。他是四川人，看到刚刚重组成立的油田建设产业，顺便就发出这样的感叹。

海上石油生产设施，比如钻井平台、生产设备的建造，需要几个最基本的条件：一是专用的设备、船舶和技术能力；二是做大项目的资金；三是严格的分专业资质。海洋石油的海上装备设计、建造和安装，从 20 世纪 90 年代中期开始就采用专业化的管理模式，直到 2002 年，重组成海油工程股份公司，并且成功上市。

专业化分工和重组后，海上石油的主要设施生产能力，都从基地体系里独立出来，剩下一些辅助性业务、一些重组后剩余人员和别人都看不上的小活。

这就是油建公司"出生"时的状态。这个时期的油建员工，为了谋生存，到处去"甲方"那里寻找一些辅助性的生产、建造小生意。没有大型装备、没有技术支持，也没什么场地，加之他们自称学问不高，也乐于被称为"棒棒军"。

2003 年开始，中海油在渤海区域的开发进入了一个高峰时期，对于海上装备的需求大增。看到能够在这样的高增长市场机遇中，实现与海油工程的拾遗补阙，在 2005 年基地集团第一年成立时，就将原先分散在渤海、湛江的一些相关小公司整合起来，成立了基地集团的油田建设分公司。

重组成立这家企业，是要解决"海上维修产业的不断发展壮大为基地系统带来了良好的经济效益，同时也形成了产业重置现象严重、专业配套能力不强、技术含量不高、从业人员素质较低、内部出现恶性竞争等不良局面"。

油田建设公司由 18 家法人公司合并组成，像用一个袋子，把一堆小生意全部装进去。既有工程设计、工程建造，也有设备维修、船舶维修，还有港口与码头，另外也有钢管制造与涂敷、加工制造等几十种业务。

对于这样的业务究竟如何发展和升级，大力发展海上工程建造，马上面临与其他内部公司的竞争，显然不符合中海油的思路，一直停留在目前的水平线上，显然不是基地集团重组这个业务的思路。

这个问题的答案是思考和尝试相结合后产生的，也经历了一个反复试错的过程。

李子发成为基地集团油建公司第一任总经理，由于这个单位由最多的处级单位构成，历史长、干部多，需要一个经历和资历受人认可、综合能力突出的人来负责，李子发是为数不多能够执掌它的人选。

在李子发制定的油建公司 2006~2010 年发展规划中，他根据王家祥"要敢于突破"的思想，将公司的发展划分为三个阶段，基础阶段、提升阶段和成熟阶段。他首先要完成的是整合业务，提升工程建设资质，力争进入海油石油中下游的新市场。李子发提出在提升阶段要将装备维修业务的水平提高，但还停留在设想的阶段。

从一个众多的小业务组合中寻求出路，海油发展的策略是不断使这些业务聚拢化、专业化、简单化。因而，在这个过程中，管道等业务独立出来成为分公司，油建公司不断聚焦自己的方向。

发展海上生产设施的维修维护，而不是前期建造安装，开始成为一种越来越清晰的思路。李子发在 2008 年的工作会议上，专门就此说明："维修产业的目标，不再是想法了，而是要具体做!"如图5-9所示。

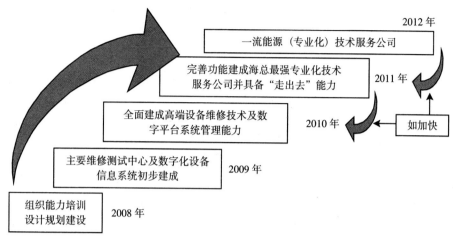

图5-9 维修产业的目标

海油发展产业深度塑造，推动油建公司更加系统地完成了对这几年维修业务实践的总结，在此基础上，油建公司的未来定位完全不同了。

中海油装备运维与集成制造技术服务商。

按照这样一种定位，油建公司将是一家技术服务公司，它的核心能力不再是简单的生产加工海上设备，而是以关键环节和核心技术掌控为基础的资源集成与全业务链系统化服务能力。为客户提供最专业的"海洋数字油田（生产设施）数据架构规划、数据标准制定、生产设施数字化、数据采集、数据处理与应用"一体化技术服务。能够为客户提供各类海上油田生产设施（平台、海管、FPSO、单点装置）全生命周期（基线、在役和延期服役）的完整性评估技术服务。

成为这个目标所描述的技术服务公司，油建公司还处在过程之中。不过，从10年前的"棒棒军"发展过来，一个目标的引领作用对一个企业业务转型的影响，可以充分地体现出来。

再次聚合

2012年的管理工作会议，明确了海油发展突破成长平台必须突破的"管理复杂性"难题，"统一了世界观"。下面的问题，就是能否在产业层面上，通过具体的方法来解决产业聚合和简单化。

海油发展的 13 家专业分公司，都经历了多年的发展，形成了自己的体系。综合性的业务，虽然在局部有所交叉，但是产业间差别仍然很大，通过哪个产业的整合，来率先实现海油发展的升级呢？

从最核心的产业开始。

在海油发展的专业线条中，监督监理公司和采技服公司在规模和盈利能力方面都处于核心的位置。从采油工艺研究所十几个人发展起来，采技服公司已经成为 2600 名员工的大企业，同时，通过 10 年的努力，监督监理公司也在原先渤海实业公司的基础上，成为一家初步具有国际业务能力的海上作业服务公司，1600多名员工。

这两家公司都面对海上钻井和采油作业支持，在国际竞争中，国际石油服务公司的类似业务很多都聚合在一起发展，规模比两家公司之和都大得多。面对未来进一步的成长和市场竞争，只有让两家公司都能利用更大的资源，才可能存在和这些国际竞争者的全面较量。

但是，如果监督监理和采技服仍然是两家独立发展的公司，任何一家的实力和资源都没法推动公司迅速成长。同时，两家公司所拥有的业务，在一些市场、产品的局部已经开始出现交叉和重复，在组织管理资源方面，两家公司虽然是兄弟单位，但双方的机构在很多方面不得不重复建设，全国的分支机构，交叉重叠，对于急需发展的企业来说，资源的重叠与浪费是一个意思。

其实，从 2011 年开始，海油发展就开始注意到打造公司钻采产业的重要性。

从中海油的发展战略来看，"二次跨越"提出的"老油田增产、深水开发、海外发展"三个重大专项与钻采技术息息相关。海油发展要提高钻采技术能力，需要对钻采技术服务产业进行整合升级。

中海油要求在常规油气领域实现稳产和增产，在煤层气、页岩气、油砂等非常规油气领域快速发展，需要优先发展钻采技术服务能力。

海油发展作为钻采技术专业服务提供商，与国际同类先进公司相比，在技术驱动发展的能力、业务组织管理水平等方面有一定差距，集中优势力量进行攻关，需要推动产业整合升级。

为了产业的升级，海油发展召集相关公司的负责人进行了长时间的研讨，与会的人员都认识到只有聚合成更大的产业链条，形成统一的组织，建立更有效的组织宽度，才有可能在一个较短的时期内提升产业的能力。

刘宗昭说他坚决地支持合并做大的思路，只是作为研讨性的会议，没有立刻做出决策。

2013 年 4 月 15 日，一个酝酿已久的管理变革方案正式开始实施，海油发展正式成立钻采技术产业深度塑造调研工作组，由杨立平负责牵头，重点对监督监理和采技服两家公司的产业重整进行方案设计。

在以后的三个多月内，这个精干的工作组对监督监理和采技服所属的专业公司和地区公司进行了摸排式调研，内容主要包括经营管理情况、人力资源、资产状况、业务市场、发展规划等方面。

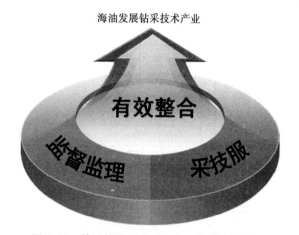

图 5-10 钻采技术产业"二合一"整合示意图

海油发展的钻采技术产业，在这样的研究中，逐渐露出水面。把原先分散在两家公司的业务整合起来，建立更加有技术深度和服务广度的产业链；把原先各自建设的全国和国际机构整合起来，形成一个统一协调的组织，让它初步成为一个国际型的企业；把原先重复设置的组织机构整合起来，形成一个高效集约的指挥和服务体系，提升大企业组织的价值。

在这种思想的指导下，2014 年，监督监理和采技服两家公司正式合并，更名为"工程技术服务公司"，这家新公司的定位是，不断发展监督技术品牌，加强钻完井工艺、采油工艺技术研究，形成自主化工艺和产品体系，强化钻完井支持作业和提高采收率作业保障，提升以勘探开发技术研究、钻完井方案设计为基础的钻采一体化技术服务能力。

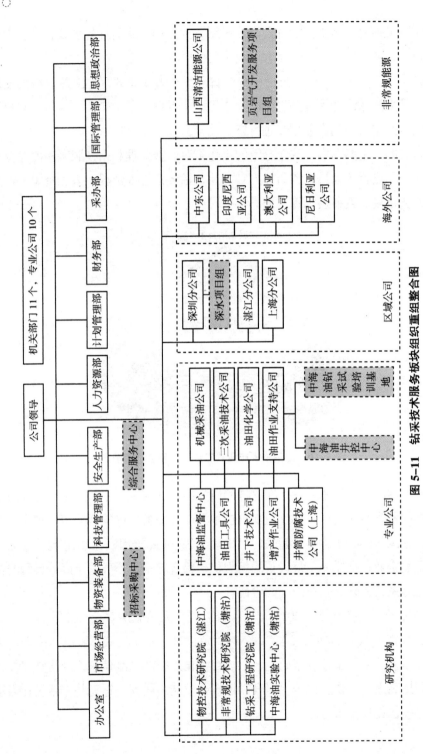

图 5-11 钻采技术服务板块组织重整整合图

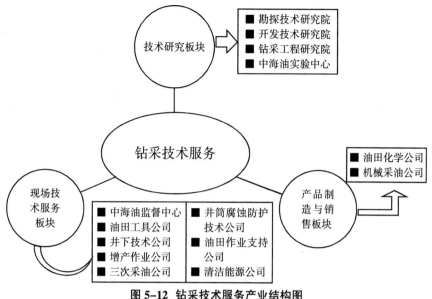

图 5-12　钻采技术服务产业结构图

新公司聚焦现场技术服务。优化整合后的新公司将更加强化油田开采业务板块的现场技术方案和设计、现场组织管理等专业技术服务，继续专注于油田勘探开发生产阶段技术服务的提供和专业能力的提升。从而与其他系统内单位形成对比，利用差异化减少竞争。

利用海总"十二五"期间加大"稠油和三低油田"开发力度的契机，为增强公司在该领域的技术服务能力及市场竞争优势，组合成立三次采油技术服务公司。

坚持海外市场"跟随战略"、"自主开发战略"，在机关层面成立国际管理部，统筹协调资源。保留原有的海外四个单位，积极开拓海外市场。进一步加强深水项目组建设，推进深水业务发展。

优化整合后的新公司，各个业务发展思路将更加明确、分工将更加清晰，人员协同优势、技术协同优势、管理协同优势、市场协同优势将体现得更加明显。

让管理回归简单

如何让海油发展在"内创业"的过程中，保持原先难能可贵的创业动力，又适应对"组织和流程复杂性"的新挑战呢？

在 2012 年海油发展管理工作会议上，大家对管理的复杂性成本达成了共识，因而，对于管理改进的目标，就形成了一个高度统一的意见：

组织更简单；业务更简单；流程更简单；成才更简单；沟通更简单。

就此，霍健总结说："好习惯有好果子，坏习惯会带来新问题，这就是我们管理上的问题。"

"这个问题是什么呢？我觉得就是我们不知不觉地把组织搞得复杂。前段时间，我在一位老领导办公室看到《向复杂性成本宣战》这本书，我拿过来学习了，然后又推荐给大家看。"

"这本书的题目就让我特别感触，组织几乎都有抑制不住的复杂性冲动。复杂性有两种，一种是组织的复杂性，另一种是流程的复杂性。"

"复杂的对立面一定是简单。我也同意大家说的，简单和复杂本身不重要，重要的是我们的组织活力和管理效率有没有降低，有没有产生效益，这才是本质。"

"我举个例子，前天（2012 年 11 月 27 日），大家看到海油发展年度人物颁奖活动组织得很不错，其实组织部门公司思政部背后有个小团队，有渤海公司的，有采技服的，有海油发展机关的。吕（寻贞）总和我只是大致提了提要求，思政部也只是把握住了一些关键的东西，剩下的交给这个团队。都是年轻人，干得非常漂亮，授权非常充分，什么都不用审批。就是因为主要的东西定好方向了，剩下的就是发挥的空间。"

"再举个例子，天津院有一位专家给我写了封邮件，他说天津院原来科研人员都专心搞科研，现在很多人都忙着为机关服务，大家都把这个精力转到行政工作上来了。"

"从我们自身可能感觉不到，因为我们就是这样一步一步走过来的，但天津院是'池子外边来的鱼'，在他们身上发生的这些变化，倒更能清晰地映衬我们这个企业自身存在的一些问题，我们是不是已把原来很有效率的组织变得官僚化了？"

"所以说，要让我们的管理回归简单。我说的'简单'不是那种'简单的简单'，而是创造价值的'简单'。前段时间我们前任领导孟总把他担任领导期间的经验、讲话编了个册子，送给我一本，其中有一段话，大致意思是'管理思想可以非常深邃，但是管理行为一定要简单'。由此可见，孟总管理海油发展的时候，希望追求的也是简单。"

枣核型管理

枣核型的管理模式，是孟黎明担任总经理期间首先提出来的。通过深度调研思考的他，看到海油发展主要的分公司单位，本身并不是一个业务经营的实体，而是将大量的业务和管理继续下沉到自己的二级单位或者三级单位来管理。随着公司业务规模变大，每家分公司管理的下属二级和三级单位也越来越多，这样分公司的管理也像一个集团公司了。

就此，孟黎明在一次管理工作会议上，明确提出分公司不能将自己也变成一个集团化的管理模式，而是要将二级公司变成利润中心和业务经营的实体，将原先分散在各级三级单位的管理职能上收，变成成本中心或作业中心，这样的做法和公司管理层次的"减三去四"相结合，就形成了做大二级单位、精干三级单位的目标。

这种管理模式，按照孟黎明一种形象的解释，叫作"枣核型"管理模式。他对海油发展管理模式问题的判断，与我们对于海油发展目前"喇叭型"管理现状的分析是高度统一的。

海油发展，从一个喇叭型管理模式，向枣核型管理模式的改变，从管理工作会议后，开始系统地在公司内部展开。

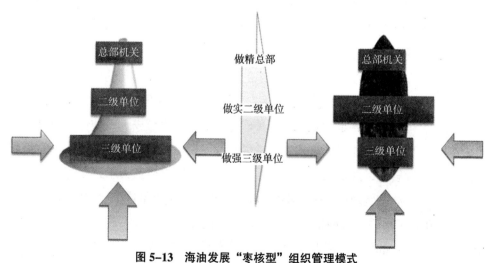

图 5-13　海油发展"枣核型"组织管理模式

要如何才能做到这一点呢？那就需要对海油发展现有的组织体系和管理功能

进行重新分布和设计。要从两个方向推动海油发展组织方式的简单化，一是横向的收紧和合并，二是纵向将利润中心从三级单位上移到二级单位，也就是各个分公司的层面上，如图 5-14 所示。

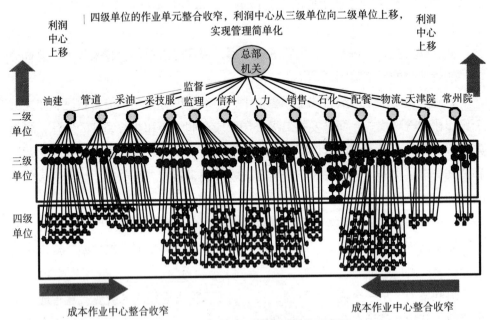

图 5-14　海油发展组织管理优化示意图

枣核型管理模式的构建，对每家分公司而言，都是一个不小的挑战。问题的关键，并不是大家不理解和接受这样的管理思想，而是从基地集团重组开始，大家都意识到要通过授权来激发下属组织的积极性，以保持公司的创业激情，目前的管理结构，就是按照这样的管理思路，一层一层传递下去形成的。在某种程度上，这种管理的方式，是大家心中一种理想的选择，也形成了一种管理的习惯。

现在，要各家企业重新审视自己曾经认为正确的管理习惯，并且要通过组织的调整来重建管理，改变自己。观念、习惯的改变难度要远大于改变的本身。

不过，海油发展确实下决心要推动这个改变，只不过给这个过程更长的时间。

从 2013 年开始，海油发展各家分公司都在开始设计和实施他们的"管理优化"方案，其中的核心，就是推动枣核型管理模式的建立。

鞠成科负责的人力资源服务公司，给予了积极的和快速的响应。这时的人力资源服务公司，已经确立并初步实现了向一家综合环境安全技术服务公司转型的方向。但是，从基地集团重组开始，实行的组织方式，看来与现在的公司目标并不适应。

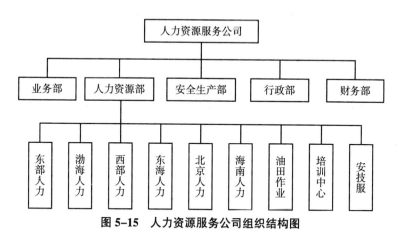

图 5-15 人力资源服务公司组织结构图

鞠成科对这个问题有十分清晰的认识。人力资源服务公司，主要的业务和资源仍下沉在各个海域的二级分公司完成，一些业务和资源的协同和共享，只是停留在意愿的层面上。

就此，人力资源服务公司，如何通过管理的优化，来实现新的战略目标呢? 他想到了四个基本措施，如图 5-16 所示。

重视研发管理，建立与工程院相匹配的研发体系
建立科技管理部门和研究发展机构等与工程院相匹配的研发机构，建立相应的研发管理体系。逐步引进人才，积淀并提升技术创新能力。做实应用性研发，拓展战略性研发，形成科技带动产业发展，产业发展反哺科技进步的良性循环

1 做实机关管理，加强专业指导能力
通过机关职能转变，加强机关对各产业的专业指导能力，充分发挥机关战略引领作用，完善机关对全产业发展的支持作用，达到机关定位适应产业发展的目标

优化目标和原则

2 集中核心资源，提高配置和共享效率
通过建立产业管理统一平台，统筹规划各产业人才、技术等资源，有效提升资源配置、共享能力，全面提高公司整体和各区域专业服务能力

4 打破区域管理限制，实现区域、专业协调发展
转化专业型区域分公司职能，逐步使区域公司为全产业发展服务;通过完善管理体系，加强专业公司与区域公司的配合协作，实现区域与专业公司共同发展，为公司创造最大价值

3

图 5-16 实现新的战略目标的四个基本措施

这样的调整思路，核心的内容是通过公司主要产业资源的集中，来使公司层面配置资源的能力增强，同时形成不同产业的专业化、跨区域管理。因而，产业发展管理中心、研究发展中心等类似的资源管理和专业团队，就在上层的组织成立了。

2005年开始运作的人力资源服务公司，到它"出生"的第九个年度，发生了一次彻底的蜕变，公司已经开始将"安全环保工程院"与人力资源并列称呼。公司的组织结构，也开始转型为以专业线条为主的矩阵型模式，这个结构的形成，与九年前相比有了彻底的变化。

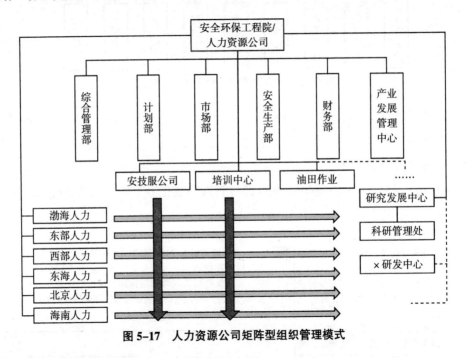

图 5-17　人力资源公司矩阵型组织管理模式

3S 型总部

小机关、大企业，作为海油发展的一个管理经验，激发了公司各家的事业激情，是这家公司创业期的宝贵财富。

然而，在多年的发展中，海油发展的机关却遭到下属公司的抱怨，问题的关键集中于如何在一个产业发展的新时期，用一个高效率、有价值的总部结构，来支撑各家分公司越来越强烈的发展和改革需求，而不是充当管理过程中的"转发器"或"传声筒"，增加了管理流程，却降低了管理效果。

"我们要建立一个符合海油发展产业特点，又能够充分体现管理价值的小机关。"这是公司管理层的共识。

然而，这样的机关应该是什么样子？——建设一个3S型的总部。

所谓3S，就是三个英文单词的缩写，一是战略引导（Strategic Leading）；二是专家管理（Specialists Working）；三是服务支持（Services Providing）。

为什么是3S，而不是其他？全国的企业集团总部都有自己的定位和核心功能，有人说自己是四个中心，有人说自己是"1+3+3"，不同的组织有不同的定位，都是根据企业的特点和战略要求进行的。

对于海油发展这样的产业结构复杂、产业特点多样、产业发展历史过多集中在基层创业、正在经历创新和转型的企业，它的管理机构应该注重何种功能的建设呢？在哪里发挥价值呢？如何与海油发展的创业传统相一致而不是隔断历史呢？

在我们的观点里，这三个S是最重要的价值创造区域。

首先是通过产业机会的发现、投资方向的把握、相关资源的配置来为产业塑造建立战略的洞察能力，为此，海油发展的战略、投资、计划管理需要进行改变。

其次是让总部机构的人员都尽快成为某个专业领域的专家，要具备比下属公司更加专业的能力，并且有能力通过专业的帮助，而不是流程上的集权、控制和审批来显示自己的权威，如果目前海油发展的管理人员，都能改变成为一个专家型人员，将有效推动公司的管理效率提高。

最后是总部要进一步成为二级公司发展的助手，而不是控制者。海油发展的每个总部机构，从服务能力、服务意识、服务效率、服务方法等各个环节，都要帮助下属企业快速解决问题。

洞察力的总部、专家型的总部、强服务的总部，这就是海油发展总部的基本特色。

坚持和改变

从渤海公司开始的基地系统改革，走到2014年，已经有15年历程。在这个过程中，产业搜寻和打造是一条主线，而管理模式的确定和调整是并行的另一条主线。

早期的创业行动，鼓励分散出击、各个突破模式，在产业升级时期，却发现在资源配置、合作分享等方面存在继续调整的空间。集团重组产业是确定的组织模式，鼓励了产业公司的灵活性，在产业做强时期，却看到在产业的边界层面上，出现了内部交叉和无序竞争。集团机关强化管理职能、管理体系的各项努力，帮助实现了对风险的管理，但却约束了二级公司事业的发展。

是过去的管理错了，还是我们的执行错了？这是必须澄清的哲学问题。

霍健对此问题，有自己的观点，他说，看待和优化海油发展的管理，必须"坚持"和"改变"并行。

"坚持什么呢？就是要把这些年在基础管理上做的有效的工作，踏踏实实地坚持下去。这些工作是主流，不管是安全管理、成本管理，还是采办管理、信息化建设等，这些我们经过检验的、有成效的、有效率的东西，要踏踏实实地坚持下去。不另起炉灶，不再提新的口号、新的概念，耐着性子抓好，一点一点地抓到位，抓成习惯，抓出机制，抓出成效。制度也好，流程也好，表单也好，最后都要变成员工的自觉行为。只有这样，这个组织的制度和流程才是活的。这是我讲的第一个意思，坚持是我们管理工作的主流、重点。"

"此外，我们还要做一些必要的'改变'。"

"请各单位按照三年的期限认认真真做一个管理优化的方案。我之所以把它定为三年，不逼迫大家在很短的时间仓促地完成这件事情，就是考虑到它的复杂性，问题不是一天积累起来的，它需要一个周期来改变，以三年为底线，当然有的单位可能基础比较好，一两年完成也可以。要认真研究组织中存在的问题是什么，怎么改变，我非常同意大家讲的要尊重一些产业的个性，这是毫无疑问的。说实话，一个组织定位一个成本中心还是利润中心，我们不是很在乎，我们倒是倾向于它应该是一个效率中心。这项工作各单位要深入研究，提出三年之后组织的愿景，明确结构、流程、效率有些什么样的变化，并通过什么手段去实现。"

有人说，辩证的思想，有时近似于一种对"狡猾"的描述。但是，在管理实践领域，在一个企业走在成长的道路上，发现新的出路，必须做出新的选择来突破成长制约时，学会"坚持"和"改变"，比执着的偏爱其中任何一个，都要更加现实。

但是，关键是看到改变的必要性和迫切性，这就需要企业管理者的管理透视能力，来认识过去的成功，有哪些要素可能会制约未来的发展。在此基础上，保持一个组织的连续性，保持优秀的管理基因。如果这样的辩证可以有效地结合，组织突破成长平台，可能就更加容易了。

成长"基因"组

15 年的时间，对于一家有"百年梦想"的企业来说，只是刚刚开始。如何在未来的不确定环境中，保持持续的生存能力和成长潜力，是海油发展仍需回答的问题。

历史是延续的，也是可以借鉴的。海油发展这家公司从存续企业的生死边缘开始，发展到目前，是哪些因素在底层发挥了基础作用？这些"基因"能否对持续成长产生价值？这些"基因"对于其他企业有哪些参考价值？

我们在本书的第三部分，就将穿过这家企业成长的现象，进入到它的组织深层，对这些问题进行观察和解读。

我们将首先寻找海油发展15年来产生持续活力的"基因"。每个企业都与众不同，海油发展在中海油内部，也有自己的性格特点，那么在这样的个性中，哪些因素对于成长起到了基础性作用？

我们还要用一些篇幅分析海油发展特有的文化属性，有人说文化属于一种看不到，但能感觉的"磁场"，海油发展的文化磁场是什么呢？

第六章
朴素的真理

活力基因："甲方"和"乙方"

中海油的基地系统，从 1999 年自低谷重生，已经依靠创业的精气神，完成了启动、爬升、滑行、再突破的一轮成长周期。2014 年，已经是这样的创业历程的第 15 个年头了。

我们不禁要思考一个问题：为什么一个企业的创业精神可以推动海油发展保持 15 年的发展动力？创业精神的背后，还有什么样的内在机制，可以保证其长期发挥作用？

尤其是，在海油发展这样的一个大型组织内部，简单的创业能量很可能快速被大企业组织的网络所消耗，是什么样的机制可以让大企业的创业长期变为可能呢？

在我们对海油发展近 80 位管理人员的访谈中，我们反复讨论这个问题，这些海油发展的中高级领导人员，不约而同地告诉我们，从中海油基地系统重组的第一天开始，做好"乙方"就是海油发展生存发展的基本思想，而与"甲方"建立的市场化合作契约关系，就是不断促进海油发展业务改进和公司成长的基本

动力。

中海油的"甲乙方"合作分工，是在与国际石油公司合作的过程中，参考国际石油公司的业务运营方式，于1994年进行"三条线"分离时开始引入的。从这个时候开始，中海油对待内部的公司合作，就和与外部承包商的合作一样，采用严格的"甲方和乙方"的管理方式。可以说，用市场化管理方式来代替内部行政计划方式，处理企业内部的业务交易和合作，中海油是在比较早期就进行的。

中海油的基地系统，作为计划经济历史遗留问题的汇集地，本来是最有条件通过补贴、托底等方式保持稳定的，这也是多数企业决策时可能采取的方案，"把这个体系养起来、冷冻起来，让其自生自灭"。中海油并没有采用这样的方式，而是让基地系统通过服务"甲方"的方式，通过市场化的方式，"养好人，服好务，依托主业，建立支柱产业"，把基地系统一开始就放在了一个市场化的机制平台上。

就这样，一个组织，在内部形成了用市场来评价的合作关系，"乙方"为"甲方"服务，服务的质量不是领导的感受而是客户的满意程度，服务的业绩不是表扬而是真正的市场报酬。

组织内部的分工关系，在这样"甲乙方"、上下游的市场化机制下，产生了完全不同的效果，产生了内部的动能。

但是，这样的市场化机制，能产生多大、多深、多宽的效果，还取决于另一个因素，那就是：

这个企业是不是真正执行市场机制，真正把自己做成"乙方"。有李逵，就有李鬼。我们看到的一些企业，内部也有分工，也有合作，也能称为"甲方""乙方"，但是与中海油比较起来，便是一种停留在表面的现象了。

中海油基地系统，能够走过这么多年的成长历程，就是因为他们把做好"乙方"，变成了自己生命基因的一个组成部分，渗透到血液中。

市场机制可以在基地体系内部做到极致，我们可以再举几个例子。

上厕所，让"甲方"先去

从1999年开始，曹兴和就反复在渤海公司强调，必须成为一个地地道道的"服务商"，必须从心灵深处树立"乙方"观念。

他说，"'乙方'的意识，就是要主动把自己放低半格，要俯下身来听'甲方'的要求，有时候也必须'受点委屈'"。

他不仅是这么说的，也是这样带头执行的。

有一次，中海油派遣一个代表团出国访问。代表团成员包括曹兴和，以及来自中海油系统其他公司的中高层领导人员。在国外开会，中间休息时间很短暂，大家都急于休息，这样，卫生间就成了一个略显紧俏的资源。

和很多同行的干部相比，曹兴和在中海油系统资历和年岁都更长一些，所以很受人尊重，大家看他来了，都纷纷给他让路。

曹兴和笑着，坚持说："不用不用，你是'甲方'，你先请！"

十几年过去了，这句话仍在一些代表的脑海里存储着。

尊敬规则，遵守规则

一个"乙方"服务的概念可以激发一时热情，但一个持续可运行的市场机制，必须要有一些能够保证服务热情可持续、可传递，并且被有效评价和反馈的条件。

中海油的内部市场机制，得以长期、稳定的执行，就是有这样一种保证，这就是在整个中海油内部所推行的市场化规则，以及所有人对于这种规则的遵守，这种遵守，已经形成了习惯，从某种程度上说，这是一种尊敬规则的机制。也许，和所谓的"契约精神"有所类似。从我们的角度来看，有三点与众不同。

服务规则。

服务的标准主要是用于约束"乙方"的，就像海油发展理解自己的使命就是为"甲方"提供一流服务一样，中海油内部都在通过对标等多种形式，给自己找到服务提升的目标和空间。"甲方"寻求服务的标准是国际一流，那么，即使是系统内部单位，服务的标准也是国际一流的。

如果"乙方"没有达到这个要求，中海油会利用市场机制进行选择。这种规则，会促使"乙方"不断提高自己。

合作规则。

合作的标准主要是用于约束"甲方"的。中海油有一个基本的理念，叫作"双赢"，一直将这个价值观放在最前面，也是最基础的位置。中海油的企业杂志，取名就叫《双赢》，已经有十多年了。

什么是"双赢"？中海油现任总经理杨华在 2011 年的一次公开会议上，解读了在中海油海外业务发展方面的"双赢"。

杨华说："公司在海外发展的道路上，一直把追求与利益相关者的'双赢'或者'多赢'作为海外业务发展最佳实践的核心。"

"在公司的海外拓展中，我们一直努力推进海外资源所在地的各利益相关者对公司理念、战略和实践的了解，赢得他们的理解和信任，同时我们也充分尊重、关注各利益相关者的信念和利益，努力追求公司价值最大化和社会价值最大化的同步实践。"

我们可以看到什么呢？有三个词，理解、信任和尊重。

"甲方"要能够理解"乙方"的现状，能够理解"乙方"面临的难题，可以在一定程度上站在"乙方"的角度考虑问题。

"甲方"要能够对自己的合作伙伴给予充分的信任，积极和"乙方"合作解决问题。

"甲方"要能够对合作方给予平等的尊重，不摆架子，不居高临下。

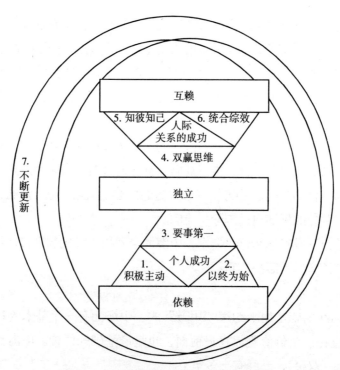

图6-1　组织的独立、依赖和互赖关系图

有一张图，在海油发展中高层流传很久，就是讲述组织的独立、依赖和互赖关系。他们当中的很多人，都生存在这样的互赖氛围中（见图6-1）。

竞争规则。

在海油发展内部，我们感受到的竞争规则，可能与整个中海油的特征相一致，用一句话总结，那就是："没有潜规则！"

在中海油内部，无论是做"甲方"，还是做"乙方"，无论是内部单位，还是外部承包商，都会感到不会为工作之外的事情而烦恼。尊重合同，尊重大家都认可的竞争规则，形成了一种传统。

很多中海油的干部都说："我们这里比较简单，很少有潜规则。"

市场机制为何如此神奇？

创业的动力，加上市场机制，推动海油发展从底部成长起来。这个对比，王家祥的总结是：

"原有体制下实行的是'以主业为核心、向主业倾斜、执行计划指令、内部无偿服务、年终由公司统筹分配'，基地系统并非独立的市场主体。长期的计划经济模式惯性使基地公司经营管理体制落后，缺乏市场经济观念，成本居高不下，自我发展能力严重退化。"

中海油在组织内部进行的这种市场机制改革，基地体系产生了根本性的推动作用。现在我们要问的问题是：

大企业内部的市场机制是一种可以推广的模式吗？这样的市场机制为何能产生神奇的效果？

经济学家们都说，市场是一只看不见的手，用这只手来调整和分配资源，就能达到总效用最优。提出这个基本经济学观点时，这个世界上还不存在大型企业，市场就是用来调整企业和企业之间的买卖行为的。

直到后来，有一位经济学家科斯，根据交易成本比较的思想，提出当企业从市场购买的成本要比自身生产成本低时，企业会采用市场机制。

到目前为止，经济学家对企业内部的市场机制还没有太多深刻的讨论。企业内部市场机制能提升效率吗？内部市场机制能和外部市场机制统一吗？这些问题都有待回答。

但是，我们确实从海油基地系统的发展，看到了一个简单的市场机制，"甲方乙方"机制，所产生的巨大作用，这种机制的原动力在哪里呢？也许，这种机制，为我们探寻在大企业内部建立更高的效率、更大的产出，能带来一种新的思考。

从近些年国内其他大企业的一些成功试验来看，市场机制也得到验证。青岛海尔几年来一直在努力尝试的"人单合一"模式，就是希望将每个流程环节上的员工变成老板，为上下游服务，并用市场化的模拟核算机制，来确认效益和报酬。

上海汽车已经在全机械行业来推行它成功的"人人都是经营者"的管理模式。这个实施多年的管理体系，其基本思想也是将组织中的小单位、小作业单元，都设计成以市场交易为纽带的经营主体，推动每个单元都关注自己的效益，并根据这个效益来计算个体的收入。事实也证明，对促进上海汽车的发展，起到了重要的基础性作用。

我们不希望用复杂的逻辑分析来呈现企业内部市场机制的作用原理，但是有几点内容，是明确的。

市场机制的作用，首先是它提供了明确的价值标准。正如经济生活一样，市场的重要作用是发现价格。企业内部的市场机制，也许不能及时、准确地发现价格，但是可以给上下游双方一个明确的评价价值尺度，不论是高了还是低了，大家都可以用价值问题的讨论，来代替诸如义务、协调等复杂问题争吵。明确的价值标准，对于大家，都是更有效的目标确定。内部市场机制，在此方面，将能产生提升效率的作用。

市场机制的作用，其次是可以产生持续的压力。由于市场有自行选择和竞争的权力，所以大企业内部引入市场，可以帮助企业发现资源效率低的区域，并对提供产品和服务的"乙方"，产生持续的压力。充分竞争的市场是最有效率的市场，企业内部的市场，这样的竞争因素，也能够促进企业内部效率的提升。

市场机制的作用，最后可以使双方责、权、利迅速明确。大企业内部的组织，协同和配合的问题永远是一个难题。通过引入内部市场机制，明确上下游关系，每个组织单位的负责和服务对象就界定明确，并且评价标准就是市场的效果，考核的结果就是自己收入与组织的绩效直接相关。这样，不用过于复杂的设计，双方的责、权、利都能得到明确。减少扯皮，也是提升组织效率的一个推动力。

组织基因："授权"与"担当"

"分开是一支支灵活的游击队，合起来是一支强大的集团军。"

这是曹兴和对基地集团管理目标的理解，也是他从一开始就追求的管理效果。

一个企业的活力，会随着企业规模的扩大而不断减退，倒不是有谁有意为之，是因为组织体系扩大，伴随着管理系统的乘数增加，这种复杂的管理体系要付出组织效率降低的成本。

从基层单位，一步步走上来成为中海油最高领导人之一的曹兴和，对此最有发言权，他清楚基层管理者的感受，清楚如何才能让企业组织成为这些将领的"助手"，而不是"监军"。

管不好就不如充分授权

"我们是经营单位，不是政府机关。要创造效益，就需要这些领兵打仗的人有积极性，就必须给他们留出空间。"曹兴和说。

"公司的管理人员，对业务的情况肯定没有业务经理们了解，那他们的管理，就不可能比业务经理们更好。如果管不好，那就不如充分授权。"

所以，从 1999 年基地系统分离，渤海公司开始创业改革，就把充分授权作为公司组织的基本元素。2004 年基地集团重组成立，继续实行了"小机关、大企业，集团运作、放权经营"的管理模式。徐玉高总结，这种管理模式的管理范围比总公司要具体，但比重组前五家地区公司要更加宽松。

基地集团公司总部作为管理中心，主要职能是制定公司发展战略与目标；进行重大投资决策，审批下属公司的较大投资项目；任免直属公司的主要领导成员；对资金实行集中管理，统一进行资本运营；确定下属公司的利润指标，实施绩效考核；协调下属公司之间的经济关系；对下属公司的生产经营活动进行审查与监督；对下属公司提供政策指导；在规划计划、人力资源、市场、财务、审计、法律等方面提供支持。

用曹兴和简单的总结就是，"总部只管五件事，产业规划、投资计划、领导班子的任用、工资总额和资金"。

基地系统的这种管理模式，他们概括了一句话，称为"一级所有、授权经营"的管理体制和"二级管理、三级核算、队（车间）为基础"。

用引导代替命令

如果我们用一种更加客观的视角来审视这样的管理方式，是不是可以用六句话来总体概括？那就是：

选对人；

定目标；

给空间；

善引导；

强激励；

钱管牢。

在任用合适的经理人方面，从曹兴和开始，就是每天思考问题的核心内容。因为，按他的总结，"只有人品好、动手能力强的人，才是一个好干部的材料"，对这样的人充分授权，他才能用好，不会用歪。

经济责任制，是一个传统的管理工具，本身并没有太多新奇之处。不过在海油基地系统，却能够使其发挥突出的作用，为什么呢？因为目标的确定是有效的。曹兴和和王家祥奠定的"跳起来摘桃子"的目标确定方式，对每个公司的经理人都是一个挑战，一种有效的压力传导。

授权经营的重要体现，就是给予经理们一个够大的平台，一个可以充分尝试的空间，并且包容他们可能出现的战术性错误。在这个过程当中，领导层是教练，是帮手，而不是干预者，更不是运动员。

如何引导经理们都按照正确的方式实现目标？从曹兴和开始的各任负责人，虽有不同的领导风格，但有一点是相同的，那就是经常和大家一起"论道"，在谈笑中讨论管理的思想，为人之道。在海油发展的会议上，基本听不到有高压式的、命令式的领导发言，也很少有强势的思想灌输。

有时，会产生"海油发展的总部领导是不是不够强势？这样能够有强有力地执行吗"这样的疑问。就此，霍健的回答是："我们不选择用一种行政的管理方式来强行推行一种思想，或者一个改革。因为，如果这样的想法得不到经理们的真心认同，那即使推行下去，也只是停留在形式上，不会产生期待的效果。"

"所以，我们就会反复和经理们讨论这些事情，在会议上鼓励大家都说明自己的观点。有不同的观点，这说明我们的组织还没有僵化。只有让大家都意识到问题，产生改革的动力，那样才是我所期待的。"

"我要内化的行动，不要外化的形式"。

先内化于心，再外化于形。这就是海油发展高层的统一思想，聚合目标的方式。

2011年末召开的海油发展管理工作会议，就公司管理的复杂性进行了分析，在会议结束的总结发言上，霍健并没有要求做出一个激烈的改变，他给了所有公司三年的时间，让大家在这三年中根据实际来调整现在管理的问题，达到管理简单化，推动海油发展突破成长"天花板"。

不过，通过会议已经看清楚方向，理解公司面临问题的经理们，明白这是公司希望自己能够主动改变。杨立平说："我在会上听完以后，（现在的组织问题）吓了我一跳。虽然霍总给我们时间，但是我们必须抓紧改，所以回来以后，我就立刻找部门来开会，找到我们存在的问题，马上就改过来。"

刘宗昭说："我把会上的PPT内容，特别是感到我们存在的惰性问题，回来后就在中层干部的层面上说，'你看看，这些问题，我们有没有？有！那我们怎么办，抓紧时间改！'"

这就是海油发展的执行力。这是一种不需要强制、不需要高压、不需要手把手教育的执行力。刘宗昭说，这是"创造性的执行"。这样的执行，不是"大家都学解放军"似的绝对服从领导命令，而是通过引导、共同的思考产生的创造性行为。

在一个大企业内部，上级组织能够用引导的方式，而不是命令的方式，实现管理意图的传递，也许可以展现一种管理的方向，至少展示给我们一种保护组织内部创造力的有效方式。

当然，有效的目标式、引导式管理，必须有前提条件。在海油发展，就是两条，一是有效的激励，二是基本的约束。

1999~2003年，渤海公司推动经理们创业，"跳起来摘桃子"，实现目标的二级公司经理们，曹兴和制定的政策是给予倾斜的激励，让他们拿到的收入，可以超过渤海公司的领导层。这一点，在很大程度上激发了早期创业者的潜能发挥，帮助渤海公司迅速走出低谷。

放权的管理模式，并不是一概放手不管，而是管住两头。一头是资金，另一头是审计。从 2004 年基地集团成立，在资金管理方面，这家公司就推行了资金的集中管理和调配，应用了信息管理系统。同时把原来地区公司的审计队伍直接纳入集团总部管理，作为总部的派出审计机构，强化审计监督职能，形成了"制度＋教育＋审计＋监察＋群众监督"五位一体的保证体系。

"管好这些基本点，就是保证一个底线，帮助经理们不要犯大错。"曹兴和说。

突出产业，机关就必须远离基层

对于一个大企业的总部机关如何定位，如何管理，从曹兴和开始，海油发展的领导层就有独特的认识。

这就是他们 10 年来一直坚持的"小机关，大企业"模式。如果我们将海油发展的历史成长背景、产业情况抽象出来，单独来看待这样的管理方式，似乎与目前盛行的"总部能力提高、集中管控"的思路大相径庭。但是，当我们看到一个需要通过创业求生存的组织，一个由业务繁杂、状态各异的业务组成的组织，就能够理解，"小机关、大企业"是一种尽可能减少管理复杂性，让经营引导企业发展的思想。

"小机关不是一个规模，而是让它的管控简单。"霍健回忆这种模式确定的情景时说。

"当时一下子把这种背景的公司组合成一个集团化的公司，如果就把它当成由总部直接引导的，总部什么都做，什么都管，可能就失败了。实际上，这个小机关保护了这个组织最重要的创造力。这是曹总非常在意的一点。"

"当时设计这个思路，总部故意设在北京，按理说应该设在渤海，因为我们的产业基础大部分在塘沽。但他说要让下面有活力，机关就必须脱离基层！"

"当时这种选择是很独特的。机关人一多，那下面就必须有更多的人响应，有这么多人伺候你们，那就麻烦了。"

"当时，我们制定的 50 个人的机关编制，就是按照这个原则自己编出来的，曹总说，除了必需的部门和岗位，一律不设，工作让大家都兼着干。这样，当时设计的五个部门即使是 50 个人，也长期都没满。"

"这是最重要的，'小机关，大企业'，实际上是一种管理理念，它释放了下面的活力，保护了商业创造力。没有用官僚体系去干预他们。"

商业创造力，是海油发展始终要保护的一种能力。霍健每次都强调："我觉得就是不遗余力地保护着组织，调动着组织的商业创造力，这是宝贵的。"

海油发展的创造力表现在哪里？2008年，孟黎明任总经理期间，曾经在中海油系统的人力资源工作会议上，做了一个发言。这个发言稿，是霍健帮助准备的，他写了四句话：

隔行未必如隔山，

育才何须用百年，

制度未必没空间，

大企业未必大机关。

有担当，领导就不孤独

企业做大了，很多领导人都感觉自己越来越孤独了。他有压力了释放不出来，分担不下去，全自己扛着，然后就积累在心里、脑子里、身体上，就会从他的各种方面反映出来。很多企业，就在这样的迹象出现时，也走到了一个新的"瓶颈"，甚至宿命中。

海油发展的领导层，好像从来都没感觉到孤独。霍健说："我没资格孤独。"

"基地的团队一直很好，就是每个人都扛事，都没有人躲事。"

也许这就是"担当"的感觉。"担当"在词典里的意思是接受并负起责任，在一个大企业中，要让干部都能有担当的习惯，并不是一件想当然的事情。

"这种担当背后的东西是不是跟他们的信任和授权是相对的？"我问。

"有可能，那背后一定是信任！"

勇于承担责任，对员工和组织负责，在海油发展的22条军规中也有体现。第四条写道："心里别光装着自己的前程，还要装着老百姓。在别处，挺大的官却常常管着很少的人，在基地，很小的官却往往管了一大堆人。管人，是权利，也是责任，如果你非要找找当官的感觉，就找当'父母官'的感觉吧。"

基地系统干部的担当，我们还是通过一些实例来说明。

方长传说网上流传着一篇文章，就是一个老板写给一个职业经纪人的一封信，那个老板的一番话，他们很有感触。

"这个职业经纪人提了一堆好的办法，但是老板就是有些采纳，有些不采纳，采纳了也不解释，不采纳也不解释。最后这个职业经纪人跳槽走了，之后老板给

他写了一封信。"

"信的内容是：我知道你这个方法是很好的，你作为职业经纪人，要的是效益，我作为老板，要的是公司长久生存；我知道我身边的人，束缚了你的手脚，但是我不能抛弃他们；你可以离开，但是他们不能离开，他们也离不开，我要替他们这一帮人着想，所以你要原谅我。"

"虽然我这个方法不行，但是我'年年难过年年过'，不断地改，慢慢地改，让这个公司长治久安。"

"所以说海油发展也有刚才所说的这种责任感，我是这样想的。你个人胆子再大，上面总有人领导你，你还要领导下面，周边还有同事；你总想试图通过升官改变你的环境，但是在任何环境你都逃避不了上面有人管着你，你管着下面的人这种状况，你只有把目前的这种状况搞好了，你才会有环境，才有人认为你能把这个环境搞好。"

"如果你在一个环境待得不好，我不相信你换一个单位，在另一个环境就能待得好；你试图想挑剔，挑领导，挑什么？我前两天看到人生两大幸事：一大幸事是遇见一个好领导，第二大幸事是碰见一个好老婆，这两个人都是你很难改变的，这都是命运，你管不了，不是你找来的。或者你能找到，但是你不满意，然后你就换，但是换来换去都不是那么个意思。"

"大家到一起工作就不容易，还是那句话，你被领导也好，你领导别人也好；别人领导你，领导交给你的事你就好好干，你领导别人，你也要对这个团队负责，你作为一台机器的部件要发挥你的功能，我就是这样一个想法。实际上，海油发展就是这样的一个组织，不论是在哪个部位上面，它总是兢兢业业地做着它负责的工作，才有了今天的这个局面。"

"海油发展到现在干的活，总公司都没有说你一定要干这个活，都是海油发展自己找出来的，都是从夹缝当中找出来的活。没有任何的活，是总公司派给你的，没有任何的指令，你可干可不干。但是没有集体荣誉，你如何做人啊！"

"我还是比较幸运的。作为领导，手下大部分人都是想干好工作的，有些人可能想投机取巧地干好工作，有些人可能想苦干傻干地干好工作，当然它的前提是都想干好工作，这个应该宽容一点。所以说一个集体也好，个体也好，大家相互理解了就很好。上次我们总公司考核干部，我说我们这些干部，单独可能都不如别人优秀，但是这些人组合在一起，就是很优秀的一帮人。"

"您能解释解释这个吗?"我问他。

"互补,不拆台,要团结。比方说有的时候我忙不开,我分管的工作甚至可以调派给你,你干不过来了我再来,一般地方很少这样的,但是我们经常是这样。"

"那你们之间这种信任是长时间一起工作产生的吗?"

他回答:"这就要提到海油发展的这种企业文化,这个企业文化就是有一种大家过日子的感觉。既然不能分家,那就一起好好过日子,所以互相还是比较信任的。"

我们在对鞠成科的访谈中,他谈起1999年接触配餐业务时,和当时总经理李永耐的沟通。

"我当时在干配餐的时候,就感觉到了一个全新的领域,我感觉非常有意思。让我兼这个配餐公司的经理,当时配餐公司就是一个松花蛋,怎么说呢,里面都是太低级的一些事儿了,但是它就是在这个企业当中存在着,我们就需要改变。"

"所以在我去配餐公司的时候,我就跟永耐说:'我要去配餐公司,我跟你提个条件,配餐公司任何事情都由我来决策,我来为结果负责,我会让这个业务变一个样子。你是一把手,但请你不要过多干预我。'"

"他说行。我说这是一条,还有第二条,配餐公司的财务我不管,然后他说别,财务你一块都管了得了。我说不行,我必须要这样,我不是要整合这个业务嘛,我必须要留一个窗口,给你这个总经理。因为你是一把手,我是副手,我怎么干,我干对了干错了,你通过财务这窗口去看,比方说我个人有没有问题,有没有什么廉政的事儿呀,我的各种决策是不是给企业带来效益了,财务是个最好的窗口,是吧!"

"我说财务我不管,其他事儿都由我来定,他说行,就这么着了。"

管理学者们都认为"企业家精神"是企业家的特殊技能(包括精神和技巧)的集合。所以,这个精神是有所差异的。对于海油发展而言,我们感受到的企业家精神,是一种孜孜不倦的创业动力,是一种绵延不绝的改进作风,也是我们这里所看到的一种责任的担当。

领导基因:"海绵"体干部

海油发展有一群与众不同的干部。他们不是学历最高的一群,也不是最年轻的一群,霍健的形容是,他们一看就不是穿西装、戴眼镜型的领导干部,一看都没有"刘德华"一样出色的相貌,也没有"马云"似的演讲家气场,甚至他们有些人说话的口音,让别人理解起来都困难。但是他们确实能做出与众不同的事情,"能把事做成",就是这些干部最直接的特点。

这些看似平常的管理者,有哪些不同的特色呢?海油发展的公司人才哲学又是什么呢?

好干部=靠得住+有本事

作为曾经的历史包袱,海油基地系统的干部选拔有自己一脉相承的风格。曹兴和给一个好干部的总结是:

"领导干部的选用标准是靠得住、有本事。"

"靠得住就是人品好,人品好的干部,不会的可以教,水平不高的可以提高,知识不够的可以学习,经验不足的可以锻炼,而人品不好的干部,本事越大危害越大。"

"领导干部作为基地集团的主要力量,要切实地加强道德修养,道德品质要高尚,要有厚实的理论基础,要懂得马列主义的基本原理。现在有些年轻干部,貌似水平很高,实际上没有内容,有些人连马列主义的基本原理都不知道,这样讲政治就会流于形式。要能够继承和发扬党的优良传统和作风,艰苦奋斗、艰苦朴素,宽以待人、严于律己,三老四严、四个一样,这些优良的传统永远不会过时。"

"有本事指的是想干事、能干事、会干事、干成事。要多一点实事求是,从实际出发,要少一点形而上学,要会学习,具有学习的能力。领导干部的学习,重点是学管理,而不是学管理学;学会计,而不是学会计学;学法律,而不是学法律学。"

"一个成功的管理者必须具备三种技能:一是技术技能,简单地说就是要熟悉企业生产的全过程，熟悉生产的基本流程。二是人事技能，就是管理者作为企业组织的一分子，在做好本职工作的同时，能够带领手下人员发挥合作精神的能力。三是概念技能，就是要把企业看成一个整体的能力，能够认识到一个机构中各个不同职能、不同机构之间相互依赖的关系，其中的一部分改变会影响到其他部分。它体现了系统的观点、发展的观点、联系的观点。具有这种技能，工作起来才不会支离破碎，才不会只顾一点不顾其他，才能系统全面地考虑问题。"

"具备这些技能的同时，个人的道德品质非常重要，自己成功了不要忘记养育自己的父母、帮助过自己的同志、教育过自己的师长。"

"自己走路要为别人留出路来，只有自己、没有别人的人永远是不可信任的，自己走路、不给别人留路的人永远不会得到大家的认可。"

"因此一个干部要具有创造性的思维能力，敢于干别人不敢干的事、敢于干别人干不成的事，要显示出自己独特的个性特点。"

"我们鼓励创新、支持创新，积极地对待新的事物。对待创新要信任和宽容。既要为创新的成功而高兴，也允许创新的失败，只许成功不许失败不符合客观规律。成功的探索可以接近真理，失败的探索也是接近真理的过程。"

"要有全局观念，充分体现全局一盘棋的思想，要认识到最弱的铁块决定了整个链条的强度，最短的木板决定整个木桶的水平。"

"要有正确的工作思路，思路正确了柳暗花明，思路错误了山穷水尽。要重点解决持续发展的问题，要一手抓资本总量的扩大，同时另一手要抓存量资本的盘活。既要善于经营现有的优良资产，又要经营好矿区资源，要充分发挥好市场在资源配置和结构调整中的作用。要坚持市场取向，不断地学习新的知识，扬弃旧的观念。要充分认识资本需要流动的属性，使资本在流动中重组，在重组中优化，在优化中增值。"

"要始终保持奋发有为的状态，在新的起点上谋取更大的发展。加强道德修养、塑造人格魅力，提倡尽心尽力、反对无所用心，提倡艰苦奋斗、廉洁自律，反对贪图享受，提倡求真务实、真抓实干、淡泊名利。"

"要把代表好、维护好、发展好职工利益作为工作的出发点和落脚点，要为职工群众多办好事实事，不能摆花架子，要带着深厚的感情去帮助困难群众，关心困难群众，自己生活好了要主动关心别人，要爱护每一位员工。"

领导就是演好角色

基地集团组建后，大量的干部重新组合，重新任用，有的经理人员当了副职，有的青年干部做了领导岗位，有的干部南北交换。新的产业要发展，都需要这些原先习惯了原有岗位的干部，迅速适应新的岗位，融入新的角色。因而，从这开始，曹兴和和王家祥，就开始反复地和大家"论道"，除了领导干部如何"做人"、如何"做事"、如何"做领导"之外，最重要的，就是希望大家都能演好正职和副职的角色。

曹兴和说："领导班子的团结和协作也是需要注意的问题。各级班子的成员要认识清楚，要思考怎样当好领导，怎样当好正职，怎样当好副职。"

"班子的团结是一个整体，正职和副职的关系就是上级和下级的关系、领导和被领导的关系。正职是领导，副职是参谋和助手，领导决定之前可以畅所欲言，领导决定以后要无条件执行。正职如果不符合岗位要求，上级领导自然会考虑，任职一天就要尽职尽责地做好本职工作。企业里面行政工作实行总经理负责制，党的工作实行民主集中制。"

"不管是什么岗位，要正确地对待自己，职务高了觉悟并不一定高，水平并不一定高。要实事求是地评价自己，不能自我感觉良好，绝不能把自己看得过重，把岗位看得过轻，把别人看得过轻。要勇于自我批评、自我反省、自我剖析，只要这样才能多一点谦虚，少一点自负，多一点成功，少一点失败，只有这样，品格才能越显高尚，人格才能越显伟大。"

"做到昂扬而不张扬，自傲而不骄傲，务实而不浮躁，要搞好团结与大家和谐相处，对上级服从不盲从，尊上不唯上，同级之间要互相补台不拆台，共事先共心，对下级爱护不庇护，支持不纵容。"

"要有宽广的胸怀，泰山不让土壤故能成其大，江河不让细流故能成其深，要兼容并蓄、海纳百川。要做到与人为善、团结互助，大事讲原则，小事讲风度，坚决抵制庸俗的思想，消除市侩风气，保持同志之间关系的纯洁性。"

王家祥在一次会议上，进一步发展了正职和副职的关系，他告诉各个单位的一把手，正职应该是一种怎样的定位：

"正职与副职是上下级关系，正职领导副职。一把手要敢于领导、敢于要求。

一把手要疑人不用，用人不疑，使他们感受到自己在班子中的地位和作用，感受到自己的人生价值；

对副职在工作中做出的成绩要适时表扬，使他们有成就感；

对副职在工作中出现的失误和偏差，既要适时指正，敢于批评，又要注意面子，以理服人，使他们心服口服，而不要伤害他们的自尊；

一把手要推功揽过，敢于承担责任，为副职撑腰做主；

关心副职的需求（如个人政治上的进步、家庭的困难和问题、子女的求学和就业、工作上需要的帮助等），创造工作的动力。"

王家祥说，正职对于副职分管的工作，总体是三项原则：

"统揽不包揽：对全局工作要统揽，应该副职干的工作不包揽。

参与不干预：尽管班子成员都有分工，但不能不管不问，同时要给下属充分的自主权。

决断不武断：该断要断，在班子内部，有不同意见而争论不休时，要果断拍板。"

另外，他还总结，正职的"五量"：

有容人容事的肚量；

有帮助副职下属的气量；

有夸奖别人的雅量；

有克服困难的胆量；

重大事情要与班子商量。

海绵＝吸水＋变形

和海油发展的各级干部交流越多，就越想给这些干部的特点做一个总结。但这确实挑战很大，似乎找不到一种方法，能够将这样的管理者群体的特点包容进来。

对于他们的低调务实、敢于担当、服务意识，在本书中已经表达得很多了。但还有一点是必须要补充的：

跟这些海油发展的管理层聊天，我发现一个特别有意思的事。海油发展的过程中，它的业务不断地在变化。对于领导人来说它的挑战是很大的，我肯定大部分人干的都不是他原先的专业，或是原先业务上的工作。

方长传是比较典型的变化，一个钻井的技术专家，转眼在 1999 年负责起一个渤海实业公司，他就拉着一批人出去，从卖工作服开始，遇见谁给谁推销，效果还挺好。

2004年海油发展又开辟了一个化工领域，根本没干过。他就带着几个人又去了，几年后，开辟出来一个石化产业。2009年回到海油发展做副总经理，到了2014年又被安排去负责煤化工，又是一个全新的领域。

这样的情况还有很多。海油发展的管理层，为什么能实现这么大的一个跨越？很有张力，很有延展度。这在别的很多公司都是不可思议的事，别说跨这么大的领域，就是在自己的领域，稍微碰撞新的领域，对领导的知识技能和对他意愿的挑战都特别大。

"方长传做这个的时候，他是一个创业人。他能把很多事推向成功，他不是理论家，而是很好的实践家，他是很典型的我们这个群体的缩影。基地绝对不是一个'眼镜加西服'的形象，有时给人感觉有点土，但是能够产生商业智慧，这绝对是方总的形象。"霍健说。

"你说它的来源我还真是一句话数不清，就像茅台酒它很符合，它的菌群到底是什么，说不清，是原生的东西。"

变形、创业、低调，这种特点的原生菌群用什么样的词语来总结呢？

——"海绵体"干部。

在一个偶然的机会，我看到了"海绵"。这个东西大家都常用，是一种多孔材料，具有良好的吸水性。我就想，这个海绵的很多特点，正与海油发展很多的干部特点，有很强的相似性。

海绵是平常的。没有华丽的外表，没有昂贵的包装，没有高企的价格。

海绵是吸水的。虽然外表普通，但是海绵的吸水性能极好，它可以不断地吸收和容纳所需的水分，就像一种绵延不断的深厚学习能力。

海绵是变形的。你可以轻易地就把海绵攥在手中，还可以轻易地弯折、扭曲使它成为你想要的形状。但是如果不撕破它的结构，一旦手掌摊开，海绵可以快速恢复到原先的状态。

海绵是自新的。海绵这种东西，不像其他物质存在记忆刚性，它即使已经吸满了水，只需要用手压缩，就可以把从前的内容都挤出来，之后又可以吸收新的水分。

变革基因："缓释"和"速溶"

从 2004 年 12 月 8 日基地集团成立开始，海油发展刚刚走过了 10 年，但发生在这个组织里的变化，或者说优化，一直都没有停下来。

从组织整体来看，1999~2001 年油公司上市后的基地体系改革，2004 年基地集团重组改革，2008 年股份公司成立，2012 年开始的"内创业"，每间隔两三年时间，海油发展就不自觉地进行一次优化调整。霍健说："我最担心的问题是，海油发展的这股拼劲，随着组织的老化和组织规模越来越大，会被散掉或者打折。所以有时候主动地做一些折腾，也是为了让这股劲儿能保持下去。我一直把这个看作企业的生命，如果这个散了，它的精气神就没了。"

自省是一种习惯

"吾日三省吾身"。关于自省的修行，自古人就比较盛行。作为一个企业，它的自省，就是要不断地检讨和发现自身的问题，用来修正和改进。每个企业的自省能力是不同的，有的整年忙于求生挣钱、无暇思考；有的浑浑噩噩、随波逐流；有的信心满满、趾高气扬；有的遇到低谷、垂头丧气。在这些状态下，自省是被排在比较靠后的位置上的。

海油发展的自省力，从一开始，是外在的压力逼迫的，在多年的发展中不断强化形成的一种习惯，这种与其长期的生存状态相关的"危机意识"，推动了这家公司持续定位生存的空间，寻求产业的发展，实现自我的改变。

1999 年，油公司分离改革，基地系统成为计划经济的"拖斗"。这时的渤海公司，在曹兴和的带领下，反思自己的发展出路，提出的"企业定位，产业规划，资产重组，机制创新"是自省式思考的结果。

2004 年，基地集团重组成立后的产业发展，是寻求规模增长，扩大自身实力的自省式思考结果。

2007~2009 年，海油发展重新梳理和建立管理体系，强化风险管理，是公司领导层对组织能力不足的自省式思考结果。

2010 年，海油发展提出产业的进、退、转，是公司领导层对产业层次和方向的自省式思考结果。

2012 年，海油发展开始的"内创业"，是公司领导层对内生性创业能力和产业体系水平进行再思考的结果。

霍健告诉我："现在的组织离我们最终的想象和我们心目中的期待还很远，它还是国企的二级单位，还主要依托着主业，它只是从那种低落的状态走出来了而已，只是能自立而已，只是稍微出了产业的一点轮廓，但是和那种精锐部队比还有很大的差距，所以远没有终止。"

让改变成为日常工作

海油发展追求的特色，或者说感觉，是"淡而持久，源远流长"。这是一种企业的风格，我想很难被人模仿。

这样的企业风格，会直接影响到企业领导者的决策风格，特别是涉及企业重要问题的决策方面。

从曹兴和开始，海油发展就提倡"不作秀"，在改革的过程中尽可能减少对职工和组织的冲击，而更加倾向于用一种平稳和柔和的方法来推进。

霍健依然延伸了这样的习惯，他说："我偏好缓释的感觉，让大家来意识到问题，并且给大家空间，由他们主动改变，因为强加的东西基本都是要变成形式，或者很快失效。"

"是速溶还是缓释，这是两种不同的药方。那你不喜欢速溶咖啡？"我问，"很多企业希望变革都能在 90 天内完成，他们说这是对企业伤害最小的。"

霍健回答说："上次我在听一位美国教授讲变革，他说变革就是要快，在三个月就是 90 天必须得完成，这叫开着飞机修飞机。如果你慢了，飞机就可能掉下来。我说那也是一种选择。"

"我们是把这种东西隐藏了起来，我们通常不提改革、变革这种东西，但是一直在改，像这样只做不说，我们就叫产业塑造，管理优化，它就是变革。"

"因为这个单位老是变革，每次都是被变革的对象，所以大家都会有所担心，所以我就是一边做，一边来推动。"

"变革很重要，在我们管理工作会议上说的那些管理复杂化的问题只有靠变革来解决，但是业务一直在变化，所以我们就要一直推动，把一个爆发性的东西变成一个缓释的过程。"

"现在我们走的这条路，通过三年把它变成一个我们期待的结果。其实从我内心来说是希望它一夜之间就完成的，但是我感觉完不成，不是调两个人，换两个机构就变了，有些深层的变化只能引导塑造，它不是一种简单的体制变化，应该给大家充分的适应空间。"

"我们要养成一种习惯，别把变革当成一种突发事变的东西，它是很正常的一件事。"

我理解了，点点头，"缓释的一个好处就是，把他变成工作过程中一种不可少的东西"。

霍健接着说："缓释还有一个好处就是大家参与度更高，其实我是希望自己来推动的。但不是我举着旗子，大家跟着我往下做就会有一个好的结果。要想做一个场面，一个形式那很容易，但是就怕内生性的东西没出来，这个组织很在意这种内生性的东西。"

"你获得不了承诺，任何东西都没用，要发自内心地承诺，不是那种会上表态。"

先不评论，迅速试验

成功的改革有哪些？什么样的改革模式是最有效率的？

这个问题一定会有很多答案。管理的多样性带来的是色彩斑斓的企业成功经验，每个都有可以学习和借鉴的价值。

海油发展的改革，有什么样的经验模式？我想答案就是：先不评论，迅速试验。

1999 年，渤海公司的改革，就是整个中海油基地系统改革的试验田。虽然当时对基地系统未来的出路，中海油有不同的观点，但是卫留成对于看不清楚的未来，没有先盖棺定论，而是给予曹兴和充分的试验空间，最终使渤海模式成为中海油整体基地改革的范例。

就此，曹兴和说："我是在基层干，最大的好处就是只要有想法、有思想、有手段，我就可以试验。"

"一个想法出来了，不怕去试验，试一下只要不行，马上收回来，就这样顺利地把我原来的一些想法试验了一遍。"

"哪个能干，哪个不能干，再跟大家讲，关键要有试验。而且我不动声色地试，别人不知道我试什么。"

但是，这样的试验，与"摸着石头过河"有本质的不同。我们在这里要强调的是，中海油能够给予改革者、创业者，或者提出新观点的人一个不预设前提的空间，让他们去充分地尝试自己的想法。这是一种鼓励创业者的环境。

多年以来，"先不评论，迅速试验"的风格一直在海油发展的组织内部传递。二级公司新的业务开展、新的组织方式、新的市场开发，这些方面的问题，都有尝试的空间和机会。

哪怕错了，也是容许并鼓励的。这就是一种鼓励创业的氛围。

举一个例子，刘宗昭回忆说：

"事实上我性格比较强，对大家做事的标准要求比较高，但我对大家很包容，我不要求大家按我的思路干活。"

"有一个同事，是我们现在的总工程师，他原来搞技术，那时他还年轻，他的那套技术工艺我不认可。后来，他非跟我说这个怎么干，我说服不了他，就说你再去找一个人，咱们是搞工艺设计的，你得找一个加工方面非常顶级的专家跟你配合，你得把功能设计和制造工艺结合起来。那么找谁呢，我说精细的制造应该找航天科技集团这些行业的人。"

"后来他就找了所石油学校，我说他们的加工厂是一个培训基地，他就非要和这所学校合作。那我也就同意了。后来我说钱不多，不到 10 万元，你给我立一个军令状，说明加工失败了你担什么责任。我就让他去做了，没阻止他。所以这些技术人员就要通过这些教育他，做成了是鼓励，做不成，也是给他一次锻炼。虽然公司要付出代价，但我评估了一下代价不高，所以就同意了。合作完了以后，他的想法确实没实现，他回来再跟我汇报，从此以后就更加努力了，也更尊重我的意见。"

改革中的帕累托最优

把帕累托最优和改革联系在一起，是刘俊山告诉我们的。

经济学中的帕累托最优，是指资源分配的一种理想状态。假定固有的一群人和可分配的资源，如果从一种分配状态到另一种状态的变化中，在没有使任何人境况变坏的前提下，使得至少一个人变得更好，这就是帕累托改善。帕累托最优的状态就是不可能再有更多的帕累托改善的状态；换句话说，不可能再改善某些人的境况，而不使任何其他人受损。

联系到改革，刘俊山说："没有人失去利益，有人得到利益"，在2004年基地集团的重组改革中，这样的策略获得了很大成功。

这样的改革思路，和我们经常听到的改革观点并不一致，很多人说：

"改革就是既得利益的重新分配。"

"改革就是重新切蛋糕。"

这样的改革不可能达到帕累托最优。那么，基地集团的这种变革思维，从长期来看，应该如何看待？

2004年基地系统的重组，对于涉及的组织和人员，制定了一项"五个不变"政策，稳定人心：不强行下岗，不强行分离分流，干部职工现有级别、薪酬不变(降)，离退休人员的待遇不变，实行自愿的内退政策不变。改革的目标是"职工群众满意不满意、高兴不高兴"，用它作为衡量重组成效的标准。努力站在职工的立场上考虑问题，不把历次改革中分流到基地的冗员看作是没能力的人员，而是当作有待合理使用的宝贵资源，为职工提供工作机会、干事业的平台、职业成长空间以及不断提高的收入和福利，使职工没有后顾之忧，激发出其潜在的能力和热情。

如果从一个经济学的简单角度理解，基地集团重组实行的这些政策，使企业付出了更大的成本，员工增加的收益是以企业多承担的这部分成本为代价的。但是，从基地系统历史来看，这个模式保护了历史传统的完整性，对于每次改革都成为对象的基地员工来讲，这样的策略确实维护了平衡的发展。

曹兴和说："改革不是使一部分人的福利得到改善，而另一部分人的生活水平降低；改革不是使一部分人升官发财，使另一部分人失去岗位，将其推向社会。"

"总公司领导视每一位员工为公司最宝贵的财富，愿意为每一位员工提供发展机会。但是并不意味着我们现在的一切都没有改变，那不是改革。"

"公司的战略目标变了，每一个业务的子目标就要跟着调整，我们每个人的岗位和职责跟过去比要发生很大的改变。在基地公司发展的目标下，我们每个职工干部不能站在原地不动，我们要紧紧跟上，公司党组为基地发展提供了新的机遇和新的有利条件，我们如果跟不上，就会被淘汰。"

平衡最美

在艺术品中，有一种美，叫残缺的美。但在企业成长和改变的实践中，需要

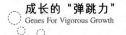
讲求平衡，实现平衡的美感。

但管理的科学性在这个部分可能产生不了过多的作用，实现平衡，更多要依靠一种艺术的技巧和手法。

那么，在改革当中，如何实现平衡呢？中海油确实告诉我们一些经验。

失衡与失败

无论是不是帕累托最优的改革，一个企业的改革措施将会影响到企业组织和员工的状态，至少会在观念、习惯、利益等方面，对现有结构产生冲击。在这个时候，心态失衡、收入失衡、发展失衡这些问题，就可能导致管理改革的失败。

很多企业和组织的改革由于不同阶层、不同类型的员工心态不统一，而最终夭折。中石油上市后，尝试使用的买断工龄策略，当时看似简单明确，但是一两年后当被买断员工看到上市员工的发展，产生不公平的失衡心态时，就导致了严重的对立。

改革虽然要在分配上实现一个良性的变化，但是如果出现不同的员工收入过度失衡，也将直接导致改革的反弹。对于国有企业而言，改革的不稳定因素将产生放大的反向作用。

从计划经济发展而来的企业，组织的变革基本都采用了分拆打包改革的形式，总有一个历史包袱的部分，被放置在企业最不关注的位置，有人说这叫"冷冻疗法"，通过时间的发展，让这些历史问题一点点解决。这是一个看似合理的方案，但是在一个结构发展过度失衡的企业里，弱势的部分产生的负能量，最少是必须持续吸取其他部分的能量来维持生存，还很有可能反过来削弱主业部分的效率和资源。这个看似帕累托最优的方案，实际要以主业的高额成本为代价。

那么，如何在公司改革中，防止出现失衡和失败的现象？中海油给我们提供了启示。

平衡的顶层设计

实现改革的平衡感，必须在整体改革方案思路上进行设计，做长远思考。

1999年，三条线分离彻底完成的中海油，本来可以按照国家的政策，使基地体系逐步分离出企业，推向社会。但是，中海油没有这样选择，它在国内较早提出了协调发展，并且成为集团的一项基本战略思路。多年过去，协调发展推动了中海油业务的进展，同时也推动了海油基地系统的重生。

中国的哲学是讲求平衡之道的。即使是诗词，也要讲求对仗。在改革过程中，平衡的顶层设计，能够保证系统内部资源不因失衡而产生反作用力，保持系统的产出最大。

协调发展，是中海油对平衡之道的诠释，在这样的思路下，中海油的主业并没有因为扶持基地存续业务的发展而受到影响，反而由于基地改革后的专业服务能力而支持了主业的战略目标，推动了发展。不过，协调发展战略成功的核心，并不能简单理解为停留在帮助存续发展的理念层面上，如果没有中海油制定的基地系统三年脱困政策、内部市场化管理原则，基地系统很可能还永远停留在靠主业"喂饭"的状态，永远不能长大。

所以，平衡的顶层设计，重在拥有一个系统思考、充分利用资源的基本思想，同时，平衡不是依靠行政性指定，而是需要自行靠机制形成。所以，重要的是设计一个平衡产生的机制。

当然，市场机制在中海油的平衡机制建设过程中，起到了基础性作用。

第七章

文化永不上墙

企业文化，虽然还不是一个古老而永恒的主题，但企业管理者早就耳熟能详。自从研究日本企业文化的 Z 理论得到美国企业的认同，在世界范围内的企业文化建设就没有停止过。

知名的企业，或者自己，或者别人，整理出来的文化要素、口号、概念、名词，就像魔方一样层出不穷，类似于"狼文化"、"象文化"、"鹤文化"这样的形容词，在形象地帮助读者理解某些企业文化特征的同时，还丰富了中国新华字典的内容。

那些力求卓越和赶超的企业，领导们都期待通过本企业文化的提炼、宣传和固化，让员工和自己的目标、价值观保持一致。因而，很多中国企业的文化热，很快演变成为制定"企业文化手册"的活动。

在某些企业，企业文化的宣传，用一句话可以概括，叫"文化上墙!"

很容易理解，通过每位员工都能够看到的形象，来不断加强对企业文化理念的冲击强度，是能够帮助企业价值观念实现某种程度的固化。

然而，在海油发展的公司里，却看不到任何这样的印记。

海油发展的总部机关，目前仍在朝阳门海洋石油大厦办公。走进这家公司的办公区域，与众不同的是，在墙上看不到任何与企业理念、目标，或者文化口号有关系的展示。

"我们提炼过企业文化吗？有过文化手册之类能说明我们文化总结的材料吗？"我问公司思政部总经理王勇，这应该是他分管的职能。

"没有，"他迅速答道，"我们曾经做过类似的建议，但公司领导否决了。"

在一个提倡通过进行企业文化挖掘和宣传来提高影响力的时代，海油发展为什么不总结和提炼自己的文化？

因为，一个你最珍视的东西，不需要讲给别人，而是要精心呵护。

霍健是中文专业出身，文笔出众的管理者，总结企业文化对他来讲并不是难事，但是他选择不做。

在海油发展第一届年度人物评选现场，他对此做了一个简单的解释：

"对于企业文化建设，有很多同志建议管理层先找几句口号。对此，我也试过，后来觉得行不通。"

"第一，口号确实不好找，总公司也在找，找了很多年，确实很难用简短的几句话概括一个很复杂的精神系统。"

"第二，口号往往随着高层管理者的变动而变动。"

"我倒觉得可以用其他的方式，比如说通过年度人物评选这样一个载体，使公司所提倡的价值理念能够时刻保持活跃。我们把能够承载公司理念的这些人物，请到舞台中央，让他们成为企业的英雄，旗帜鲜明地给予表彰奖励，我觉得比寻找口号更有效。"

"在这个舞台上，我们每一个人的才华品德和精神特点，都得到了非常好的展现，更重要的是这些人物身上无一不体现了海油发展谦虚、低调、敢于吃苦、自强不息、执着追求、敢于担当的企业精神和文化特点。我们就是要通过不断地寻找收集这些生动精彩的细节，凸显放大并弘扬推广这种精神，使其成为企业进步的能量。"

霍健显然对国有企业的文化建设了解很深，后来，他开玩笑地说：

"我想不出一句话把它贴在墙上，而且国企哪有一个能贴出来的文化，哪有一个贴出来不被人撕掉的文化。"

"如果没有总结，那一个文化用什么样的办法才能让它有效或长时间有效？一个文化的形成很不容易，可能是一代人，经过十几年不断的磨合、碰撞和适应形成的，用什么样的办法把这个文化一直发展下去？"我继续问。

"我比较认可的一个办法就是，你要提倡什么样的观点，你就激励，放大那种行为。"

"我们甚至在考核的时候都想引入价值观考核，你的态度端正务实，其他的才能见效。有一个正确的态度不是说对人好不好，是工作的上进心，就是你如果想办成什么事，你就激励什么样的行为，除此之外，比如说做很多演讲什么的，都意义不大，就盯着行为，夸奖他，激励他，就是这样的一个过程。"

"有一些东西值得我们非常认真地把它坚持下去，坚持成一种习惯，一种风俗，坚持成一道风景，这种习惯，这种风俗，它坚硬到一定程度就是我们说的企业文化，物质外壳。"

"就是不断地激励这种行为，像年度人物就是一种公司里的仪式，它总会被传承下来。我想不出更好的方法。"

在一家"文化永不上墙"的公司里，追寻文化的精神，虽然比较困难，但也十分有趣。我们必须从管理层和员工的行为和语言中去感受，必须从历史的文字记录中去发掘，必须将自己置身于公司环境之中去体会。

好在我们能够感受到海油发展企业特质的气场，也能发现潜伏在很多文字下面的管理思想。这些是海油发展的文化吗？我至今不敢肯定，因为在海油发展的管理层都不能够完成的文化总结面前，我们的任何所谓的认定，都会显得苍白无力。

所以，我们下面要讨论的文化，可能不叫文化，也不正统。只是希望通过一些事实，让大家进入这个企业组织的神经系统，共同感受它的精神特质。

22 条军规

2005 年，是基地集团重组成立的第一年，由于 10 家专业分公司的重新组合和建立几乎是分批并行推进的，关于业务的调研论证、干部和人员的安排调动、业务和组织的磨合这些工作，就像一个密排的工程网络，压的所有人都透不过气来。

不过，担任基地集团第一任总经理的王家祥，已经从这个过程中些许嗅出了些其他的东西。

五大区域的重组，虽然尽可能减少了对员工层的影响，但是干部的交流力度是很大的。很多人都习惯于过去地区自成体系的模式，对于新的岗位、新的搭档不太适应。

作为中海油第三条线的基地系统，长期的"养人"思想，使很多干部市场进取心不足，业务认识不统一。

管理习惯、带队伍的方式都千差万别，一些人还不熟悉如何在基地集团新的要求下提升管理水平。

这就是事实，王家祥正在思考一种办法，来给基地集团的管理层指引一个方向，明确一种正确的观念。

霍健此时已经从总公司正式调动到基地集团，成为副总经理。有一天，王家祥处理电子邮件时，收到霍健的信，题目就让他很兴奋，叫《基地集团 22 条军规》。

主要内容如下：

（1）别"牛"。别老找不着北，别管了点事就不知道自己是谁。在别处"牛"最多让你伤些人气，在基地却能断了你的生计。这头"牛"是我们共同的猎物，人人皆可诛杀。

（2）做"牛"。老老实实干活，动静不大，成绩不小，不善奋蹄长嘶，却能负重致远。这头"牛"是我们的图腾。把这头"牛"做好了，才有点资格悄悄找找上一头"牛"的感觉。

（3）多跟自己的客户搞点经济活动，少和自己的领导搞些政治活动。经济活动搞好了，自己的政治空间自然就大了，这就是基地的政治经济学。

（4）心里别光装着自己的前程，还要装着老百姓。在别处，挺大的官却常常管着很少的人，在基地，很小的官却往往管了一大堆人。管人，是权利，也是责任，如果你非要找找当官的感觉，就找当"父母官"的感觉吧。

（5）如果你习惯于训斥部下，那你最好也习惯于找个没人的地方更严厉地训斥自己。

（6）要学会合作。单枪匹马摧城拔寨的人在三国时期叫赵子龙，在中世纪叫堂吉诃德，现在叫"傻冒"。

（7）要表里如一。说到就要做到，外表真诚内心一定也要真诚。就是这些小细节才能成就大信誉。

（8）要表里不一。说的少点，做的多点；姿态低点，出手高点；谈吐土点，思路洋点；外表没傲气，心里要有傲骨。如果你认为这叫欺骗，你就当个大骗子吧。

（9）要感恩。知恩图报，饮水思源。对同事、对下属、对领导、对客户、对家人都要感恩。当然，如果感恩过了头去信教，可能会麻烦，要是信了邪教，会更麻烦。

（10）如果你实在找不到与人交往的诀窍，你就选择厚道吧。巧诈不如拙诚，在道德统治的区域，你越聪明就越倒霉。

（11）要孝顺。不孝行径一经查实，则视为此人仕途中重大的安全事故，一票否决且永不翻案。

（12）要爱惜自己的身体，而不要老想爱惜漂亮异性的身体。

（13）莫斯科不相信眼泪，基地不相信口水。再漂亮的幻灯片也不是成绩单，再漂亮的演讲也不如把事干成。"不以成败论英雄"，这话只能在你失败时当个"创可贴"。

（14）要读书，但不要被书"毒"，既要会在台灯下读小书，更要会在现实中读大书。

（15）要学会宽容。经常咬牙切齿最轻微的后果也是牙痛。

（16）可以讲荤段子，不可以演荤段子。

（17）走自己的路，也要给别人留出路来；搭自己的台，但千万别想通过拆别人的台获取原材料。

（18）要有角色感。是演员就别老把自己当导演，是配角就别老把自己当主角。没角色感的人最终也不会有成就感。

（19）开发市场是件充满刺激甚至有些神奇的事，它能焕发人的激情和潜能。如果没这种感觉说明你可能适合"当市长"而不是"搞市场"。

（20）别老觉得那个岗位对不起自己，而要常想想自己是不是对得起那个位置。做不到这点总有一天领导会很沉痛地对你说对不起的。

（21）如果你恨一个人，介绍他来基地吧；如果你爱一个人，介绍他来基地吧。

（22）如果你对上述各条不屑一顾，请重温第一条。

霍健告诉我，这22条军规，是基地集团刚组建的时候随手写的。

"当时我对这个组织也有新鲜感，因为我也是刚从总公司来，这里面的文化我也感到很新鲜。我也是个新人，对纯的基地并不了解，我感觉到特别的新鲜。"

王家祥看完这 22 条军规，眼睛一亮，其中关于对做事的要求、做人的要求，来自于生动的总结，而且正是他所需要的，也是基地集团成立伊始应该提倡的观念。所以，他立刻将此邮件，做了个群发，让所有基地集团的中高级管理层都来当面镜子，照照自己。

别牛，做牛

基地集团的干部们经常把自己的一些特点和"牛"关联起来，这可能是由于在人们熟悉的动物中，牛是伙伴，也是助手，可以不知疲倦地工作。"吃的是草，挤的是奶。"

"别牛"，是要提醒基地集团的干部，即使成长壮大，也不能丢掉自己平凡朴实的底子，不能丢掉多年来的服务意识和市场精神。所以，不能找不着北，也不能定错了位。

同样，巧诈不如拙诚，在道德统治的区域，你越聪明就越倒霉。厚道这个词，也是对做牛精神的进一步解读。

"保持一个平常心，做一个平凡人。"曹兴和这样的要求，加上基地系统的历史基因，让今天的海油发展，依然保持着一种朴素的气质。

虽然现在办公条件好多了，领导们都有了自己的办公室，但曹兴和引导的串门"聊天"，依然十分流行。某位经理的门开着，但是他不在办公室，问问相关人员就会知道，他现在正在其他的办公室和下属交流。你要问起这些经理为何要亲自去，而不打电话让下属过来，他们一般会告诉你："办公室太闷了，我正好活动活动。"

曹兴和说："我们的干部是既好看又好用，不能像花盆一样，既要具备这些条件，同时要具备动手能力。"

"我们经常说最看不起的就是这些人，后来开一个工作大会，我说现在有些人发言说什么事没有做好，这是谁谁做得好事！这很不像话，就你是个领导，但你不像领导，我最看不起的人就是本身不是领导，硬是装得像领导。当一般的老百姓时很好，但到一定程度以后就是趾高气扬，非常不好。"

"企业不能作秀，一定要实实在的。"

朴实的风格，可以直接在海油发展领导层的会议上感受到。有时因为一个管理问题，相关管理层和分公司的领导人员，都能直截了当地说出自己的观点，有时可以直接争论起来。

当然，这肯定不是争吵，而是真诚地表达意见。"我们开会，听到大家可以直抒胸臆，有时可能不太中听，但是要努力维护这样的氛围。这说明我们还没有官僚化。"

有意思的是，虽然经常在会议上听到不同的意见和观点，但是海油发展的会议现场，却看不到严肃的，甚至剑拔弩张的气氛。这也是曹兴和开创的会议风格。

很多的干部跟我反映说："曹总批评人的时候，他们听不出来是批评，总觉得是在开玩笑，但是在嬉笑玩闹之间，又感觉到他的话得回去好好想一想。一想还是自己这个思路不对，回去马上再改。"

这是一种管理的艺术。曹兴和觉得领导开会，绝对不要太严肃了，可以在谈笑之间都把事情说了。他很少在外跟下属拉下脸，他说："我有时即使生气也是开开玩笑，我说张三的事，可能说的是李四，但是我想张三会有感觉。即使对他非常的不满意了，但是都给他留点面子，不过大家还都挺当真的。"

为什么要这样？他说："这样会议开得就是很和谐。干活方面的基础是心心相印的，比如你是领导我是被领导，过去有一个词，就是你要我干我也不给你干，现在有一个境界就是我自己主动要干这些事情，这是到了一个比较高的境界。"

这种敞开式的沟通，愉快的会议氛围，从曹兴和开始，后续几位领导人都在十年间仔细地呵护着。氛围也在传递，很多培养起来的二级公司领导也用这样的模式在管理自己的公司，形成了海油发展独特的会议特征。

"当然，在外边的时候正式开会，我们就不能像这样了，会开完可能开开玩笑，就是谈笑、打闹似的。这样的话，再苦再累，他觉得这种氛围很好，思想上没有负担，就是一门心思地去干。"

再重温下做牛的感觉。"老老实实干活，动静不大，成绩不小，不善奋蹄长嘶，却能负重致远。这头'牛'是我们的图腾。"

现任中海油副总经理，海油发展董事长吕波评价说：

"平常中的非凡最可贵，平凡朴实最伟大！"

莫斯科不相信眼泪，基地不相信口水

这句话切实说中了基地集团从困境中创业走出来，所经历的不服输、不气馁

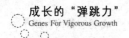

的拼搏感受。

就像方长传所说："那帮人跟着你一块混，现在你自己跑了，不管这100人了；过去你跟别人吆五喝六的，现在一拍屁股就走啦（所以我留了下来）。"

"大家的想法是，'怎么样也要证明我自己不是废人！'"

也像罗翔所说："我是不服气，我说离了他们（油公司）照样活！""我们要对得起老百姓，他们希望我们有生机活力，不能都低人一等，我们也丢不起人！"

还像邵刚所说："人家是主力部队，我们连游击队都算不上。这种心理、这种感觉给我们的刺激很大，大家都憋着一口气。"

基地集团的道路是靠自己从缝隙里挤出来的。很多管理层评价："到现在为止，海油发展所形成的业务，没有一项是中海油总公司明确让我们做的，我们是自求生存。"

霍健总结："创业文化，别人的企业是设计出来的，我们的企业是闯出来的。开始时就是先有行为，你看专业公司的人轨道都铺好了，跑吧。我们是一边开车一边铺路。这个组织里最大的一个特点就是创业。"

"自求生存"的逻辑，就是靠结果说话，用事实说话。

"再漂亮的幻灯片也不是成绩单，再漂亮的演讲也不如把事干成。'不以成败论英雄'，这话只能在你失败时当个'创可贴'"。

几乎所有基地集团的机制都是围绕结果而构建的，有结果的人才能得到重用，有结果的业务得到扩大，有结果的公司得到回报，当然，有结果的人才，自然在开会时会排位靠前。

对于国企来说，把判断事物的标准始终定位在市场、绩效、利润，在这样的结果指标上，显然并不容易。因为有的企业会定位在某种公司政治的要求，有的企业会定位在某些复杂关系，有的企业会享受在某种过程当中。

基地集团的"口水"论，对每个管理层思维的渗透有时是出乎预料的。

我与现任海油发展计划部总经理吴灿业讨论问题，说到一些其他企业常用的管理概念，他可以耐心地听着，不过之后会经常面无表情地看看我，说："这些词我能明白，我现在需要你讲讲它们如何用在我们公司。"之后，我们就形成了一种习惯，用最简单的描述来说明管理问题。

副总经理石成刚，也有类似的习惯，他经常说的话，就是"我不需要很长的PPT，你就告诉我，应该做什么，怎么做，如何组织"，"然后我们讨论如何落实"。

海油发展的躯干里，好似流淌着一种动能，曹兴和是这样总结的："所以回过头来说，每个国家要有'国格'，要有民族的气节，一支队伍要有士气，一个人要有志气。正好我们这支队伍具备了高昂的士气。"

"从一个人来说，具备了一种志气，不服输的志气，因此使我们的队伍不断地提升素质，使我们的产业不断地做强、做大，使我们的职工收入不断地提高，使队伍的凝聚力和向心力不断地增强，这是战胜一切困难，使我们的企业健康发展的根本动力。"

"我们要始终保持一股旺盛的士气，百折不挠的精神，勇于开拓，奋勇向前，这就是我们战胜困难、搞好企业的力量。给你多少钱、多少资源、多少装备可能也解决不了什么问题，最终打仗还是靠人，人是第一位的。"

让路与搭台

我把第 17 条军规略作改造：

走自己的路，也要给别人留出路来；

搭自己的台，但千万别拆别人的台。

这句话给人留下如此深的印象，不是因为它多有深奥，而是与我们经常听到的其他商业逻辑完全不同。

有人说，在这个竞争的社会中，我们的追求是"走自己的路，让别人说去吧"，或者是"走自己的路，让别人无路可走"。

有人说，商业环境就是你死我活的竞争，所以生意就是战争，要彻底把对手整垮！

因而，我们看到在一些行业中，生产同样产品的几家公司像战争一样拼杀，宣传战、价格战、挖人战、品牌战，最终双方相互攻击，甚至员工直接在街头肉搏。您适应和欣赏这些竞争的逻辑吗？

对此，海油发展给出了一个完全不同的解答，既要让路也要搭台。这种理念的产生，在某种程度上受到中海油"双赢"理念的影响，强调交易双方的共同利得。

曹兴和是这种理念的首倡者。这是由于他某一年出国公务的体会，他说：

"有一次出国，我发现随便看一看，立刻能判断出'这群是中国人'。为什么呢？因为中国人都是横着一排走。"

"这一二十个人,很自然地走在一排,后面人的路就给挡住了。另外,到了餐馆,大家也容易不自觉把门口给围住了,有抽烟的,有聊天的。"

"这样的话,别人怎么办,你得考虑。在社会上,有时候我们自己也经历过,做企业也是一样的。"

"所以,我经常说,我们做人要首先想到别人,自己走路要首先给别人留出路来,这样做人,这样做事。"

"三做"和"三对"

对于 22 条军规,王家祥和霍健商量后,决定不对它做额外的渲染。他们希望这个思想,就像涓涓细流,通过邮件传达给每个管理者,让他们自己去感悟,去理解。这个军规就不断通过转发再转发的形式,在基地集团的各级领导层散播开来,引起大家很大的共鸣,不过,最后除了很少几个人之外,已经没有人知道这个作品是出自谁的手笔。霍健说:"后来和一个公司的干部聊天,他给我推荐,说'你知道吗,我看到有一个 22 条军规,正是我们所需要的,你也看看吧',所以就通过邮件发回给了我。"

王家祥在各种场合谈到 22 条军规里的思想,但这个 22 条确实有些长了,自己不好记,大家也不容易记住。所以,他就经常自己思考,如何给这 22 条军规一个更加简单概括的总结。如图 7-1 所示。

思考的结果,就是两句话:

做人、做事、做员工(领导),

对人、对事、对自己。

两句话,说明了王家祥希望基地集团创造和坚持的工作作风和为人之道。他说:"这个社会最基本的,还是做人、做事吧,目标还是做一个好领导、做一个好员工啊。你必须先做人后做事。"

"如何体现这个'好'字?简单地说,你领导得好你就是好领导,你要是工作干得好,你就是好员工。但是怎么样具体体现呢?那就是衡量你对别人如何,对工作如何,对自己如何,这是基本的标准。"

"做人、做事、做员工(领导),对人、对事、对自己",是根据重组改革后

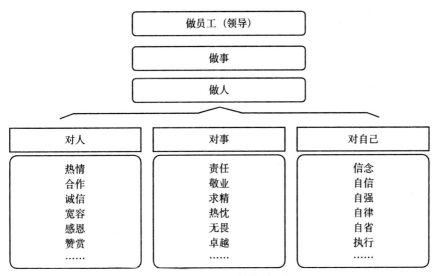

图 7-1 22 条军规的简单概括

的基地集团,各单位、各部门都由不同地区、不同专业、不同文化背景的人员组成的特点提出的,它是一个基本的行为标准。目标很简单,就是要各级干部"宽以待人、严于律己、专于事业","想事"、"干事","并努力干成事"。

做人,对人

基地系统的干部,显然不是海油系统中年纪最轻、学历最高的一群,但却是对海洋石油历史传统最了解的一群,如何统一这些干部的思想?王家祥觉得必须利用传统的东西,简单的东西,大家才能认可。

所以,"先做人、后做事"成为第一选择。王家祥说,"中国人教育孩子,从《三字经》开始,就是如何做一个人,我们基地集团的干部,首先必须是一个做人合格的干部。"

"热情、合作、诚信、感恩、赞赏",是基地集团要求员工达到的对人标准。对客户要时时热情,对伙伴要广泛合作,对说出的话要有诚信,对企业、对他人要心存感恩,对别人的成绩要广加称赞。

"仁义礼智信,温良恭俭让,忠孝勇恭廉"。这些用字是典型的中国传统做人规范。基地集团做人、对人的这些理念,就我们的理解,与中国传统相兼容,但是更加突出了"信"、"让"这些字的含义,这可能与基地集团的市场意识、服务

特点紧密相关，更加体现出一个服务型公司的价值观。

做事，对事

王家祥这样解释对"做事、对事"的理解，"对事，就是你必须要态度认真，这件事做起来肯定是高水平的。"

"当时，傅成玉说，中海油能把政治优势转化为核心竞争力，说的就是我们基地发展，他说中海油能够把不良资产转化为优良资产，说的也是我们基地。"

基地集团提出高标准的做事要求，"责任、敬业、求精、热忱、无畏、卓越"，我们可以通过这些要求，看到一种不断向前追求的精神。

做自己，对自己

"光对人、对事还不行，还得对自己，你不能把自己看得怎样不得了，对自己得严格要求，约束自己。"王家祥说。

"信念、自信、自强、自律、自省、执行"，都是要求基地集团干部员工强化对自己的要求标准。

"三做"、"三对"的基本思想确定，对于基地集团这家刚刚重组的大企业，起到了哪些作用？

王家祥回答道："解决了思想上的问题。比方说甲方对你很冷淡，你有什么想不开，就想一拍桌子，这就不行。实际上我们这套东西就是约束你要忍让，一般情况下，要看长远，不要看当时。"

"通过这个，形成了统一标准，基地系统的干部心态平和了，各种事都能正确对待，都能消化了。"

就如何看待基地集团要求干部做人的标准，我问曹兴和："您在1999年末当渤海公司一把手时选拔了很多干部，为什么您能发现这么一大批优秀的人，在每条线上不管是怎么苦，都能顶到现在不计较，受点委屈也没啥问题，这些干部您是怎么发现的？"

他说话始终面带微笑："这个人关键是一定要有'公心'，我们是整天强调做人，不论你是干部还是员工，都对他强调终身做人的问题。你是个好人当了干部以后才能是好干部。当然你以后也有可能会变化，但这需要教育，需要引导，需要管理。你不引导他，不管理他，他可能会成为一个'歪才'，越有才越危险。"

"后来我们强调的一点，就是首先要人品好，即使他能力差一点，我们可以慢慢地培养他，塑造他，但是首先得是人品好，因为一个人品不好的人，他的破坏性会更大，这个已经形成共识了。"

"我在各种会场上反复强调这些。到了基地重组后期，我们整天在一起论道，天天开会就不讲业务，就讲怎样为人处世，怎样做人，怎样做事，怎样对待工作，怎样去在做人的基础上提高自己的工作能力。"

"三做"和"三对"，在某种程度上，是根据 2005 年基地集团刚刚重组后的情况，进行的思考。七八年过去了，这样严于律己、宽以待人、高质量工作的思想仍然在影响着海油发展的年轻人群体。

现在，所有进入海油发展的新员工，都要学习"新员工三件事"：

第一件事，用心做好自己手头的工作。要关注细节，而不是大而化之；哪怕这份工作不起眼，也要源自内心地尊敬它。

第二件事，按照公认的道德标准做个好人。时间越久，你们越会发现，这件事和上一件同样重要，有时甚至更重要。

第三件事，让自己喜欢这个公司，进而热爱这个公司。只有这样，你的"工作"才会变成你的"事业"。

"星星"文化和"太阳"文化

海油发展两次的年度人物评选颁奖，都选择在渤海公司自有的员工俱乐部举办，公司没有出去租用更为豪华的场地，是希望务实低调的习惯也能在这样的活动中体现。

霍健发言说，他两次都穿着同样的西装，他希望这样的风格能够持续下去，这就是海油发展要放大的、精心呵护的习惯。

霍健用天上的星星来比喻获奖的员工。"在上届年度人物星光依然灿烂的时候，今年我们又看到 10 多颗星星升了起来。"

"其实我们没有评选上的、落选的同志也很优秀，我们在评选的时候非常难以取舍。还有那些在场外默默无闻、奉献的同志，也非常优秀。有的时候，这些星星不是因为它真的不亮，而是因为它离我们很远，还因为有的星星在有意地躲着我们的眼睛，我想正是这样，默默无闻的像星星一样发光发热的可敬的同事们，才构成了我们海油发展、我们中海油乃至我们国家一个浩瀚的星空。"

有人说，在中国，一个企业的文化，就是这个企业领导人的文化，其人、其思、其行，能够直接给文化造型。也有些企业的领导人，就是希望把自己的这些思想，通过文化的外衣，划出一道缝隙，灌输到员工的思想中去。虽然，这是世界上最难完成的工作。

这不是"星星"文化，这是"太阳"文化。希望用一个领导人的光亮照亮整个企业。"太阳"文化是高效率的，至少在短期内，企业领导人表面上看到了自己想看到的标识，听到了自己希望听到的口号。不过，在聚光灯下和背后的真实情景会是什么呢？没有人敢确信没有"灯下黑"。

"太阳"文化最大的危险在于，当一个领导终结在某个时点，太阳的能量会迅速衰竭，太阳所提倡的文化特征，会快速被一个新的思路所代替。也许，这就是很多企业的文化口号，在领导人更换后，也时时更换的原因。

海油发展在文化方面，没有选择塑造太阳，而是尽力发掘能够发光的星星。一个企业由2万多人构成，就会有2万多颗星星，位置有近有远，有恒星也有行星和卫星，但是在一个持久的宇宙生态系统中，任何一颗都是不可缺少的一环。他们每天都结伴出现在天空中，也许每一颗的光亮不是那么强，但是汇集在一起，就能够形成一个天幕。

在海油发展两次年度人物评选中，出现的这20多颗星星，也许有人会觉得他们的光亮还不足够强大，他们的影响还不足以震撼。不过，这是不加任何修饰的真实，这种真实，可能也是一种文化能够自内而发、生生不息的动力。

守护《家园》

如果采访更多的海油发展员工，让他们说说对公司文化的感觉，相信一定有很多人告诉你，是"家"的体验。

客观地说，提出以家为中心，建立文化概念的企业，也不少。但是，如果我们联想到海油发展的历史，就更能够理解，这个"家"对于组织上万名员工的意义。

它是承载着中国海洋石油事业的大后方，是后院；

它是在屡次改革中承担成本的蓄水池，是防线；

它是基地系统员工安身立命之本，是活路；

它是十多年来共同打拼的产物，是成果。

所以，这个家，对于海油发展来说，是必须珍视的。

为此，海油发展做了些不太一样的事情。

低度和浅度

2010 年 6 月，在霍健的提议下，海油发展创办了一个刊物，特地取名为《家园》。

时任总经理李凡荣，专门为第一期写了个简短的创刊词：

"公司管理层想创办这么一个小刊物。"

"在这样一个近 3 万人的组织里，需要一个载体，让大家能够从人文角度谈论些话题。作为经济组织，无疑要关注经济利益，但是，如果想让这个组织更有张力，更有韧性，走得更远一些，就必须要有丰富的人文元素参与到商业价值的创造过程之中。"

"在中国海油的产业族群中，海油发展的资源结构比较独特，没有雄厚的资金和设备基础，这里最丰富的资源就是'人'。把'人'的价值最大限度发挥出来，就会形成这个企业最核心的能力。"

"这里的'人'，不应该仅是一个商业故事中的扁平角色，而应该是立体的、多元的、全息的，具有充沛的人文精神和创造活力，心灵丰富、敏锐而健康。"

"我们希望大家在一个宽松的氛围里，相对超脱地以一些新鲜的视角谈论企业里、生活中的话题。"

"我们不要嫌它高度不够、深度不够，而是要防止它'低度'不够，'浅度'不够，要追求淡而持久，源远流长。"

《家园》的编辑工作，都是海油发展思政系统的员工兼职完成，他们希望把这个刊物做成员工自己的刊物。思政部的何辽勤，是负责人之一，她解释说：

"我们的人员有 25000 人，大家来自不同行业，不同专业，不同公司，就觉得需要有一本刊让大家能够放松地去讨论一些问题，也给广大员工一个施展平台，现在《家园》是轮流承办的，就是我们给总的思路，然后扎根于基层，让广大员工参与，第一，是施展才华的平台，第二，也是我们宣传企业文化和企业精神，达到润物细无声。"

"大家投稿都特别积极，我们每一期都能收到好几百篇。我们是这样子想的，不希望它特别高深，离大家特别远，我们就希望它是亲近的。至少我们希望员工觉得这是自己的东西。"

何辽勤，30岁出头，一身宝蓝色的休闲西服，在初见的时候就会让人觉得这是个做事干练，很有精气神的女子。

虽然是工科出身，险些就做了出海的女监督，但骨子里还是有着难以抹去的浪漫情结，没事也会写写文章，投投稿，可能从那时起，就与现在的工作产生了关联。

2007年何辽勤加入海油发展思政部，开始从事企业文化的相关工作，说"公司领导层，都是看着海油发展一点点从无到有、从小到大、从弱变强，每个人都像养育自己的孩子一样对待着这个'家'，这些员工是能感受到的，也正是这种感受，让员工们能将海油发展当作自己的'家'，让自己的家变得更好，那还会有人不努力吗？"

征集《家园》刊物书法题字的工作也得到了热烈响应，一共征集了几十个不同风格的题字。如图7-2所示。最后怎么办呢？

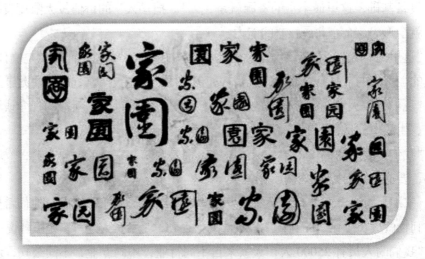

图7-2 《家园》不同风格的书法题字

把这些"家园"全部保留下来，每期使用一个！

淡而持久，源远流长

海油发展员工对"家"的感觉是什么呢？

采油分公司黄文衡说："我们FPSO流传着一句话'有事找仪表'，每当听到这句话，我心里就美滋滋的，我为自己的工作感到自豪。但我也深深地意识到，在'海洋石油111'这个大家庭，仪表部门只是其中的一部分，我们的工作需要全体船员的协助才能完成。'海洋石油111'的总监有一个'1＋1＝1'的理论，也就是一个团队加一个团队等于一个更大、更强的团队。我们的生产班组六年如一日地奔走于现场的每一个角落；动力班组长年累月与高分贝主机打交道；机械班组荣获'魔鬼式'猛男训练基地称号；电气班组激情四射，送点到户，一个也不能少。正是有了大家的同心协力，才有了原油产量的稳步提升。"

采油分公司丘锦华写了首诗，叫《海、人、家》，说道：

"在浩瀚无际的大海中，有一个人，他不是战士，但是他无惧艰险搏风击浪。他不是诗人，但他畅想明天播撒希望。他不是画家，但他衣背的汗水凝出最美的图画。他不是守望者，但他迎接朝阳升起，送别夕阳落下。他的名字叫，海油人。"

"在他深情凝望的方向，有一个地方，它是他最坚实温暖的港湾，时刻等待他平安归来。它是他悉心栽种的叶苗，为他提供生机和力量。它是他炎炎夏日里的清风，为他送去阵阵凉爽。它是他柔和灿烂的阳光，照亮万吨油轮的起航。它的名字叫作，家。"

"家，面朝大海，春暖花开。"

监督监理公司孙子刚说："在国外工作的兄弟姐妹们都很不容易，都付出了很大的代价，做出了很多的牺牲。月圆的时候都想家，都会想：'怎么外国的月亮就是没有咱家的圆呢？'自古至今，身在他乡异地，思念家乡，思念亲人是人类不变的情怀，万人皆然。有道是，既来之，则安之。为了公司的利益和我们自身的发展，就该有舍得。如此，我们才能不断地进步，不断有收获。"

采技服的王振、张风说："有时也会发生管理体系文件落不到实处的情况，这时最好的办法就是沟通，沟通是消除障碍，拉近彼此距离的不二法宝，有时，我们与班组长、一线兄弟喝喝茶、聊聊天，在欢声笑语中，就把一些棘手的设备管理存在的问题给搞定了。其实设备管理最终的目的是管好设备，有效的沟通使很多困难问题迎刃而解。设备管理的'二万五千里长征'，我们已经成功迈出了第一步。新的一年，兄弟们，把枪擦亮，随时准备上！"

油建分公司刘红艳说："在平台上作业的时候，偶尔有空给家里打个电话，最怕的就是听说家里遇到了什么事情，而自己又无能为力帮助他们的时候，鼻子酸酸的，出海的员工总这么说。记得那一年，分公司员工季富财正带领施工队伍在海上紧锣密鼓地施工，可是连续给家里打了几个电话也没有人接听，他的心里就打鼓了，猜想着各种状况。无奈之下，把电话打到单位，请人帮助询问一下，这才得知，爱人在骑车回家的路上被汽车撞倒，小腿骨折，住进医院，单位已派人到医院进行护理。这下，老季可有些着急了，一头是海上繁忙的施工，另一头是住院的爱人，如何是好啊？正在他不知道该怎么办的时候，分公司领导的一个电话打到海上，告诉老季：'你放心吧！你老婆已经没有什么事了，这几天就要出院了，我们会尽快安排你返回陆地的。在海上施工，一定不能分心，注意安全啊！'听了领导的这番话，老季不由自主地鼻子酸了，眼眶湿了。"

采油公司的陈立志，记录了一个场景，他叫作"寓意深长的'毕业'典礼"。

退休在人的一生中是一段经历的结束，也是另一段经历的开始。对于曾经或正在工作着的人来说，这个节点就像人生的一个驿站，迟早都得从那里经过。

采油环保服务公司的邢忠明和邱兆怀两位老同志携手走过了他们风雨60载的人生历程，在2009年底正式办理了退休手续。为此，公司特地为他们举办了一个特殊的退休仪式。

当天下午，当他俩步入会场，赫然呈现在他们眼前的是"邢忠明、邱兆怀同学毕业典礼"条幅。这是怎么回事？他们喜悦而激动的心中又多了几分疑惑。

接下来，主持人以"今天是个好日子"的精彩对联拉开了毕业典礼的帷幕，首先以一段事先精心收集录制的视频播放了两位老员工的生平经历，重点讲述了他们爱岗敬业的精神和为中海油的发展所做出的贡献，以此来表达公司对他们这一代老海油人的尊敬。两位老员工的敬业精神深深地感染了现场的青年员工，领导和同事对他们的贡献做出了高度评价，时任环保服务公司经理朱生凤在为他俩颁发特制的毕业证书时，紧紧握住他俩的手，动情地说"中海油因有了你们而大不同"。

望着那一幕幕往昔的工作场景在屏幕上浮现，听到领导和同事们的诚恳赞扬，两位老员工感动得热泪盈眶。他们没有想到，公司竟然如此用心，对自己一生中的重要时刻和沧桑岁月作了如此细致的记录，对他们所付出的努力给予如此的肯定。这场"毕业典礼"把企业当作学堂，把同事当作同学，把人生当作考场，这让他俩倍感欣慰。他们发表感言，特别感谢公司的这份与众不同的心意和情怀，让他们能够在告别工作岗位的最后一刻，再一次体验团队的温暖和美好，至此，两位老员工终于悟到了"毕业"典礼的深刻用意。

典礼期间，在场的人们说到动情之处语音哽咽，真情难抑，情景非常感人。采油公司人力资源部郭跃明经理动情而又幽默地说："再过九年我也到了退休年龄，我想，最好在那个时候，也能够拿到这样的'毕业证'，也能感受一次这样的毕业典礼。"

这是一次别开生面的退休仪式，简约而不简单，洋溢着公司对员工的关爱和员工之间深深的情谊，让在场的每个人都各有所思，感触良多。这场寓意深长的"毕业典礼"让人们从"中海油因有了你们而大不同"这句话中领悟到了企业的人文关怀。为此，员工都怀着一颗感恩的心努力工作，公司也因员工的默默奉献而大不同。

海油员工为海油发展写了一首歌，歌词是这样的：

故乡在远方，我在大海边，

儿女行千里，父母常思念，

海鸥伴我迎春天，

波山浪谷间，梦回乡关情纤纤。

愿景在眼前，路在脚下边，

自强去创优，进取我争先，

海风伴我谱新篇，

路途很遥远，绚丽人生在眼前。

心灵有家园。

第八章

企业"进化论"

管理学没有对错，但管理实践有成败。每一天，都有新生的企业，加入到神奇的商业竞争之中。在同一天，有几乎同等数量的企业或壮烈、或平淡地死去，在商业生态系统中，写完自己的故事。

出生的理由可以比较简单，只要有一个理想就足够了。但是死亡的原因就显得十分复杂，有的迅速长大而后夭折，有的世界知名却短期崩溃，成功的过去并不能保证未来的存活。"活着才是硬道理"，这句话并不是一个简单的命题。

不论你是新生的小企业，还是行业领导的百年大企业，在企业成长过程中要经历的、要体验的东西，有规律可循吗？这就是我们希望通过海油基地系统的成长故事，试图解开的问题。但是，确实过于复杂了，海油发展的历史也不足够长，我们对这个企业 15 年的成长历史尽可能深入地了解和分析，也只是隐约感受到埋在这段成长历程背后的一些元素。

也许，把这些元素串起来，得不到所有问题的答案，也不能保证任何一家企业持续存活，但是对于探索像海油发展这样的大企业的成长之道，会做个注解。

企业"进化曲线": 学习、顺应、改变

在达尔文的生物进化学说中, 有一段令人深思的文字:

"在这个世界上, 从来都不是那些最强壮的物种生存, 从来都不是那些最聪明的物种生存, 而是那些最能适应环境变化的物种生存。"

对于生物学来说, 这段话总结了生态系统中, 自地球起源以来的基本规律, 用时间做轴线, 不同时期的统治者、参与者, 都在这条基本的规则中生生死死。

如果把这个社会的经济系统也视同一个生态系统, 企业都是这个系统中的成员, 达尔文的进化学说, 也同样适用。

我们说, 这也是企业的进化论。企业进化的核心, 就是"适应环境的变化", 那么, 如何做到? 或者做到比别人更好呢?

很多人都提到过"青蛙效应", 一个慢慢加热的水温, 青蛙就感受不到, 以至于失去生命。可见, 保持一个适应环境变化的能力并不容易。

我们认为, 建立这样的能力, 实际是三个能力连续作用的过程, 它们分别是学习、顺应和改变。

学习是一种修炼

从 1990 年彼得·圣吉先生出版《第五项修炼》以来, 建立学习型组织就成为全世界企业管理者追求组织能力提高的目标。但是, 如果把学习能力作为一个企业适应环境能力的起始条件, 那我们就必须对这种能力的投资进行更加深入的思考。

作为一个企业的学习, 目标是建立对企业、对行业、对社会的深入认识, 在此基础上, 建立比其他企业更强的预知和提前行动能力, 能够有一个良好的学习环境、学习机制, 就能在这个方面奠定良好的基础。

中海油在这方面有先天的优势。自 1982 年开始, 在海洋石油行业进行的对外合作, 就使得中海油从组织到个体都有系统的机会, 向世界同行业的先进水平学习, 在这种条件下建立起管理体系和思维模式, 直到目前仍然是中海油保持竞争力的核心条件。

如果我们把中海油在改革开放 30 多年的大环境中，所做出的相关决策做一个历史性的回顾，就能够感觉到，这家公司与西方合作进行的学习，在每个阶段都对推动公司战略性选择产生了重要的作用。如图 8-1 所示。

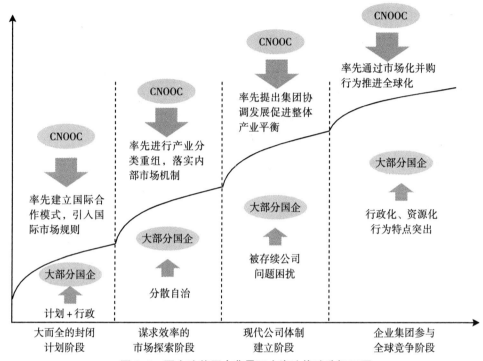

图 8-1 国企改革历史背景下中海油战略选择回顾

在国际合作中率先建立国际市场规则的中海油，显然比同期还停留在计划加行政模式的大多数国有企业，具有了先发的优势。在刚刚开始企业寻求市场的摸索中，中海油根据学习国际经验提出的专业化分工管理模式，又推动了企业的效率提升。在大部分国企由于包装上市，而被存续业务发展问题困扰时，中海油的学习能力又让它率先提出协调发展策略。到了这几年，在全国的大企业都在或多或少地借用行政化、资源化的方式进行"走出去"战略时，中海油利用的方式，却是按照学习的国际规则，推进市场化并购。30 年过去了，中海油从一个小企业，发展成为世界 500 强的前 100 位，中国质量效益最好的国企之一，是与它高超的学习能力有关的。

顺应是一种坚持

那么，什么是顺应？

在行动上做出顺从趋势，接受潮流。在企业发展的各个阶段，即使是一种颠覆性创新，也是在一定的产业规律中进行的，企业发展的组织，也是按照一定的模式演进逻辑来完成的。

但是，企业演化中的顺应，却会产业不同的结果。如果只是被动地接受趋势，可能最多只是一个跟随者，如果能够主动地创造条件来引导性地顺应，就可以把握趋势中的机会，建立竞争中的优势地位。

所以，引导性顺应，是企业进化中期阶段的核心。做好引导性顺应，就要求在既有的资源、业务、组织结构的基础上，通过主动性、坚持性的工作进行布局和调整，创造性地安排有利于未来的机制。这时，一个企业有效的执行能力和坚韧的创业精神将发挥基础性的作用。

从这一点来说，创业不是在打破一个规则，而是主动地顺应一种规律，让企业更好地把握这样的规律。海油发展的创业精神，在这个方面表现得尤为突出。

我们从海油发展产业发展变化的路径，就能够看出创业对于一种主动性规律的适应性。

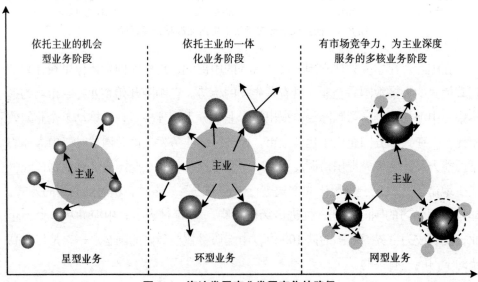

图8-2　海油发展产业发展变化的路径

15 年来，海油发展的产业演变结构，就像我们在图 8-2 中总结的，先后经历了星型业务、环型业务和网型业务阶段，其中，网型业务正在形成的过程当中。这是海油发展通过不断的产业寻求、产业打造、产业聚合、产业升级完成的，能够在每个阶段都顺利地度过，是海油发展相关管理层推动的创业精神完成的。如果没有这样的创业推动力，就不会坚持发展到第三个阶段。创业精神并没有改变从零星的机会型业务，到一体化业务，再到深度、多核业务阶段的大企业产业成长的基本规律。创业，加快并实现了这个并不容易的过程，把不可能变成了可能。

改变是一种勇气

企业进化的第三步是改变。

改变就是否定过去。这个问题的难度，不同企业有所不同。对于那些历史不长、成就也不多的组织，改变并不难，因为不用放弃很多。对于那些曾经经历长期成功的企业，改变就是摆在它们面前最难的问题，因为改变就是对这个企业进行大幅度的调整，甚至必须颠覆从前的成功逻辑。观念阻力、习惯阻力、利益阻力，会像一张无形的网，束缚住企业变革的能量。

这几年来，很多曾经的世界领导性企业就倒在"改变"的关口。近日，诺基亚正式停止了它 149 岁的生命，这个在世界通信行业垄断性的品牌，从出现危机到退出竞争，只有三年的时间。问题就是它所坚信的成功利器，功能性手机被新兴的智能手机所取代。诺基亚的体系一直围绕功能性手机建设，应对这样的环境变化，组织变革的难度大到不可能，最终只能接受被收购的事实。

包括 TCL 创始人李东生，很多人都喜欢用"鹰的蜕变"来比喻大企业彻底变革的勇气和必须付出的努力。

"老鹰是世界上寿命最长的鸟类。它一生的年龄可达 70 岁，可谓高寿。要活那么长的时间，它在 40 岁时必须做出困难却又十分重要的决定。当老鹰活到 40 岁时，它锋利的爪子开始老化，无法有效地捕抓猎物。它的喙变得又长又弯，几乎碰到胸腔，不再像昔日那般灵活。它的翅膀开始变得十分沉重，因为它的羽毛长得又浓又厚，使得它飞翔十分吃力，昨日雄风不再。"

"它不得不面临两种选择：一种是等死，另一种是经过一个十分痛苦的更新过程——150 天漫长的'修炼'"。

"它必须费尽全力奋飞到一个绝高山顶,筑巢于悬崖之上,停留在那里,不得飞翔,从此开始过'苦行僧'般的生活。老鹰首先用它的喙用力击打岩石,这个过程无疑是十分痛苦的,也是个反复流血的过程,但它有着强烈的再展雄姿的意志,所以再痛再苦,它依然坚持到底,直至它的喙完全脱落。然后,老鹰静静地等候新的喙长出来。新喙长出后,代表着老鹰已经成功了一半,真可谓万事开头难。之后,老鹰就用它新长出的喙把脚指甲一根一根地拔出来,当新的脚指甲长出后,老鹰再用它们把那些沉重的羽毛一根一根地拔掉。以上自我'虐待'、自我'煎熬'的过程,老鹰须持续五个月。五个月后,新的羽毛长出来了,老鹰一生一次'脱胎换骨'的工程便告结束。老鹰又开始飞翔,无限广阔的大地,再次成为它的天堂。它'重生'后,寿命可再添 30 年!"

所以,对于大企业来说,具备改变自己的能力,是持续发展、延续生命的最大挑战。

海油发展,到目前为止,正在改变当中建立这样的能力。

德鲁克说,企业的规模、结构和战略是密切相关的。不同的规模要求不同的结构、不同的政策、不同的战略和不同的行为。规模的变化具有不连续性,而且达到一定程度的成长以后必然会出现"跳跃式"的演化。

这是指在企业成长过程中,组织方式的变化,这个过程,就需要改变。

海油发展的组织模式,用我们的总结,也是顺应了这样的规律,用改变推动了组织的升级。

海油发展的 15 年发展,通过产业塑造一直在努力改变产业面貌,通过管理模式的优化和内创业,让组织模式由单体独立成长,升级为集团组合成长,如图8-3 所示。升级的过程,这个企业认识到了,并且做出了决定,尽管这个改变还没有完全完成,但正在路上。

活着就是演化

企业进化,就是学习、顺应、改变三个要素接连产生作用的过程。那么,在企业的成长过程中,和这三个过程是什么关系呢?

为了解释这个问题,我们必须回到企业成长的基本概念——"成长曲线"。

企业成长曲线,经常被称为 S 曲线,它能够描述一个企业从起步,到加速,到滑行,再到停滞,再到跳跃的全过程,如图 8-4 所示。每个企业,都在这条 S

曲线的不同位置，企业的演化，也是通过这样的曲线来完成的。

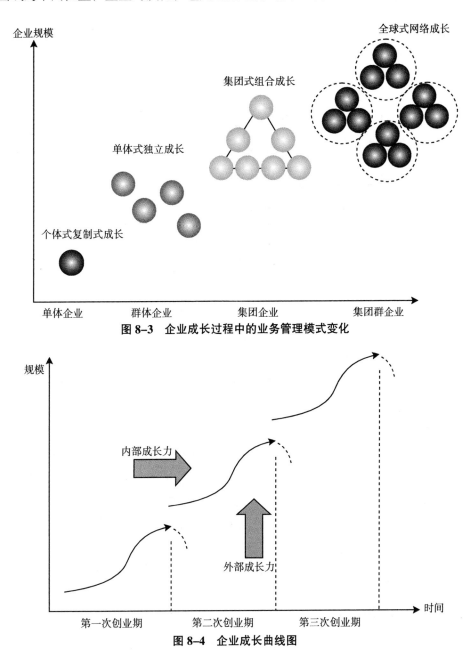

图 8-3　企业成长过程中的业务管理模式变化

图 8-4　企业成长曲线图

那么，在这样的 S 曲线当中，进化三要素在哪里产生作用？我们再来看图
8-5。

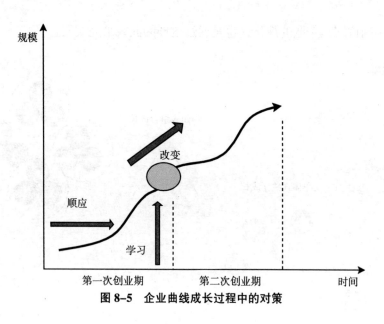

图 8-5 企业曲线成长过程中的对策

懂得思考的组织

古希腊哲学家亚里士多德曾经说过："人的行为总是一再重复。因此，卓越不是单一的举动，而是习惯。"

当我们用成长和进化的观点，再次看待身边那些企业的沉浮故事、兴衰历程，就可能会抽走包裹在企业成长机理外部的环境、行业、生意、资本、组织这些众多不同的要素，以及在这些要素上附着的所谓战略、文化、流程、系统等管理的方法，然后用最简单的方式来看待企业组织有机体细胞的生死原因。

如果说学习、顺应、改变这三个作用要素是推动企业进化的基本动力。那么，是什么使得不同的企业组织在这三个方面显现出完全不同的能力？

是习惯，是一种思维的习惯。

思维的"弹跳力"

"每个领导干部都可以找出一千条沉浸于忙碌之中的理由，但区分一个优秀的管理者和一个平庸的管理者最重要的标准就是他能不能从忙碌中跳出来思考，我们这个企业非常需要这种在思维上的'弹跳力'。"

我们再次引用卫留成的观点，来重温在中海油这样的组织中，在海油发展这样的存续企业成长过程中，显现出的与众不同的思考能力。这是卫留成在《成长的故事》一书中所强调的观点，他说："纵观中海油的发展历程，正是因为拥有了学习和思考的习惯，才使公司驱动了一次又一次体制与机制的变革，施展了一个又一个卓有成效的发展策略，使企业能够既把握现在又着眼未来，既重视现象又关注本质，这种习惯最终形成了企业与众不同的气质与智慧。"

海油发展从一个存续业务走来，15 年的经历，这个思维的能力，确实在每个关键的环节上，都推动了这家公司看到了合适的道路，并采取了正确的策略。

我们可以把这个 15 年总体划分为三个阶段：

1999~2004 年，创业阶段的海油基地系统，做出了几项重要的决策，是至关重要的。从渤海公司主动自立改革发展，到协调发展战略提出，到激发各个产业的创业精神，都是中海油和基地系统的领导人，经过深思而后做出的决定。这里的每个环节，都渗进了思考的成就。

2004~2012 年，产业聚合扩张阶段的基地集团，依靠的是总体改革设计下的多层思考模式。实现基地集团重组改制，是对中国国有企业存续业务发展模式思考的结果。这个时期，每个产业的发展，都可以在一个相对宽松的微观环境中，思考并且执行。

2012 年开始，在海油发展进入产业升级的新阶段，"内创业"道路的提出，也是这家企业对于过去发展方式的总结，以及对于未来的再次选择。

我们在本书中，对于海油发展各个阶段、在各个层面上发生的思考过程和决策故事都进行了详细的记录，就是希望通过这样展示，来给大家呈现一个在思考中摸索探求发展的企业成长的真实过程。

在企业思考过程中，探求成长结果，这也是最真实的成长状态。

有一则谚语，海油发展的领导层比较认同，叫：

思想决定行动，

行动决定习惯，

习惯决定品德，

品德决定命运。

从中，我们能感触到思考对于这家组织的重大作用力。

让思考成为企业竞争力

一种思考的习惯和能力，为什么会起到很大的作用？因为思考是进行学习、顺应趋势、勇于改变的基础，是它们的前置条件。

所以，如果说企业的资源是企业要争取的先天条件不同，那么企业的思考能力，确实是企业后天发育能力的基本决定力量。

美国管理专家对于核心竞争力的描述是这样的：核心竞争力是一个企业（人才、国家或者参与竞争的个体）能够长期获得竞争优势的能力。是企业所特有的、能够经得起时间考验的、具有延展性，并且是竞争对手难以模仿的技术或能力。

这个概念提出之后，所有的企业都在为获得或者验证自己的核心竞争能力而努力，外部追求获得企业的独到资源，内部追求提高企业的核心能力。

对于企业核心能力的提高，目标就显得格外分散了。有的企业追求战略能力，有的企业追求人才能力，有的企业追求执行能力，不一而足。但是，很多人都忽略了一点，那就是在企业各种决策中，起到最基础作用的能力——思考能力。

我想，海油发展的成长历程，已经能够说明，如何让思考成为企业的核心竞争力。

1998 年朱镕基任总理后，曾接受一家德国媒体采访，谈到中国的国有企业，他有一句话令人印象深刻："我不相信国有企业效益做不到像外资企业和私营企业一样好。"

海油基地系统从 1999 年开始，用了 15 年时间，来验证朱镕基的这个论断，他们做到了。

第四部分

成长的故事

把不可能变成可能

在海上石油技术研究领域，优秀的科研者肯定不在少数，但刘敏的事迹依旧让人赞叹。

海上的生活是单调的，在我们的印象中，从事海洋石油的人，基本上都是男性，包括从事相关技术研究的，无论从我们的主观印象，还是客观事实，绝大多数都是男性。

但有一位年轻女性，却在艰辛的海上油田技术研究中取得了累累硕果，她引领了一套技术系列、一个产业在中国海洋石油的发展，并且已在海外推广上初见成效。这个人就是刘敏，在她谦逊、低调的外表下，是她为中国海上采油工艺事业全力奉献的赤诚之心。

刘敏其实代表的是众多采技服从事研究的工程师们，她不一定有多高的技术天赋，但她凭借着自己的不断努力，钻研学习，从采油工艺工程师、井下工具岗位经理、增产作业主任工程师，一直到总工程师，每一步都脚踏实地。

科技进步等各类奖项的奖牌和证书更是多得不胜枚举。但我们要谈论的，并不是她到底获得了多少技术奖励，而是她在获得这些奖励的背后付出了怎样的辛劳。

作为中海油的工程师，出海就是必须的经历了，刘敏仍然很清楚地记得自己第一次出海的经历。

"那是在 1998 年我们做'一投三分'技术现场作业的时候，任务是把我们自主研发的新技术用于作业当中，那次的记忆是比较深刻的。那是第一次出海，前后将近半个月，经过这次出海，我感觉海洋石油开发生产的确不容易，因为当时的工作环境都还比较恶劣，员工都比较辛苦。但同时，能把我们的技术成功应用于现场，这个感触是比较深的。一方面是感到很欣慰，另一方面也觉得作为一名海洋石油的科技工作者，真的是肩负重任。"

"终于着陆了，踏实了。"这是刘敏回到陆地之后的第一种感觉。"我觉得特别有意思的是，我原来很少看武侠小说，但在平台上，我居然在两个星期不到的时间里，把平台上所有的武侠小说都拿来看完了。"刘敏说起除了工作之外，在平台上为数不多可以用来打发时光的"活动"。

在同事的眼中，看似柔弱的刘敏实则非常"聪明，并且勤于学习"。她的事无巨细是上下皆知的，下属请她看一份材料，只要她眼睛一扫，连一个错误的标点符号都能马上"揪"出来。这份细心是刘敏在这么多年从事技术工作养成的习惯。

刘敏对于工作其实跟很多人一样，都是在时间和真正的"亲密接触"后开始慢慢喜欢上的。"那时候感觉机械设计是挺苦挺累的，当时还没有电脑，是在木板上作图，每一张图要花费很多的时间和精力，还有体力。我也觉得做设计总是面临一些挑战，时时刻刻都有新的东西需要你去学习和解决，我才开始慢慢地喜欢上它。"

刘敏的谦逊在她的谈话中处处体现着："我觉得做技术这一行的确是不容易，有的事情不是一成不变，总是会出现新的问题等着你，需要你去解决，但是压力也很大，主要是因为自己能力上的问题。我总觉得自己还有所不足，赶不上公司发展、技术发展的需求。"

刘敏的科研成果不胜枚举，每一个都是在海上石油工艺研究的前沿上从零开始，从有到无，刘敏这样总结着自己的成长，同时也像是她对待工作的一种写照。"通过这些年自己的一些心得和参加的培训，更多的是实践吧，我总认为人是有潜力的。很多时候你对自己的认识并不是很清楚。有时我也在想，为什么人总说旁观者清。的确，有的时候，自己对自己的认识和看法，还不如别人对你的了解和理解。"

"我原来在做很多事情、遇到很多困难的时候，当别人提出问题，我会直接说'不可能'。但是近几年，通过自己的成长和思维方式的改变，我觉得很多时候是可以把'不可能'变成'可能'的，当然在这个过程中需要付出努力，需要去做些事情。但是因为这种思维方式和态度改变，很多事情就是从'不可能'变成了现实。"就是这样，刘敏带着这样的转变，带领着她的团队，研究出一项项对于海上石油而言至关重要的科技成果，不敢放弃，不松懈。

"从入职以来，我遇到了很好的公司发展期，也遇到了几位好领导，带着我们钻研技术，也让我们学会看问题的时候更有高度、更全面。"

在多年的技术攻关经验积累和沉淀的基础上，刘敏考虑的便不仅仅是单一的技术，而开始站在技术发展体系建设的角度，致力于公司产业和技术的规划。

带领团队建成海上油田驱油高效开发的技术体系，是国内海上油田开发"别有洞天"的新探索。刘敏组织完成钻采产业板块规划的编制，也开始重视团队的建设，要带领着采油工艺研究所"围绕发展目标，打造一支有激情、有责任心的创新性和谐团队"。

针对不同的客户需求，刘敏有针对性地组建队伍为"甲方"提供服务。一步一步地，刘敏的步子越走越大，也越走越稳当。

刘敏一直觉得，对于女性科研人来说，是存在了很大优势的，"因为性格上的差异，在一些细节方面，女性更倾向于关注它们，处理问题的方式和角度，也有很大的不同。"

逐渐地，刘敏也开始从专门从事技术的岗位上，转向了技术管理，跟过去单纯做技术相比，还是有着很大的差异。"相较之下，自己静静地做事情、处理事情的时间会少一些，但再怎么说，一个人的力量也是有限的，团队的培养和建设非常重要，我的出发点是让团队中的年轻人尽快成长起来。"

"我觉得自己也慢慢地成熟了。这主要是思想上的成熟，包括考虑问题的方式、方法上，还有全面性方面逐渐成熟。原来自己的思维很简单，就是一条线，现在考虑问题的因素多一些，而且也会站在不同的角度去看待同一个问题。"刘敏也这样说到自己的一些变化。

像刘敏一样，尝试着把不可能变成可能的海油人，一定还有很多，也正是因为有他们，海洋石油才在不断地更新着历史，更新着海洋石油的发展前景。

"298"事件

所有的产业发展，都不可能一帆风顺，监督监理公司曾经发生的"298"事件，让杨立平和原副经理陈小川久久难以平静。

为了能够进一步满足海上支持服务平台的工作，紧贴主业发展，在得知有支持平台的需求，但现有生产难以满足的时候，陈小川带着团队就飞到国外去找资源。海洋石油298号，就这样被陈小川等从海外采购了回来，"实际上298回来以后，完全是为了油公司的勘探生产在做一切的努力，就是尽一切力量保证海上油田的施工"，陈小川如是说。淡淡的一句话，真实反映着当时监督、监理紧贴主业发展，为油公司做好服务的发展意识。

一个项目还没有完全做完，陈小川就开始考虑之后的出路，"这样一个资产压在那里，压力还是挺大的，我们就主动去寻找市场、找工程"。

298浮式船的特点决定它的移动范围更为广阔，于是就找到了南海西部公司。298就这样沿着海岸线来到了相对陌生的南海海域继续尽职尽责，全心全意地为油公司服务着。

"到南海作业的时候，就遇到了一件令人惊心动魄的事情，现在这件事要真的好好总结一下，这一件事情影响了整个中国，影响了整个中国在海上应急救援体系的建立，以及应急救援这个思维和理念上的改变。"陈小川说完这段话，停顿了片刻，似乎陷入了回忆，又似乎在思考些什么。

"能给我们讲讲这个故事吗？"我还是忍不住打断了陈小川的思绪。他端起茶抿了一口，跟我们描述了一件令人惊心动魄的海上抢险故事。"首先还是要说，当时这种环境下，我觉得我们的管理还是非常超前的"，2006年，海洋石油298号已经在南海提供着生活支持服务。

与渤海内海不同，南海是一片开阔的海域，受到各种洋流的影响，很容易形成台风，但那时候对于台风的预报并不及时，2006年8月初，南海海域自己生成了一个土台风，能达到7~9级的风力，"从当时的管理来看，就觉得这个风力很大，可能超过七八级，就决定要撤离，要脱离。"就在撤的过程中，也接到了台风的预报，由于时间紧迫，油公司的人员也都上到298上，一起随船撤离。"我当时也在海上，收到邮件我一看，哎哟，68个人。"

陈小川现在说起这句话，还是能体现出当时的担忧和紧张。海洋石油298是漂浮状态，无动力被拖航的。带着这么多人有很大的危险性。可是时间又不允许再将人撤下去，也腾不出多余的资源来支持这个平台的人员撤离。只能硬着头皮带着68个人，踏上了回码头的路程。"结果，在撤离的过程中，这个台风很快就追上来了，因为土台风就是在附近生成的"。光是听着这样的描述，我的心里也不禁为海上漂泊着的298号，还有那68个人担忧起来。

接到台风追上的消息，不仅仅让中海油启动了海上应急预案，迅速组织各方力量和资源抢险；还引起了国家政府、各相关部门及机构对事故的高度重视和关心，国家安监总局局长、国务院国资委副主任都亲临中海油总公司应急指挥中心；交通部主要领导也在海上搜救中心总值班室指挥救助。

2006年8月3日凌晨，南海216号，拖着海洋石油298号在台风"派比安"中，艰难地航行，台风不断靠近着298所在的海域，拖航组还正好处在台风行进的路线上，风力达到了11级，现场气象和海况条件急剧恶化着，拖航组航行非常缓慢，甚至还出现倒退现象。上午10点，拖航的南海216号主拖缆突然崩断，完全没有动力的海洋石油298号，带着68个人在狂风巨浪中剧烈摇摆，严重失控。当时的风力达到了12级，浪高8~10米。

随船护航的"华镇"轮几次三番地试图与海洋石油298号连接拖缆，可人员无法在甲板上安全操作，298号又没有准备好应急拖缆，接拖工作无法成功，只能在现场紧密跟随，伺机而动。拖缆断裂后的海洋石油298号在风浪中随波逐流，以5.0公里的速度向上川岛漂去。

"不行就冲滩，冲滩之后就上救生艇，到时候到岸边就没事了，但这个不是万不得已不能用，那就叫弃船了。"陈小川描述着当时那种环境下可能出现、可能不得不采取的行动、可能最下下策的解决办法。

10点30分，298号开始抛锚，意图阻止或降低船舶的漂移，一只锚没用，速度依然很快，于是第二只、第三只、第四只锚，终于在12时30分左右，298号在距离上川岛7海里的地方停止了漂移并稳定了下来。海事的救援船只一方面始终随行守护，另一方面试图强行靠近实施救援，但还是因为风浪太大没有成功。

　　"我当时有点害怕,这件事情有点大了",陈小川此时说起这件事的心情,还是能够看出当时的纠结和不安。当时经过多方协调,已经与中国香港的飞行服务队取得了联系,"把我们的船位告诉中国香港飞行服务队,随时让他们关注我们的船位,必要的时候弃船保人。我们的理念,生命是第一要务"。陈小川在当时做出了这样的决定。

　　中国香港飞行服务队有着丰富的海上救援经验,悬停在 298 号上空,救援人员下到平台上,双方通力配合,先后于 15 点 50 分、18 点 45 分将两批共计 56 名遇险人员救起。"我们先将施工人员全部撤离、船员全部留下,到最后,剩下的都是高级船员。"在最危险的时刻,陈小川还是先顾忌了"甲方"的安全,船员们不到最后的时候,就要与船同在。第二天一早,剩下的 12 名船员,也被中国香港飞虎队成功进行了救援,298 号也被成功拖航返回码头。救援的全部工作告一段落。

　　所有被中国香港救援队接下来的人员全部滞留在了香港,"没护照、没身份证,穿个裤衩就不错了,就在咱们那个罗湖口岸,兄弟们就在那等啊,我这是又心急、又心痛。兄弟们刚回来,惊魂未定,还回不了家。"

　　想到这件事情已经引起了国家领导的关注,就开始把当时的情况一层层汇报,拿着国家各部门的批示,找海关、找边防。从上午七八点,一直折腾到下午四五点钟,才解决。"站在罗湖口岸,看着兄弟们从罗湖口岸进来的一刹那我就控制不住了,兄弟们穿着拖鞋,还有香港红十字会和市民捐的背心……"陈小川的声音有些哽咽,沉浸在当时的心痛情绪中难以自拔。看着兄弟们从一个黑色的编织袋中掏出救生衣的时候,说这是我们救命的东西、是我们的资产,"我当时一下就控制不住了",陈小川抱着每一个入关的兄弟,心中万分感慨。

　　通过这次的事件,让杨立平发现了几个不错的小伙子,也更让他知道知识的重要性。事故当时,"有一个学机械的小伙子在机舱里,那个舱面积很大,放了很多东西,还有一个铲车,他当时担心铲车是在一个柱子上固定的,要是固定不住来回撞,就会把船撞出个大窟窿,他就自己搬那种 50 公斤一袋的化学药品的袋子,垫在边上,就能够防止铲车直接撞到船体。"杨立平说起这个故事时,还能感觉到心中的感动。感动这样一个孩子,能有这种意识。现在这个"孩子"已经是平台的副经理了。

国际飞翔

他是监督海外团队的"领头雁"，带领着监督团队为中海油提高钻完井质量、降本增效做出了突出贡献；他是钻完井行业锐意创新、勇于实践的领跑者；他是海油发展监督技术深圳分公司副经理、深水项目组经理黄小龙。

黄小龙是东北人，给人的印象是诚实、稳重、亲和力强。2003 年，凭着优异的成绩，黄小龙从大庆石油学院地质专业毕业来到了监督监理技术公司。在校期间担任过校学生会主席的他，开始了他一生的追梦之旅。

对于刚迈进监督门槛的他来说，海洋油田开发的高难度给他留下了不可磨灭的印记，他铆足了劲，刻苦钻研，勇于探索。他的足迹"遍布全球"，国内四海，他参与了三个海域钻完井作业；海外区块，他参与了缅甸、肯尼亚、伊朗、伊拉克、尼日利亚等项目，去过十多个国家。

伴随着中海油海外战略的实施，监督技术公司自 2005 年抽调一批国内优秀人才，成立了海外技术团队，黄小龙就是其中典型的代表。面对落后的第三世界国家，后勤补给差、地质条件复杂、自然环境恶劣、不同的文化背景，他义无反顾地踏上海外征程，他用踏实的作风、精湛的技术，征服了一个又一个"甲方"，也征服了外方作业者。

2005 年，在缅甸 M 区块钻井设计审查时，聘请了中石油、中石化及中海油内部多位知名专家，当大家看到该井孔隙压力高达 2.38SG、浅层高压活跃、密度窗口倒挂、软泥岩缩径严重等一系列世界钻井难题时，深刻地感到这项工作的艰难，为年轻的监督组捏了一把汗！

黄小龙自从接到任务后，与项目组一起加班加点研究方案、落实风险、制定措施，攻克了一个又一个技术难题，成功完成了缅甸 M 区块地质评价，并研制应用了重晶石回收系统、高温低压固井水泥浆体系研究等各种先进技术，填补了国内技术空白！缅甸 C2 区块 AUNG ZE YA 1 井为该构造第一口探井，周围没有任何可借鉴资料，兼之此井具有地层复杂、坍塌压力高等多种困难。面对重重困难，黄小龙没有退缩，优质高效地完成了此口井钻井作业，得到缅甸分公司的高度赞扬，同时该井也创下缅甸国家以及中石油、中石化在缅甸相同地质条件和类

似井深的最快钻井纪录。

跟随总公司共同开拓国际深水市场。他于 2009 年赴尼日利亚 TOTAL 的 130 深水钻完井项目组，担任深水平台作业平台工程师，初到平台，60 多岁的道达尔现场第一负责人 Bill 当得知这么年轻的他居然是工程师时，很不理解，带有嘲笑的意味说，"Chinese young engineer"（年轻的中国工程师）。

在一次现场钻井液顶替作业过程中，黄小龙看见 Bill 带着几个法国人在钻台上讨论顶替量，由于井身结构复杂，讨论了十几分钟也没有最终结果，问了具体情况，黄小龙用他多年工作积累的经验公式随口说出了顶替量，Bill 惊讶地看着他，他告诉 Bill 自己的计算方法并用理论公式又核对一遍，结果一样，Bill 夸张地说"令人吃惊的年轻的中国工程师"。正是通过种种技术细节和扎实的基本功，黄小龙慢慢地征服了道达尔钻井团队，得到外方的一致认可！

监督技术公司从 2006 年开始筹划深水技术人员的培养并全力推进人才培养，从尼日利亚深水钻井、美国墨西哥湾深水项目、赤几深水作业等作业实践到美国定期深水技术培训都有黄小龙的身影，作为公司深水项目组负责人，他带领近 50 人的技术团队边学边跑，认真研究和分析外国公司深水技术和做法，跟踪国际深水先进技术和理念，为海油赤几深水作业和自营深水钻井船 981 顺利作业，做出了突出的贡献。

2011 年底，中国第一艘堪称钻井航母的深水钻井平台海油石油 981 走进了测试锚地，但外方验船小组由于没有合适的测试工具，无法做全面动负荷试验，黄小龙在得知这种情况后，凭借近些年在深水领域的技术沉淀，迅速深入研究，做方案、开专题讨论会、反复核算，在最短的时间完成了测试工具的制造方案，并提前一周完成工具的制造和调试！在深水钻井平台动负荷测试过程中，取得了非常好的效果，得到"甲方"和外方验船小组极高的评价。

2012 年 5 月 9 日伴随着王宜林董事长一声令下，国内第一艘深水钻井平台、第一个自营探井顺利开钻，吸引了国内大量媒体。王宜林董事长在深水钻井平台开钻仪式上说，深水钻井平台是中国"流动的国土"！这对黄小龙来说，是巨大的鼓舞，为了这一天，黄小龙及其深水团队不知付出了多少辛酸和泪水，为了保证深水作业顺利完成，深水项目组多次组织员工前往尼日利亚、墨西哥湾等参与深水作业，积累经验；为了保证深水作业顺利开钻，黄小龙及他的团队不知道熬过了多少日日夜夜，保证方案的完美无瑕。

"选择监督，选择海洋石油事业，我的青春无悔。"黄小龙的话语中透着自豪和坚定。这就是黄小龙，干劲十足、有血有肉、懂技术、懂管理，把所有的热忱与激情倾注给海洋石油，用开拓与奉献去书写亮丽的青春！

机遇就在考验的身后

康菲溢油事故发生在 2011 年最热的时候，又给国家海洋局和中海油的领导们的心里添了一把火。而在新闻自由度如此之高的 21 世纪，记者的长枪短炮，并没有因为天气的炎热而停止或者减弱对溢油事故的持续关注，各种尖锐的问题让本就燥热难耐的夏天，多了些特殊的火药味。

发生溢油的油田，距离最近的海岸仅仅 70 公里，不远处还有海洋生态自然保护区、养殖区以及滨海旅游区。溢油的情况到底如何控制？到底会对渤海海域的生态环境带来多大的影响？如何才能将危害降低到最小的程度？能否妥善地处理好这次的事故，对于中海油而言，决定了它有没有可能挽回自己的社会形象，所有的领导在那个夏天时时刻刻都关心着同一个问题——油去了哪里？

由于溢油油田距离海岸太近，为了避免对更大规模的海域造成污染，或者对于溢油情况监控的不足，国家海洋局、中海油在对溢油点进行整治封闭的同时，动用了卫星、航空遥感、船舶监视监测等手段，对以 19-3 油田为中心的 4600 平方公里的范围进行监视监测，一方面要随时了解油漂去了哪里，另一方面是预防和及时发现是不是还有新的溢油位置。

中海油的环保产业成立其实起源于 2003 年，最初的想法就是要拥有这种能力，在遇到溢油污染事故的时候，能够及时进行处置，无论是对环境安全，还是对环境保护本身，都有着相当重要的作用。

在这个关键的时候，中海油的环保产业被推上了风口浪尖，所有人都看着中海油是不是在挣钱的同时履行了社会责任，是不是能够及时地缩小危害？总公司在事情发生后立即成立了相关的应急处置小组，谭家翔任技术组组长，他的任务就是监控，通过各种可以动用的渠道去找油在哪里，分析油可能在哪里。

那两个月，揣着一颗悬着的心，谭家翔几乎就没有睡过一个踏实觉，这次的事故动用了中海油采购的卫星软件进行拍照，但卫星并不会来回转，每天只有固定的时间才能转到溢油的区域，仅有的几张图片被大家反复地解析，油在哪里？方向是什么样的？油可能去哪里？

每天一大早，总公司的领导就等着与他们进行视频通话，听取前一天的工作汇报和当天的工作计划报告。媒体在那些日子，眼睛和镜头都紧紧地盯着中海油，盯着海岸线，就等着看中海油是不是对这件事情负起了责任，但凡一点点的懈怠，都会被媒体添油加醋地鼓吹成中海油只顾挣钱，不承担社会责任。

坐在办公室里是不可能找得到油的。海上的海监船在搜索范围内来回巡逻，谭家翔和他的同事们开始思考，油会不会污染到了 70 公里外的海滩？六七月正是南戴河、北戴河的旅游旺季，每天沙滩上都聚集了无数的游客，如果油漂到了海岸上，必然会引起巨大的恐慌，又会让媒体抓着不放地大肆渲染。

不能在办公室里坐以待毙，一定要出去考察，看看油污是否漂到了海面上。谭家翔带着十几辆车，组织了几十个兄弟，又在海岸上，组成了新的油污取证队伍。每部车上的对讲机都不停地响着，接收着指挥车传出的指令，要谨慎，要淡定，要有耐心，如何采样……谭家翔坐在指挥车上发布着命令，心里却一直期盼着，千万不要有油污，千万不要。

十几辆车沿着渤海湾散开了，从杭州湾到辽宁新村，每辆车都有自己的责任区域，不间断地实施监控和采样，指挥车上，有康菲公司的代表、其他相关部门的代表。谭家翔作为环保公司的代表也并没有歇着，根据拿到的图片继续分析，跟北京的部门保持着紧密的联系，与分散开的十几辆取样的车及时沟通着。与海滩上游客们轻松愉悦的心情和气氛相比，这几辆车上坐着的人，气氛已经紧张到了极点。

清晨，海滩上只有早起的几个零星游客在散步，有个人看了看脚下水边不明显的几处油迹，心一下就悬了起来，四下看看并没有人关注自己的方向，用黑色的塑料袋，将油污部分收集起来，佯装镇定地回到了路边停着的车里。

中午的海边没有一处可以躲避烈日，海面上因为热浪，对景色看得都不太真切，沙滩上仍然有个人戴着一顶大檐的帽子沿着海水的边缘慢慢地走着，仔细地观察着海滩的区域是不是有异样的油斑。这就是当时负责沿岸取证的同事们每天重复的工作，看上去跟周围的游客没有什么区别，但实际上心里的压力和担忧与游客的轻松愉悦俨然不同。

通过沿岸的取证油污进行油指纹的查验，大家万分庆幸那些并不是溢油油田漂上岸的油。沿岸的查看还在继续着，每天，网络、新闻都不断地播报着康菲溢油事件的实时进展，在所有人员通过不同渠道的努力之下，第一个溢油点堵上了、第二个溢油点封闭了、没有渔民汇报养殖的异样情况、沿岸没有油污漂流的痕迹。大家才逐渐安下心来。

但根据以往国外发生溢油事故的经验，油污影响的观测绝不是短时间内的任务，有些影响可能会在一年甚至更长的时间持续着。虽然大的风头已经过去了，但中海油对于事故持续的关注，和未来对于此次事故的持续监测都还在媒体的关注下会被时不时地提起。

这次的事故在当时相当轰动，让中海油面临了企业形象的重大考验，让渤海湾的环境受到了严重的威胁，让中国海洋环保的工作接受了严重的挑战。过去的事情一定要引起更高的重视。

这次的事故，让中海油加快了自身环保产业发展的进程，更多的环保船建成或者投入建设，更多的环保制度和措施被注意完善，更多的企业和人员开始关注海洋环境保护的重要性。中海油自身的海洋环保和应急事故处理能力不断地提高和加强。但最好的办法其实还是从源头遏制这类事故的发生，严格地规范安全生产的要求，加大对此类事故的惩治力度。

从 40 厘米开始

"一切从零开始，从微笑和服务开始。别人离开的时候，她留下来，别人收获的时候，她还在耕作。她挑着海油人背后沉甸甸的梦想，她在春天播下希望的种子。她是 80 后。"

这段评语是写给海油发展年轻女员工张悦的，而她所在的岗位，是每个办公楼上班族都非常熟悉，但又最不在意的岗位——物业服务。

这句评语给我深刻的印象，因为它好像不只是对张悦，而对海油发展这个组织，这个团队，都有那么多相似性。

中海油获得了很多伙伴的赞扬，不仅是由于这家公司在中国石油行业中的位置，也有很多是来自于和中海油打交道的感受。"双赢"是一种感受，而到中海油总部所在的朝阳门办公大楼访问的舒适，也是一种感受。

来到中海油办公大楼，看到从门卫、前台、会议、接待的全过程，第一的感受就是专业，不只是他们都穿着制服、戴着手套，而是能从他们的举止感受到的熟练，从他们的目光感受到的热情。

一些人猜想是不是某家国家酒店公司承包的这种服务？实际不是，全部的服务内容都是海油发展下属实业公司完成的。只不过，他们也是按照国际五星楼宇标准在磨炼和要求自己。

简单的工作变得不简单

张悦，作为中海油大厦管理中心会议服务班组高级主管，以极刚强的战斗力取得了许多骄人的成绩，赢得了大家的肯定，成为海油大厦服务团队的一道靓丽的风景线。

一杯茶，两克茶叶、270毫升，七分满。这就是她工作的开始，简单而平凡。从一名员工成长为一名骨干，再由骨干成长为一名优秀的班组长。

张悦可是一名留学生。她说："从我回国后，最初做营销，各地跑，和现在这个岗位根本不搭边。入职中海油前对这个岗位没有概念。我没想过留学回来后要做服务业，而且是最基本的。"

"可以说一开始有很大的心理落差。最初站迎宾岗，就是在电梯旁或楼道中保持一定的站姿，有领导来时需要微笑，一站就是几个小时。当时我干了两三天后就有点呆滞。后来我就和父母沟通这个问题，母亲说让我踏实地把这个干下去。过段时间我又和经理谈话。我记得经理说，只要用心做，就有发挥的空间。"

"开始培训的时候就是看师傅摆台、倒水，然后对我们进行训练。这不像看起来那么简单，都是有非常严格的标准的。就这样一直反复地练习，直到后来，我去参加技能比武大赛的时候，只要用眼睛一看，就知道这是40厘米。这些标准都是刻在骨子里的。"

"40厘米是指茶杯位置和桌边的距离，也就是你坐下后伸手去拿茶杯的距离，这是40厘米。这不是随便定出来的，而是我们找了不同身高、体形的人做过很多次实验，最后得出的结论，40厘米是人拿茶杯最舒服的距离。另外，茶杯的朝向也是有规矩的，把手是45°，方便取用。不仅是茶杯，包括笔、本的摆放都必须按照客户取用最舒服的角度摆放。"

"真正的关心都是别人看不到的。"

"可以说在会议服务这个岗位上，前 8 个月都是学习的过程。这个过程是前辈们流传下来的，是经过一些积累和历练攒下来的东西。到我们这儿的时候，我们拿到的是一个成品。"

"但是就好比你在饭馆里吃饭，如果每天都吃一样的菜肯定不新鲜，时间久了就不爱吃了。所以我觉得我们做服务也是一样。虽然会议服务有一定的标准，但是如果你每天都是一个样，又如何能让别人记住你、记住海油？很难。所以我们是改进、创新，然后再发展。"

她是这样想的，也是这样做的。两年的会议服务工作，她将标准的内容不断进行创新。把制作咖啡、桌签这些简单的工作进行分解、精细，将各种服务技能精细为 40 余项，把最佳实践用流程进行固化。在每一次会议中，她都为客户制定详细的接待方案，不厌其烦地根据客户的要求一次次修改、调整，直到令其满意为止。并为会议服务创新了一套完备的服务体系，带领团队圆满地完成一次又一次的接待工作，成为驻厦客户"最贴心的人"。2010 年一次精彩的安全提示得到了前国资委李荣融主任的夸奖。

敢于否定自己，敢于否定昨天，不被经验主义所困惑。改进无止境，提升的空间永远存在。她严格执行会议服务标准的同时还进行了精细化的操作，并采用"激光吊线法"与实际丈量相结合的方法，使会议室的各类物品摆放达到"零"误差。运用会议模拟演习，找出能够提升服务水平的每一个细节加以练习和固化。

张悦创建了一项新标准，叫"微笑"标准。她说：

"物业部人员一直比较紧张。岗位少，但工作量大。所以有一段时间大家很疲惫，走进大堂的员工微笑都很少。如果你进大厦，看到前台都板着一张脸不对你微笑，那估计办事都没什么好心情。"

"但是我们做服务，总想体现一些与众不同的地方。所以出于这个目的，在会议服务原有的 35 个标准上，我们又加了一项微笑标准。大家可能会觉得微笑算不上是什么标准。"

"这个标准其实是说，我们会仔细观察来往走步、视觉的感受，甚至是步伐的丈量都是一点一点做出来的。然后加到会议服务 35 项标准里面，我们把它称为服务的标准之一。这个就是我们想带给大家不同的愉悦的一种体验。我们希望走进大楼的人能够记住我们，记住海油。这就是海油的一个标志。"

这是一种力量，叫榜样的力量

这个"80后"小女生，还有不寻常之处。

她说："我是一个有点拧巴的人。我对自己很苛刻，同时对团队也很苛刻。最重要的是，我觉得我这个团队里面的人一定要道同，你一定要有和我们共同奋斗的那个心。同时还要有责任感，你必须是敢于付出也肯于付出的人。所以我对员工最初培训的时候会很苛刻。"

"举个最简单的例子，他们要背一些岗位职责之类的条文。这就像老师考学生，一直要背完，背不完我就不让回家，一直陪着，多晚我都等着。再不行就写，用最笨的办法但一定要过，而且一定要在我规定的时间内过。"

"必须直到背下来为止。我们人很少，过程很苦，加上服务行业流动性很大，培训一个员工从什么都不会到可以独当一面是挺困难的。而且现在有很多'90后'的孩子，没吃过苦。但我的性格所带给我的就是倔强，我就一定要完成这件事情。我从来不会说这件事情你没做完我会再给你一次机会，从来都没有。对我来说，改造一个人比认定这个人不行、让他走更有成就感。我会用我自己和周围人的力量，尽量地把他同化过来。"

作为班组长，张悦既是执行者，也是执行组织者。首先，作为一名执行者，她能够很好地理解上级领导的各项指令，一旦目标确立下来，就无条件去执行，从不过多去强调困难；其次，作为一名执行组织者，她时时刻刻用"己身不正，虽令不行"这句话来提醒自己，在各项工作上身体力行，起好标兵带头作用。

她们不仅将优质的服务留在了总部大楼，同时也在1500名员工面前展示了平凡服务者的风采。严谨的接待方案、整齐有序的接待队伍、面带微笑的礼仪人员、完备的接待流程成为整个大会一道道亮丽的风景线。这一项项重大接待活动直接打造了会议服务团队硬朗的作风和强大的战斗力。

落江井

这是一个海油发展采技服分公司，十几个年轻人与理想、与严寒、与创业的战斗过程。

中石油吉林油田有三口弃置油井先后落入松花江中，埋下了油气泄漏、污染河流的隐患，成为"落江井"。

信仰

2010年，采技服增产公司为了开发外部市场，派出一支精干的修井队伍奔赴松花江，接下了这项任务。这是中海油作业从来没有到过的极北地区，零下四十多摄氏度的极寒天气，滴水成冰。

他们利用两个冬季完封三口井，13名项目队员和100多名参与者，历时100多天。当时的场景，他们的回忆是这样的：

"当时江面上都是雪，气温都到零下四十多摄氏度了。就感觉每一分钟都受不了，脚已经僵住了。"

"特别是手，因为手套晚上基本都结冰。"

"大家再苦再累，也都在坚持。我觉得这是一个信仰。"

"所有人都在那，你在我也在，一定要扛过去。"

"我们选择在冬季实施封井作业。"项目经理宋阳说，"冬天江水结冰，即使发生溢油，也只会溢在冰面上，方便收集，不会随水流扩散。"

而在冰面上作业，项目组不得不面临另一个挑战：严寒。"我们要把钻修机等设备用车辆运到冰面上来，需要考虑冰的承受力。天气越冷，结冰越厚，我们的作业才越安全。"

后期项目经理王津川说："所以，我们希望严寒来得更猛烈些。"他的孩子刚刚出生，还没过满月。

松花江上的冬季，滴水成冰，平均气温为零下四十摄氏度，夜晚更冷。

"当地人下午四点半就下班回家避寒了，但我们为了赶在冰融化之前完成封井，安排了24小时连续作业。"王津川说，他们要向人体生理极限和设备低温运行底线发出挑战。

"我们穿着两层棉工服，戴上皮帽到帐篷外待几分钟，回来后，脸上就挂满了霜。一杯热水端出去，2分钟后就结成了冰。"项目人员石洪比画着说。

极寒天气，项目组推出特殊的工作制度：在外面作业半个小时，就要回到帐篷用电炉暖暖身子，然后再出门。"戴着皮手套在外面连续作业超过40分钟，手就可能被冻僵。"石洪说，人不怕冻，就怕把机器冻坏了。

天寒地冻，施工机械难以启动，就搭设保温设施；泥浆泵和相关设备极易被冻裂，就采用锅炉蒸汽 24 小时不停保温，并专人看护；泥浆要凝固了，就用加热器不停加热；管线要结冰了，就不停地加厚保暖。

松花江上五六级的寒风呼呼作响，处处滴水成冰。"铁人"团队没有让畏惧压垮。没有厕所，就一整天基本不喝水；浮吊空间有限，就待在嘈杂的发电机房取暖；离驻地远，手套结冰了，身体冻僵了，就把平台当成体育场，绕着跑上几圈，身体暖和了再接着干活。

"我们有时候，不能回去吃饭，有人送过来。可是作业关键时，不能马上去吃。可能过几个小时才去吃，有些菜已经结冰了。到中午的时候，那个饼早就硬了。但是有得吃总比没得吃要好。"

"有一次在上孔的时候，连续 48 小时一直作业，当时'甲方'的人都已经放弃，说这么冷的天气，不可能射孔。因为气温太低，设备上的润滑油全都冻住了。"

"设备下去一次，没成。就拉起来检查，再试，这样在凌晨 3 点多，射孔成功了。"

在下作业平台护筒时，江水流速加快，气温急剧下降，护筒内不停出现返水情况。由于井况资料缺失，一旦治理过程中出现井口失控等意外，可能造成进一步污染。

"必须尽快把水堵住。"作业人员纵身跳下护筒加紧注入水泥。一袋袋 25 公斤的水泥，在作业人员的手拉肩扛下被倒入护筒里面。

经过多天连续的努力，当落江井的封堵工作圆满成功时，客户吉林油田相关人员伸出了大拇指。"中国海油人不愧是敢打硬仗的尖兵！"

当然，这群年轻人，也不是只懂蛮干的新兵。他们把保证工程安全作为核心的目标。冰上作业，项目组缺乏经验。他们发明了多种"土办法"来确保安全。

调运设备的时候，他们在冰上铺了一层木板，以分散车辆的重力。调运过程中，车速被限定在 10 公里/小时以内，车门始终开启，方便司机随时下车。同时，司机身上还系着一根"安全绳"，即使落到水里，也可以被拉上来。

海油人在作业方面的谨小慎微，给当地的人们带来了很大的触动。"你们的安全意识真是太强了！我们要向你们学习。"吉林油田一位安全经理说。

项目成功后"甲方"特别感动，在庆功宴上，"甲方"处长说："我们吉林如果有你们采技服这样的人，那么我们这个活，完全可以自己干。"

"我们也是国企，你们也是国企，为什么你们采技服这么能干？"

"我说的是，这就是采技服跟陆地油田不一样的地方。"

"你可以看到我们那面旗帜，那是中海油能源发展的一面旗帜，我们是顶着这面旗帜来干活的。"一位员工回忆道。

"作为一个服务公司，你的服务受到了别人的赞赏，这就是最大的鼓励，最大的信赖。我觉得这就是咱们自己这样做事的价值。"

这是这群年轻人用这样的创业战斗赢回的尊重。

怀揣梦想前行

美国英特尔公司副总裁虞有澄说，一个有事业追求的人，可以把梦做得高些。虽然开始时是梦想，但只要不停地做不轻易放弃，梦想就能成真。

采油技术服务公司采油工程研究院首席工程师黄波就是能够一直做梦的技术人员。他出生于 1974 年，刚刚 40 岁，但是已经在提高油田采收率这个关键技术领域，收获了满满的成绩。

这些成绩是怎么来的？同事的评价是，黄波始终怀揣提高油田采收率的梦想快速前行。

与很多其他海油发展的员工不同，黄波一开始是中石油大港油田的一名技术人员。2002 年，创业初期的渤海公司，重组成立采技服公司后，将提高油田采收率作为重点方向，筹建提高采收率实验室。实验室成立之初，专业技术人才十分匮乏，就在中海油网络平台上广纳英才。

这是黄波加盟海油发展的开始，也是促进他实现梦想的开始。

爱拼才会赢

提高采收率技术研究是一项系统工程，涉及领域宽，专业面广。若想成为提高采收率技术行业的佼佼者，必须对油藏地质、油藏工程、化学工程、采油工艺等学科甚至施工现场都有较强的了解和掌握。接触过黄波的人都知道，在技术学习及应用方面，他具备过人的领悟力，并能快速地融会贯通，是提高采收率技术所需求的复合型人才。

243

2003 年来到采技服公司后，黄波不断参与化学驱、调剖、堵水、酸化、氮气泡沫驱等技术研究，期间参加国家"863"项目 2 个，国家"973"项目 1 个，国家重大专项五级子课题 2 个，总公司项目 7 个，采技服公司级项目 8 个。

作为技术服务型企业，必须始终与现场需求保持高度一致，这也为黄波解决重大生产难题提供了难得的机会。在他主持或参与项目研究期间，攻克了多项技术难题。

比如，在聚合物驱油方面，黄波从 2003 年开始一直钻研聚合物驱油的技术，作为主要起草人建立聚合物筛选和评价的技术体系，以及作为海总在这方面的三个标准，并且在这个过程中研究了许多新的技术。

随着海洋油田的发展，新技术的发展与应用步伐逐渐加快。作为基层核心技术研究人员，黄波始终坚持"技术综合就是创新，交叉渗透就是突破"的创新理念，并带领团队开始从事 CO_2 驱提高采收率技术研究、SP 二元复合驱技术研究、(强化) 氮气泡沫调驱技术、低渗油田改造技术研究、混相驱技术研究，进一步拓展了技术领域并取得了良好的进展。

随着时间的推移，现有实验室设备及实验能力已越来越成为制约产业发展的"瓶颈"，推进提高采收率实验室建设已刻不容缓。在新时期，黄波制定了新的目标，即大力发展适合海上油田化学驱配套特色技术，推进海上油田高速、高效开发，建成国内一流的化学驱实验室，形成具有海油特点的化学驱核心技术。

提高采收率研究室是一支年轻的团队，平均年龄不足 32 岁，近年人员增长迅速，已从 2003 年的 3 人发展至目前的 36 人。黄波从技术人员成长为优秀的基层团队管理者，得益于他鼓励创新的理念。

他经常说："我的任务主要有三方面：一是做好科研、生产、经营，完成当年的业绩任务；二是搞好团队建设，为每个员工提供发展空间；三是做好技术创新，实现可持续发展。"

正是在他的带领下，该室形成了"发展、执行、创新、卓越"的团队文化。

黄波创造性地实施指标的合理分解，并推行项目负责人全程管理制，进一步激发了班组和员工的积极性。同时，他以打造"星级"团队为目标，持续不断地推进班组核心文化建设，形成了"有目标，有干劲，有方法"的班组员工行为规范。

兄弟连

孙险峰，像一个领导，当很多人将他的团队称为"兄弟连"时，他更像一个连长。

战略创意

孙险峰服务于海油发展采油服务公司。之前的主要业务是提供油气田操作维护和 FPSO 业务。

随着渤海油田勘探开发的需求增加，海上油田不断投产，测试井液的接收和处理问题越来越明显。油公司每次需使用 7 方的油罐用拖轮带回陆地进行处理，既浪费了船舶资源，还存在着海上溢油的风险，不但损失了产量，还要支付一笔污油处理费用。

孙险峰凭借在船舶公司多年的工作经验，一下子想到了环保船这个切入点。他说："如果将测井液收于油舱内，就近运往具有处理能力的海上生产平台进行处理，然后反输到采油平台作为新增产量；同时，一旦海上发生溢油事故，它又可以利用其先进的溢油应急设施进行溢油应急处理。"

"环保船如果投入使用，不但可以增强海上溢油反应能力和速度，还能彻底解决海上测试井液的接收和反输问题，每年可为油公司节省数百万元，这既符合总公司提出的低碳环保的发展理念，又能为海油发展的产业建设注入新的活力。"

这一富有战略性的发展构想，就这样在孙险峰的脑海中诞生了。

"我们需要建造一种船体，让它既可以在海上进行油污处理，又可以成为海上的应急协调指挥中心。"

作为保护海洋环境的创新项目，渤海环保船项目一经提出，就很快得到了总公司投委会的批准，并得到了国家各相关部委的支持。

孙险峰所带领的环保船项目组为渤海海域建设的两艘环保船的技术含量更高，功能应用也更加广泛和专业。为了解决海上测试井液接收和反输，孙险峰带领他的项目团队，仔细研究，反复论证，从法规解读、船舶安全风险分析、技术研究、经济研究等方面入手，实施技术"瓶颈"攻关。经过 10 个月的研究探讨，依靠自主创新，在专用溢油监测雷达、两侧内置收油机、大马力工程船舶主机国产化等方面取得重要突破，填补了环保船设计领域多项技术空白。

在环保船设计过程中，孙险峰和他的团队首次提出"采用两侧内置式收油机"的设计原则，创造性地采取了解决海上测试井液接收和反输难题的相应对策，使得新型环保船收油能力更强，响应速度更快。

团队创新

2008 年，由于船舶市场的火爆，国外主机订货周期都在 36 个月以上，为了摆脱国外主机订货周期的制约，保证工程进度按期完成，孙险峰在和相关专家充分论证的基础上，大胆提出使用国产主机的设想。在当时，大马力工程船舶使用国产主机在中海油系统内尚属首次，为了保证质量，他对国内主机厂家进行反复调研，和设计单位进行充分交流和论证，孙险峰和他的项目团队成为了中海油大马力主机国产化道路上"第一个吃螃蟹的人"。

高昂的工作热情，严谨的工作态度，科学的管理方法终于换来了丰硕的成果，由于渤海环保船设计和建造标准超过行业规范，促使 CCS 重新修订了环保船设计和建造规范。

从项目的立项、可研、设计、采办、现场建造到交船，孙险峰和他的团队从不懈怠，他们舍下家庭、远离公司，无怨无悔地付出，日夜奋战在江西九江建造现场，只为肩负的那份责任和心中的那份期盼。

渤海环保船项目在江西九江同方船厂进行工程建设期间创造了两项纪录：一是使船台建造周期从原来的 12 个月缩短为 3 个半月；二是从下水到交船只用时 4 个月。

项目组缺乏船舶设计和建造方面的专业人才，孙险峰就组织全体成员利用休息时间共同学习专业知识。为了赶工期间的安全管理和报检工作，他为项目组购买了行军床，安排工程师晚上值守现场，随报随检。

为了协调多方相互配合，他积极游走于设计方、CCS 和船厂之间，加强沟通，抢占船台资源，解决图纸、规范和检验的问题，把本应该属于新加坡佳雅船东的船台资源协调到环保船项目，保证了渤海环保船的进度。

他和他的团队表现出的无私奉献精神，打动了船厂领导、相关工作人员以及分包队员工，改变了最初船厂没有人愿意负责环保船项目、没有分包队愿意承揽分段建造的不利局面，形成了相关人员积极参战，分包队争抢分段小合拢和船台大合拢的良好局面。由于质量控制好、余量控制好，没有任何返工，大大节省了船厂的材料消耗和劳务费用。

船厂厂长祝建华对项目给予了高度评价："渤海环保船项目让我的船厂看到了先进的管理理念、崇高的敬业精神和团结协作精神，我们为与这样的一个团队合作而骄傲。中海油有这样高素质的队伍和员工，让我们肃然起敬，我们一定会全力配合项目工作。"

通过凝心聚力，团队协作，创造了船台提前合拢，船台建造周期缩减70%，下水到交船用时仅4个月的纪录。

后　记

写这本书，是我多年来的一个想法。在与这个组织的近身接触中，感受到一个组织的生命活力，我很好奇，希望用一双第三方的眼睛来客观地审视它，冷静地看待它还不算太长的历史。

我也不想得到任何报酬，我只是想感谢我所熟悉的这个组织，在过去的十多年中，给予我们共事、交流、研讨、提高的机会，让我们有机会与中海油一起，经历和参与一段成为世界级公司的成长故事。

但是，当我们经历了长达近一年的访谈、思考、写作、讨论、修订后，我仍然感到没有完成心里预期的这份承诺，没有办法展现中海油基地系统那些深层基因的东西，没有办法充分解释一个企业如何从困境中走来，并赢得别人的尊重。

有时回想，可能是我过于相信自己的能力，可能是我过于低估了这个组织的深度。时间太少，个人资源有限，可能只有按现在的标准，向我的承诺交差。好在能把更多的好东西留给未来，一定会有人来代我完成未尽的遗憾。

有时候，我确实感觉自己是带着一份情感、带着一种理想化的思想在与中海油接触，时间愈久，这种感觉愈重。当然，这好像不是一个专业管理顾问应当有的客观和独立。不过，我从不欺骗自己的感受——我对这家中国公司表示敬意。

在现在某些舆论特色下，向一家石油公司表达敬意，并将这种思想转换成文字，一定会得到负面的反馈，"御用文人"、"为人贴金"之类的评价一定会来，只是多少和程度的问题。

不过，我十多年的体验告诉我，有必要把这些别人看不到、摸不到、听不到的原生故事整理出来、总结出来，让读者看到在一个大型国有集团内部，还有这些个体平常但创业不止的人，含而不发但生生不息的精神。某种程度上，他们选择了低调，把自己包裹起来，他们也担心自己的机体受伤。

我尽可能小心翼翼地处理这些问题，希望写这本书、完成这个夙愿，不会给这个组织带来一些可能的影响。

就像本书引言部分所讲，我要完成对中海油基地系统 15 年成长历史的注解。企业成长，是全球企业和管理者的核心话题，建设百年企业、百年老店，是企业家们的人生追求。

中海油基地系统的 15 年，放在中国经济发展和企业改革的大环境里，折射出了国有企业改革重组后的不同发展道路，放在中海油系统的小环境里，反映出集团战略思维和存续企业改革的效果，放在一个从边缘处境再生复活的企业平台上，体现出企业成长过程中的基本规律。

我试图在书中说明这些特点，也试图总结这个组织的成长道路对于其他企业可能产生的借鉴意义。这可能很难，不一定有多少人接受，一句"石油公司垄断，有钱"，可能就把这份努力打回原点。

我始终相信，一个可持续的企业，永远不会活在别人的赞扬、评论或者批评的声音里，中海油基地系统也不会在意对自己的外在讨论，因为他们拥有一个懂得思考的组织大脑。

15 年，对于一个想成为百年老店的组织来说，可能只是小学毕业，目前的经验不能解决中学以后的成长问题，但是思考问题的习惯一经养成，能够帮助它实现自我的演化，这是毫无疑问的。

2014 年是中海油基地系统重组 10 年，一个标志性的年份。在这年的工作会上，总经理霍健对过去和未来进行了总结：

"公司成立至今已经是第 10 个年头了，2004 年 12 月 6 日成立，现在已进入了 2014 年，这 10 年中，我们每年都做很多事，每月都做很多事，每天也做很多事，放在 10 年里，我们这些人到底干了些什么？我试着归纳了一下。"

霍健说公司完成的第一件事是让一个可能自生自灭的存续企业焕发了生机，获得了可持续的发展能力。第二件事是塑造了一些产业，这些产业对中海油总公司来说，是有价值的，这些产业也能够支撑我们这个公司未来的发展。

"最初的时候，海油发展的形象非常模糊，甚至不能用一句话来概括这个企业是干什么的，我们描述产业定位是用排他法，除了油公司，除了专业公司，剩下的就叫基地集团，给人感觉好像什么都能做，又什么都做不精，那时候总公司在年报里，给别人的定位是专业板块，给我们的定位叫综合板块，综合其本质上就是不专业。经过我们这些年的全力打造，现在终于进入了专业板块，这对我们来说非常不容易。"

"在这个过程当中，我们克服了很多的迷惑，摆脱了很多的纠结。在发展的过程中，一个一个的难题不断出现，我们想办法一个一个将它们破解掉，直至现在，逐步建成了一个相对清晰的产业体系。"

霍健认为第三件事就是把公司的管理一步一步提升起来，使它达到一定水准。

"10年来，还有一件非常重要的事情：我们精心呵护了海油发展这个组织独特的精气神，我们做事仍然保持着激情，我们仍然有梦想，仍然有很强的执行力。虽然经常说我们的激情在消退，但是我内心很明白，绝大多数人、绝大多数领导的激情没有消退，只不过有些人把激情伪装起来而已，我们'装得'没有很多的激情，很平淡，但是我们内心像火一样炽热，非常好。这个东西非常重要，到现在为止，还是这个公司核心的竞争力，也正是这个东西，让我们很多的人获得了成长，人才辈出是这个企业发展的重要成果，我想，这和公司始终保有激情的状态有很大的关系。"

霍健从来不回避问题，他又谈道："另外还有一点，也是我们做的：我们积累了一些问题。组织行为学有一种观点，人一般遇到好事的时候都说这是主观努力的结果，遇到坏事的时候都说这是客观条件使然，其实不是，好事是我们干出来的，坏事也是我们干的。公司发展到现在，我们积累了一些问题，遇到了一些'瓶颈'，可能是因为我们不努力，或者能力不够，我们的一些产业核心能力还没建立起来，由于管控得不够，反应得慢，使我们的组织效率受到了一定的影响，每个组织都有问题，我们也不例外。"

站在公司重组10年的关口，霍健为这家公司未来估算了三种可能性：

第一个情景是由于发展得不快，我们的产业价值贡献得不够，我们的核心产业不突出而被迫解体。

第二个情景是在民企的强势冲击下，变得气息奄奄。如果我们不能走出海油，还守着这个池塘，越守越小，这种情景的可能性就不断增大。

第三个情景是我们成了一个优秀的公司。就像我们理想中的一样，这是一个在国际、在国内、在海油内外的市场上能够行走比较自如，有很大影响力的公司；在资本市场上有很好的表现，获得很多股东的认可，能够不断地获得一些嘉奖的公司；我们的一些产业可能达到了国际水平。

"从内心里我们都愿意选择第三个情景，但是，我们要问问自己，这个情景就这么容易实现吗？第一个情景和第二个情景就那样容易避免吗？当然，事实的结果很有可能是个中间状况，没有我们想的那样好，也没有我们想的那样糟，但是我们要尽力避免第一、第二个情景的出现，努力争取第三个情景。"

一个好的企业，一定是有一部分工作是做给未来的，一定有一些事情放在更大的时空格局中去筹划，这是一个好的组织应有的基本素质，我们不应该成为完成年度经营指标的工具，而应该成为一个有理想、有追求、想办法、可持续发展的组织，应该有一些前瞻性和开放性的心态，应该看着行业想企业，看着别人想自己，看着未来想现在，而且还要有变革的精神，我们不敢说自己是企业家，但是这种企业家精神应该要树立。

海油发展的年度人物评选，有一段颁奖词是写给物流公司一个获奖团队的，也许可以表达我的想法：

"一群年轻人对海油老人的承诺，不是年少轻狂的誓言，不是良心的一时约束。他们却为此坚守了 30 年，放弃了欢聚、享受甚至骨肉亲情。

抹去火红的时代背景，他们身上有着义士的风范。

无论在哪个年代，坚守承诺始终是人性的基石，对人如此，对一个企业更是如此。

他们并不比我们高大，但这一刻，已经让我们仰望。"

感谢本书写作过程中接受我们访谈的 70 多位中海油系统干部，他们的故事散发着淡淡的但持久的能量，让我们汲取了大量的营养。感谢我的助手李佳倪女士，她为本书整理了大量的文字，是我们的"半个大脑"。感谢我的夫人和女儿，她们给我如此大的空间来实现自己的理想。

反复修改停笔之时，正好赶上海油发展 10 周年的生日，仅以本书作为心意，送上我微不足道的祝福。

向你们致意!

向我尊敬的组织致意!

刘 斌

2014 年 12 月 6 日